Böhmann • Das Quereinsteiger-Buch

Marc Böhmann

Das Quereinsteiger-Buch

So gelingt der Start in den Lehrerberuf

BELTZ

Marc Böhmann, Dipl.-Päd., ist Lehrer an einer Grund- und Werkrealschule und war wissenschaftlicher Mitarbeiter an einem deutschdidaktischen Forschungskolleg der Pädagogischen Hochschule Heidelberg. Publikationen zu den Themen Lehrerprofessionalität, Lehrerbildung und Deutschdidaktik; Herausgeber der Unterrichtsmaterialien »Lesen · Verstehen · Lernen« im Beltz Verlag (www.beltz.de/lehrer).

Lektorat: Jürgen Hahnemann

www.beltz.de
Herstellung: Lore Amann
Satz: Markus Schmitz, Büro für typographische Dienstleistungen, Altenberge
Druck: Beltz Bad Langensalza GmbH, Bad Langensalza
Umschlaggestaltung: glas ag, Seeheim-Jugenheim
Umschlagabbildung: Michael Kühlen
Printed in Germany

ISBN 978-3-407-25563-1

Inhaltsverzeichnis

Vorwort

Wer als Quereinsteigerin bzw. Quereinsteiger in den Schuldienst kommt, sieht sich mit vielfältigen Herausforderungen konfrontiert. Der Schulalltag funktioniert nach eigenen, in aller Regel anderen Gesetzen als der bisherige Berufsalltag im früheren Beruf. Daher ist für die meisten Quereinsteiger/innen der Anfang im neuen Beruf alles andere als einfach.

Vermutlich haben Sie dieses Buch zur Hand genommen, weil Sie selbst entweder kurz vor dem Quereinstieg in den Lehrerberuf stehen oder mittendrin sind. Was erwartet Sie in diesem »Quereinsteiger-Buch«?

- Zu Beginn möchte ich in Kapitel 1, nach einer Übersicht der wichtigsten Pro- und Kontra-Argumente zum Quereinstieg, Betroffene zu Wort kommen lassen: fünf Quereinsteiger/innen, den Schulleiter einer Berufsschule und eine Forscherin. Die Interviews zeigen sehr deutlich die unterschiedlichen Erfahrungen zum Thema Quereinstieg.
- In Kapitel 2 geht es um grundsätzliche Aspekte des Quereinstiegs.
- Kapitel 3 handelt vom Status und von den möglichen Belastungen von Quereinsteiger/innen. Am Ende des Kapitels finden Sie die wichtigsten Tipps und zu vermeidenden Fettnäpfe zum Quereinstieg.
- Kapitel 4 vermittelt die Grundlagen des didaktischen Denkens.
- Kapitel 5 bringt wichtige Informationen und zahlreiche Tipps zu den Themen Unterrichtsplanung, Durchführung von Unterricht sowie weiteren zentralen Handlungsfeldern wie Kooperation im Kollegium und Elternarbeit.
- Kapitel 6 schließlich bietet Ihnen organisatorische Informationen, unter anderem zur Wahl der Krankenversicherung und zu wichtigen Quellen im Internet.
- Schließlich finden Sie im Download-Bereich zu diesem Buch (siehe S. 218 f.) eine Vielzahl von Kopiervorlagen und Checklisten für Ihren Schulalltag.

Ich wünsche Ihnen einen guten Einstieg in den Lehrerberuf und vielfältige interessante, lehrreiche und schöne Erfahrungen in Ihrem neuen Beruf. Wenn dieses Buch Ihnen hilft, sich in Ihrem neuen Beruf heimisch zu fühlen, hat es seinen Zweck erfüllt.

Eppelheim, im April 2011 *Marc Böhmann*

1. Quereinstieg in der Diskussion

1.1 Pro und kontra Quereinstieg

Für die kommenden Jahre sagt die Kultusministerkonferenz (KMK) einen erheblichen Lehrermangel voraus, vor allem für Hauptschulen, Realschulen und in besonderem Maße für Berufsschulen; hier insbesondere für die technischen und naturwissenschaftlichen Fächer wie Elektrotechnik, Informationstechnik, Maschinenbau, Mathematik, Physik oder Chemie. Aber auch an Gymnasien zeichnen sich immer mehr Mangelfächer ab, die von den Studienfächern der Lehramtsstudierenden kaum abgedeckt sind, zum Beispiel Physik, Chemie, Religionslehre, Musik, Kunst oder Latein. Bis 2015 fehlen damit an diesen Schularten insgesamt ca. 50.000 Lehrer/innen (vgl. Klemm 2009a; 2009b).

Gleichzeitig steigt der Altersdurchschnitt in deutschen Lehrerzimmern: Gegenwärtig liegt er bei ungefähr 47 Jahren, Tendenz weiter steigend. Dies führt in den nächsten Jahren zu einem gravierenden Generationenwechsel und Ersatzbedarf in den Kollegien. Das Problem: Für die bis 2015 in Ruhestand tretenden ca. 300.000 Kolleginnen und Kollegen werden bis dahin nur ca. 250.000 Lehramtsstudierende ein Studium abschließen und dem Lehrerarbeitsmarkt zur Verfügung stehen.

Um den erhöhten Lehrerbedarf in bestimmten Schularten, Fächern, mittlerweile aber auch eher unbeliebten Einsatzregionen zu decken, greifen die Bundesländer immer stärker auf Quer- und Seiteneinsteiger/innen zurück. Die Kultusbehörden haben mittlerweile sehr spezifische Maßnahmen entwickelt, um qualifiziertes Personal von außerhalb für den Lehrerberuf zu interessieren und zu qualifizieren.

Um ein Beispiel zu nennen: Im Fach Physik waren von 2002 bis 2007 laut Deutscher Physikalischer Gesellschaft von rund 3.200 gymnasialen Referendarinnen und Referendaren knapp die Hälfte Quereinsteiger/innen. Dabei stieg die Quote der Quereinsteiger/innen jedes Jahr deutlich an, während die Absolventinnen und Absolventen eines herkömmlichen Lehramtsstudiums immer weniger wurden. Für das Fach Physik im Gymnasium laufen beispielsweise im Moment in 12 von 16 Bundesländern Sonderprogramme zum Quereinstieg. In Baden-Württemberg sind ca. 80 Prozent der gegenwärtigen Referendarinnen und Referendare im gymnasialen Fach Physik Quereinsteiger/innen.

Der Trend geht in den meisten Bundesländern dahin, den Seiteneinstieg (ohne Referendariat) nur noch in absoluten Ausnahmefällen zu ermöglichen. Der Regelfall ist der fachnahe Quereinstieg (identisches Studienfach und verwandtes Zweitfach) mit Absolvierung des Referendariats.

Immer wieder steht dieser Quer- bzw. Seiteneinstieg in der Diskussion: Schulverwaltung, Lehrerverbände, Wissenschaft, Betroffene und interessierte Öffentlichkeit führen regelmäßig verschiedene Pro- und Kontra-Argumente zum Quer- bzw. Seiteneinstieg ins Feld. Als Argumente *für* den Quer- bzw. Seiteneinstieg werden regelmäßig genannt:

1. Der Einsatz von Quereinsteiger/innen führt dazu, dass bislang ausgefallener Unterricht in Mangelfächern endlich erteilt werden kann. Dies sorgt dafür, dass die Schüler/innen das Bildungsziel der jeweiligen Klassenstufe bzw. das Ziel der Abschlussprüfung erreichen können. Für bestimmte Fachrichtungen der Berufsschulen wäre ein Fach ohne Quereinsteiger/innen überhaupt nicht zu unterrichten.
2. Wenn der Lehrerbedarf in den Mangelfächern durch Quereinsteiger/innen gesichert ist, haben die Schüler/innen größere Wahlmöglichkeiten bei der Wahl von Schwerpunktkursen. Dadurch ist die Motivation der Schüler/innen höher, weil die Kurse ihren individuellen Interessen stärker entgegenkommen. Dies führt letztlich zu besseren Noten, Abschlüssen und Bildungsergebnissen.
3. Die pädagogische Qualifizierung der Quereinsteiger/innen erfolgt praxisnah und gut abgestimmt auf die Notwendigkeiten und Bedürfnisse der Quereinsteiger/innen mithilfe von qualifiziertem und erfahrenem Personal an den Studienseminaren. Damit ist die hohe Unterrichtsqualität bei Quereinsteiger/innen gesichert. Mögliche pädagogische bzw. didaktische Defizite der Quereinsteiger/innen können gezielt ausgeglichen werden.
4. Quereinsteiger/innen können ihr fachliches Wissen und ihre gesamte Praxiserfahrung in der Schule gewinnbringend einsetzen. Sie haben oft weitergehende und aktuellere Praxiserfahrungen aus ihrem Berufsfeld als Lehrer/innen, die die herkömmliche Ausbildung durchlaufen haben. Diese Erfahrungen beleben den Unterricht und stellen einen stärkeren Bezug zur zukünftigen beruflichen Praxis der Schüler/innen her.
5. Bei den Schüler/innen kommen die Quereinsteiger/innen und ihre direkten beruflichen Erfahrungen sehr gut an. Der praxisbezogene Unterricht kann die Lernmotivation der Schüler/innen erhöhen und ihr Interesse für konkrete Berufsfelder verbreitern.
6. Für Schüler/innen ist weniger die formale Qualifikation der Lehrer/innen wichtig als vielmehr die Qualität des Unterrichts und die Authentizität der Lehrperson. Sie akzeptieren also auch Quereinsteiger/innen als Lehrer/in, wenn diese guten und interessanten Unterricht halten.
7. Da die Quereinsteiger/innen älter sind und schon einen Berufseinstieg in einem anderen Berufsfeld hinter sich haben, gestaltet sich ihr Einstieg in den Lehrerberuf möglicherweise problemloser als der von herkömmlich ausgebildeten Lehrer/innen, die beim Berufseinstieg ungefähr 25 bis 28 Jahre alt sind.
8. Der Quereinstieg ist nichts Neues: Es gab auch schon früher Maßnahmen vonseiten der Schulverwaltung, um externe Personen rasch in den Lehrerberuf zu bringen. Schon in den 1970er-Jahren unterrichteten Ingenieure an Gymnasien in den Fächern Physik oder Mathematik. Damals gab es auch in einigen Bundesländern Sonderprogramme, um Hausfrauen ohne Abitur den Zugang zum Lehrerberuf zu

ermöglichen. Auch heute unterrichten beispielsweise Handwerksmeister an Berufsschulen.

9. Quereinsteiger/innen beleben mit ihrem beruflichen Hintergrund das Kollegium und können mitunter auch das fachliche Niveau einer Schule heben, indem sie in Fachkonferenzen oder informellen Gesprächen mit Kolleginnen und Kollegen ihre Erfahrungen gezielt einbringen.
10. Für die Quereinsteiger/innen ist der Lehrerberuf eine interessante berufliche Perspektive für den Fall, dass sie sich beruflich – aus welchen Gründen auch immer – neu orientieren möchten. Dadurch werden Berufsausbildungen insgesamt polyvalenter und flexibler. Wer beispielsweise Ingenieurwissenschaften studiert hat, kann im weiteren Berufsweg immer noch Lehrer/in werden.

Als Argumente *gegen* den Quer- bzw. Seiteneinstieg werden immer wieder genannt:

1. Quereinsteiger/innen haben große Lücken im pädagogischen Bereich. Gerade der Umgang mit der heutigen Schülerschaft verlangt Kenntnisse, Konzepte und Methoden, die den Quereinsteiger/innen tendenziell fremd sind. Wenn selbst Lehrer/innen, die sich in ihrem Studium und Referendariat viel mit pädagogischen und psychologischen Fragen befasst haben, große Schwierigkeiten mit bestimmten Schüler/innen oder Unterrichtsinnovationen haben, so gilt das für Quereinsteiger/innen erst recht. Den Lehrermangel mit »Mangellehrern« zu beheben, kann kein richtiger Weg sein.
2. Quereinsteiger/innen haben in aller Regel auch Lücken im fachdidaktischen Bereich, also in der Auswahl der Unterrichtsgegenstände und in der Methodik. Die Qualifizierungskurse im Referendariat bzw. in berufsbegleitenden Kursen können diese Lücken nicht aufholen, sondern bieten nur oberflächliche methodische Hinweise. Dadurch leidet notwendigerweise die Unterrichtsqualität.
3. Quereinsteiger/innen haben möglicherweise auch Lücken im fachlichen Bereich, weil sie die Breite des Unterrichtsfaches in ihrem früheren Berufsfeld nicht kennenlernen konnten, sondern nur ein sehr spezielles Fachwissen haben. Dies kann zu Qualitätsverlusten im Unterricht führen.
4. Für Lehrer/innen, die die traditionelle Ausbildung mit Studium und Referendariat absolvieren mussten, ist der Quereinstieg zwangsläufig eine Ungerechtigkeit, weil Quereinsteiger/innen in kürzerer Zeit mit weniger Aufwand in gleiche Positionen bzw. Dienstgrade kommen können. Dadurch kann der soziale Frieden im Kollegium empfindlich gestört werden. Darüber hinaus stellt sich die Frage, was das Studium überhaupt wert ist, wenn es möglich ist, dass Quereinsteiger/innen ohne Studium letztlich gleich gut unterrichten und erziehen können.
5. Bei der Personalauswahl der Quereinsteiger/innen dominiert der Bedarf an zu erteilendem Unterricht, nicht die pädagogische und fachliche Eignung der Bewerber/innen. Nur in sehr vereinzelten Fällen entscheiden sich die Schulverwaltungen gegen einen Quereinsteiger, obwohl dieser dringend benötigt wird. Damit tut sich eine Schule mittelfristig keinen Gefallen.

6. Ein bestimmter Teil von Quereinsteiger/innen scheidet freiwillig entweder im Referendariat oder später nach der Einstellung aus dem Dienst aus, weil sie mit den spezifischen Belastungen im Schulalltag nicht zurechtkommen oder sich die Schultätigkeit gravierend von den Erwartungen an das Berufsfeld unterscheidet. Die Kosten für die Qualifizierung dieser Kolleginnen und Kollegen sind damit ineffizient eingesetzt.
7. Statt Quereinsteiger/innen einzustellen, sollte die Schulverwaltung lieber herkömmlich ausgebildete Lehrer/innen aus anderen Fächern für Mangelfächer nachqualifizieren. Diese Nachqualifizierung wäre weniger aufwendig und zielführender, weil die Kolleginnen und Kollegen bereits Schulerfahrung und ihre pädagogische Eignung schon unter Beweis gestellt haben.
8. Der Einsatz von Quereinsteiger/innen verdeckt nur mühsam eine verfehlte Bildungs- und Lehrereinstellungspolitik. Statt Quereinstieg müsste es insgesamt darum gehen, den Lehrerberuf auch in Mangelfächern oder wenig beliebten Schularten und Regionen attraktiver zu gestalten: mit kleineren Klassen, einem geringeren Unterrichtsdeputat, besseren Karrieremöglichkeiten und mehr Unterstützung der Lehrer/innen durch professionelle Netzwerke und Fort- und Weiterbildung (z. B. Schulpsychologen, Team-Teaching, Supervision).
9. Auch Quereinsteiger/innen können mittelfristig den Bedarf in Mangelfächern oder unbeliebten Regionen nicht beheben. Von daher wäre es weit sinnvoller, strukturelle Änderungen in der Lehrerausbildung anzugehen, statt jedes Jahr nur mit unzureichendem Personal die allerschlimmsten Lücken zu stopfen.
10. Die Qualifizierungsmaßnahmen der Schulverwaltungen für Quereinsteiger/innen sind unzureichend. Dies führt dazu, dass diese durch den hohen Handlungsdruck im schulischen Alltag strukturell überfordert sind und die schlechte Qualifizierung auf dem eigenen Rücken austragen müssen. Letztlich geht es nur darum, dass die Quereinsteiger/innen die ersten Jahre im Schuldienst irgendwie bewältigen, ohne die Segel zu streichen.

Insgesamt lässt sich feststellen, dass der Quereinstieg in den Lehrerberuf stark in der schulpolitischen Diskussion steht. Dies scheint durchaus berechtigt, weil die Sonderprogramme der Bundesländer zunehmen und in den kommenden Jahren vermutlich immer mehr Lehrer/innen über diesen Weg in den Schuldienst kommen. Aber unabhängig davon, wie man zur Sinnhaftigkeit des Quereinstiegs steht, bleibt die Aufgabe von Bildungspolitik, Schulverwaltungen und Schulleitungen, den jetzigen Quereinsteiger/innen die Qualifizierung, Hilfe und Unterstützung zu bieten, die sie zur Ausübung ihrer anspruchsvollen Tätigkeit benötigen.

1.2 Interviews mit fünf Quereinsteiger/innen

Da es nicht *den* Quereinstieg in den Lehrerberuf gibt, sondern die Rahmenbedingungen der einzelnen Bundesländer für den Quereinstieg sehr unterschiedlich sind und darüber hinaus jeder einzelne Quereinstieg nach eigenen Gesetzen verläuft, macht es Sinn, das Feld des Quereinstiegs zuerst einmal in der Breite aufzufächern. Dazu haben wir fünf Quereinsteigerinnen und Quereinsteiger zu ihren Erfahrungen und Einschätzungen befragt. Danach kommt ein Schulleiter einer Gewerbeschule zu Wort, der selbst Quereinsteiger war. Abschließend schildert eine Bildungsforscherin, welche gesicherten Fakten es zum Quereinstieg gibt und welche Empfehlungen sie für die Zukunft gibt.

»Ich habe die Ausbildungszeit als ungeheuer belastend empfunden«

Juliane Schreiber
- geboren 1964
- Musikerin und Historikerin
- hat 21 Jahre als Musikerin und Historikerin gearbeitet, zuletzt als Wissenschaftliche Mitarbeiterin an einer Universität
- seit fünf Jahren im Schuldienst, jetzt Studienrätin an einem Gymnasium, unterrichtet Geschichte, Musik und Deutsch in den Sekundarstufen I und II

» *Frau Schreiber, welche beruflichen Wege haben Sie genommen, bis Sie Lehrerin wurden?*

Ich war bis zum 30. Lebensjahr als Musikerin tätig. Dann kündigte ich Stelle und Wohnung und studierte Geschichte und Literaturwissenschaft. Nach dem Examen war ich zunächst weiterhin an der Uni tätig.

» *Wie kamen Sie auf die Idee, sich für den Lehrerberuf zu interessieren?*

Letztlich wurde ich aus Verlegenheit Lehrerin. Lieber wäre ich an der Uni geblieben, aber weil mein Arbeitsvertrag auslief, brauchte ich dringend eine neue Stelle. In der Nähe meines Wohnortes wurde für ein Gymnasium ein Deutschlehrer als Vertretung gesucht, also wurde ich Deutschlehrerin. Im selben Jahr lockte Nordrhein-Westfalen mit dem sogenannten Mangelfacherlass[1]. Ich bewarb mich für das Referendariat, um mich aus den befristeten Beschäftigungen zu befreien. Nach der Zusage kümmerte ich mich nicht mehr um andere Arbeitsmöglichkeiten, weil der Mangelfacherlass ja gute Perspektiven bot. Das war ein Fehler, denn als wir das Referendariat antraten, wurde der Mangelfacherlass ersatzlos gestrichen.

» *Haben Sie spezielle Beratungsangebote der Berufsberatung oder von Verbands- oder Gewerkschaftsseite hinsichtlich Ihres möglichen Quer- bzw. Seiteneinstiegs in Anspruch genommen?*

1 Erlass des Schulministeriums Nordrhein-Westfalen, der es Lehrer/innen für dringend benötigte Fächer bis 2006 ermöglichte, bis zum Alter von 45 Jahren verbeamtet zu werden.

Ich hatte während des Studiums die Beratung der Bundesagentur für Arbeit gesucht. Als der Vertrag an der Uni auslief, suchte ich nochmals die Bundesagentur für Arbeit auf. Mit Stellenangeboten konnte man mir nicht helfen. Man riet mir zum Seiteneinstieg: »Werden Sie Lehrer, als Geisteswissenschaftlerin haben Sie keine andere Chance. Gehen Sie bei den Schulen Klinken putzen, dort braucht man Sie.« Über die Bedingungen zum Seiteneinstieg habe ich mich selbst informiert. Ich erhielt mehrere Male die Möglichkeit, auch ohne Lehrerausbildung eine Stelle am Gymnasium zu bekommen. Einige Schulleiter fanden gerade den »krummen« Lebensweg interessant.

» *Wie verlief Ihre Ausbildung bzw. Fortbildung für den Lehrerberuf?*

Das Referendariat war eine Katastrophe. Ich hörte häufig: »Wer die Belastungen des Referendariats durchhält, ist auch für den Lehrerberuf geeignet.« Die Abhängigkeit des Referendars vom Wohlwollen der Ausbilder ist enorm. Ich kann mir nicht vorstellen, dass der Erfolg der Ausbildung in anderen Berufszweigen derart von Sympathien abhängig ist. Aber vielleicht war ich auch zu alt, um mich wieder in diese verschulte Situation einzufinden. Wir haben die Pflicht, unseren Schülern wertschätzend gegenüberzutreten – ich erlebte häufig einen ausgesprochen respektlosen Umgang der Fachleiter mit den künftigen Lehrern. An meinem ersten Seminar waren mehrere Referendare mit Berufserfahrung, diese hatten ähnliche Probleme wie ich. Einige haben sehr schnell wieder aufgegeben. Manchmal meinte ich, in dieser Enge zu ersticken, ich hielt aber durch. Vor allem das erste Ausbildungsjahr war unter anderem wegen der häufigen unqualifizierten Sprüche eines Fachleiters schlimm. Er versprach mir auch schon bald zu Anfang, mich durchs Examen fallen zu lassen. In dieser Form sah ich keine Chance, meine Ausbildung erfolgreich zu beenden. Der Seminarleiter war nicht in der Lage zu vermitteln – also half ich mir selbst und wechselte das Seminar. Das ist eigentlich gar nicht erlaubt. Am neuen Seminar war die Ausbildung zum Teil anregender. Insgesamt war das Klima zwischen den Referendaren und Fachleitern wesentlich konstruktiver.

» *Wurde Ihr Quer- bzw. Seiteneinstieg vonseiten des Studienseminars besonders angeleitet, begleitet oder unterstützt? Wenn ja, wie?*

Ich wurde von keiner dieser Institutionen unterstützt. Ich war eine Referendarin unter vielen.

» *Welche vermittelten Inhalte bzw. Kompetenzen im Referendariat waren hilfreich für Sie?*

Es war sehr wichtig zu lernen, dass man Schülern sehr viel zutrauen kann, dass sie ausgesprochen arbeitswillig und leistungsfähig sind, wenn man sie »loslässt«. Ich fand es recht hilfreich zu erfahren, wie man eine Schulstunde logisch strukturiert. Merkwürdig war, dass die Fachleiter für Geschichte immer denselben Aufbau bevorzugten. In Musik war das vielseitiger. Ich bin mir aber auch sicher, dass Musik schwieriger zu unterrichten ist als Geschichte.

» Welche Inhalte waren weniger hilfreich für Sie?

Generell kamen die Schüler in der Ausbildung kaum vor. Es fehlte die Praxisnähe. Viele Sitzungen im Seminar waren letztlich mit leerem Gerede vertane Zeit. Um einen wissenschaftlichen Aufsatz zu erarbeiten, benötige ich keine Seminarsitzung. Ich hätte stattdessen beispielsweise gerne mehr darüber erfahren, wie ein Schüler denkt, wie er reagiert, wie ich mit ihm auf fachlicher und persönlicher Ebene angemessen kommuniziere.

» Was ist Ihnen bisher im Berufsfeld Schule als Lehrerin leicht gefallen?

Mit organisatorischen Aufgaben habe ich keine Probleme. Ich nehme mein Verhältnis zu den Schülern als transparent und respektvoll wahr. Das spiegeln mir auch die Schüler. Zu Beginn haben mich einige Schüler »getestet«, das finde ich normal und sogar wichtig. Im ersten Jahr habe ich in beiden Fächern in einer Jahrgangsstufe mit Kollegen parallel gearbeitet. Das war sehr hilfreich.

» Was war für Sie eher schwierig?

An meiner jetzigen Schule werden die Eltern durch die Schulleitung sehr gestärkt. Die Kollegen müssen oft in den Hintergrund treten. Außerdem empfinde ich das ausgeprägte hierarchische Denken als beengend und kleingeistig. Das Beharren auf Hierarchien scheint grundsätzlich in Schulen verbreitet zu sein. An einer Privatschule, an der ich eine Zeit lang unterrichtete, war das aber nicht so ausgeprägt. Das erleichterte die Arbeit, weil man freier arbeiten konnte.

» Was hatten Sie erwartet?

Mehr gemeinsames Arbeiten: Der Lehrer ist immer noch Alleinkämpfer. Ich halte das für einen unglücklichen Zustand. Und ich hatte mehr Offenheit im Kollegium erwartet: Keiner gibt zu, wenn was nicht gut läuft … Man sollte sich gegenseitig auffangen, vieles könnte dann gelassener laufen.

» Wie verlief bisher die Kommunikation und Kooperation mit den anderen Kolleginnen und Kollegen?

Vermutlich so gut oder schlecht wie überall dort, wo viele Kollegen versammelt sind. Hier weiß niemand, dass ich Seiteneinsteigerin bin.

» Wie bewerten Sie Ihre bisherigen Erfahrungen als Quereinsteigerin zusammenfassend?

Der Weg ist durchaus machbar, aber ich habe die Ausbildungszeit als ungeheuer belastend empfunden. Das lag am Alter, an dem Fachleiter im ersten Ausbildungsjahr, an der Rückkehr in eine Ausbildungssituation, in der keine Erfahrungen anerkannt werden oder werden wollen. Man braucht viel Durchhaltevermögen. Gerade als Mensch mit mehr Berufs- und Lebenserfahrung als die jungen Kollegen ist es schwer, sich wieder in Abhängigkeiten zu begeben. Ich war immerhin etwa zehn Jahre älter als die anderen – das schuf viele Unterschiede. Ich fand nie richtig eine gemeinsame Ebene.

» *Würden Sie, wenn Sie die Möglichkeit hätten, etwas an den Strukturen des Übergangs von Seiten- oder Quereinsteiger/innen ändern? Wenn ja, was?*

Die vorherigen Erfahrungen müssten in der Ausbildung berücksichtigt werden. Man geht doch mit einer ganz anderen Einstellung bzw. einem ganz anderen Horizont in die Ausbildung. Die Ausbildung sollte wesentlich verkürzt und Schwerpunkte in der praktischen Ausbildung gesetzt werden. Die angehenden Lehrer könnten viel mehr in die Gestaltung der Ausbildung eingebunden werden. Davon profitieren doch alle. Vielleicht wäre es sinnvoll, die Seiteneinsteiger oder Quereinsteiger getrennt von den jungen Referendaren auszubilden.

» *Welche Tipps würden Sie Menschen geben, die sich überlegen, als Quereinsteiger/innen in die Schule zu gehen, bzw. die kurz vor ihrem Einstieg an der Schule stehen?*

Wenn sie noch überlegen: »Drum prüfe, wer sich ewig bindet«, am besten also Praktika an Schulen machen und mit anderen sprechen, die diesen Weg eingeschlagen haben. Wenn sie nicht mehr überlegen: Sei immer brav zu deinen Fachleitern und zu deinen Chefs. Schweig still, sieh dich um, höre zu und beobachte. Und suche dir erfahrene Kollegen als Mentor. Schließlich: Arbeite mit erfahrenen Kollegen parallel.

»Viele Quereinsteiger haben das Gefühl, ausgenutzt zu werden«

Alexander Hofmann

- geboren 1969
- Soziologe und Germanist (M.A.)
- ausgebildeter Online- und Printredakteur
- neun Jahre Redakteur für Online- und Printbereich
- zuletzt stellvertretender Abteilungsleiter in einer Redaktion mit Personalverantwortung (ungekündigt)
- seit zwei Jahren an einer kooperativen Gesamtschule, eingesetzt in Hauptschul-, Realschul- und Gymnasialzweig
- Lehrer für die Fächer Deutsch, Politik & Wirtschaft, EDV, nebenher für die Pressearbeit der Schule zuständig

» *Herr Hofmann, welchen beruflichen Weg haben Sie genommen, bis Sie Lehrer wurden?*

Nach dem erfolgreich abgeschlossenen Hochschulstudium absolvierte ich zwei Volontariate zum Online- und Printredakteur, danach war ich sechseinhalb Jahre Redakteur in einer Printredaktion, davon vier Jahre stellvertretender Abteilungsleiter in einer Redaktion mit Personalverantwortung.

» *Wie kamen Sie auf die Idee, sich für den Lehrerberuf zu interessieren?*

Ich interessierte mich bereits nach dem Abitur sehr stark für den Lehrerberuf. Mir wurde damals von der Studienberatung an der Uni Frankfurt am Main jedoch dringend von einem Lehramtsstudium abgeraten, da ich mit meiner gewünschten Fächerkombination Deutsch/Französisch am Gymnasium nach dem Studium »auf keinen Fall« eine Stelle fände. Daher solle ich lieber meinen Magister machen und meinen zweiten Wunschberuf, nämlich Journalist, anstreben, so die Studienberatung an der Uni damals. Als ich im Sommer 2008 dann von einem Quereinstiegsprogramm für Lehrer in Hessen hörte, stand mein Entschluss fest, dass ich es mit dem Lehrerberuf doch noch einmal versuche, um meinen Traumberuf endlich zu realisieren.

» *Haben Sie spezielle Beratungsangebote der Berufsberatung oder von anderer Seite in Anspruch genommen?*

Nein, das habe ich alles selbst organisiert und habe mich online auf dem Laufenden gehalten.

» *Wie verlief Ihre Ausbildung bzw. Fortbildung für den Lehrerberuf?*

Am Anfang autodidaktisch sowie durch Ratschläge und Tipps von Kollegen, Freunden und Verwandten. Im Schuljahr 2010/11 begann ich dann mit dem »Besonderen berufsbegleitenden Verfahren zum Erwerb einer dem Lehramt gleichgestellten Qualifikation« (QUIS) in Hessen und befinde mich nun im zweiten Semester. Ab März 2011 besuchen meine Quereinsteiger-Kollegen und ich Seminare an den zuständigen Studienseminaren. Im Mai erfolgt wahrscheinlich der erste Unterrichtsbesuch. Insgesamt müssen hier in Hessen Quereinsteiger vier Module erfolgreich absolvieren. Nach insgesamt sechs Unterrichtsbesuchen erfolgt die Prüfung, die ebenso abläuft wie die der Referendare (zwei Lehrproben, Reflexion, mündliche Prüfung), jedoch keine Examensarbeit erfordert.

» *Wurde Ihr Quereinstieg vonseiten der Schulverwaltung angeleitet, begleitet oder unterstützt? Wenn ja, wie?*

Es dauerte eine ganze Weile, bis das mit den Quereinsteigern hier in Hessen in die notwendige Gesetzesform gebracht wurde. Das Erste, was man nach seiner Bewerbung um einen Platz im Qualifikationsprogramm bei telefonischen Nachfragen hörte, war »Verbeamtet werden Sie durch diese Qualifikation nicht«, was einen verwirrte und recht ratlos den Hörer wieder auflegen ließ. Auf Nachfragen reagierte man auf Behördenseite schulterzuckend. Nach Beginn der Qualifizierung im August 2010 – ich bewarb mich dafür im Sommer 2008! – bekam ich endlich die erhoffte Hilfe vom Amt für Lehrerbildung Frankfurt und diversen Ausbildern, die mir und meinen Kollegen wertvolle Tipps in Seminaren gaben und uns unterstützen – sogar E-Mail-Nachfragen waren und sind erwünscht. Ebenso helfen uns die Studienseminare konstruktiv weiter. Unterstützt werde ich vor allem von meiner Schulleiterin und dem Kollegium. Auch die Quereinsteiger helfen sich gegenseitig, wo sie können.

Welche vermittelten Inhalte oder Kompetenzen in dieser Ausbildungsphase waren hilfreich für Sie?

In zehn Ganztagsseminaren erhielten meine Quereinsteiger-Kollegen und ich – wir waren um die 90 aus ganz Hessen – Einblicke in Themen wie Unterrichtsplanung und -gestaltung, »Methoden und Medien«, fachdidaktische Fragestellungen, konkrete Tipps hinsichtlich »Erziehen und Beraten« sowie schul- und dienstrechtliche Informationen. Das waren Bestandteile unseres Einführungssemesters. Viel Input in sehr wenig Zeit …

Welche Inhalte waren weniger hilfreich?

Die eben erwähnten Seminare waren oftmals aufgebläht und viel zu umfassend. Zudem wirkte so mancher Ausbilder beim Umgang mit teilweise promovierten und »betagteren« Quereinsteigern überfordert.

Welche Erfahrungen haben Sie bisher im Berufsfeld Schule als Lehrer gemacht?

Größtenteils sehr gute. Mein Kollegium nahm mich offen auf, was aber wahrscheinlich auch an meiner offenen Art lag. Nachfragen werden gerne beantwortet.

Was ist Ihnen in Ihrem neuen Beruf eher leicht gefallen?

Die Planung und Durchführung von Unterricht fielen mir zum Glück leicht, ebenso die Arbeitsorganisation. Die Erziehungsarbeit und der Umgang mit schwierigen Schülern waren anfangs sehr schwierig und kosteten viel Kraft, nach einem halben Jahr lief das dann jedoch zum Glück besser. Die Elternarbeit funktioniert reibungslos, ebenso die Kooperation mit dem Kollegium, das mich wirklich sehr nett und kollegial aufgenommen hat. Die Schulentwicklungsarbeit ist an meiner Schule erkennbar, jedoch läuft alles sehr viel langsamer als in der freien Wirtschaft. Im Schulbereich lässt man sich mehr Zeit. So auch viele Kollegen: Die Berufskultur des Lehrers ist dann doch eben eine vollkommen andere als die der gestressten Medienmenschen. Aber der Berufskultur des Lehrers kann ich viel abgewinnen!

Was war für Sie eher schwierig?

Der Umgang mit frechen Schülern, die keinen Respekt zeigten. Das Verhängen angemessener Sanktionen gegen schlechtes Schülerverhalten fiel mir auch schwer. Ich war anfangs einfach viel zu nett …

Was hatten Sie erwartet?

Dass die Schüler fleißiger und respektvoller sind.

Was war neu oder überraschend für Sie?

Dass Lehrerkollegen mit mir als »Quereinsteiger« kein Problem haben, sondern mich ganz normal behandeln. Und dass in einem Lehrerkollegium nicht ganz so starre Hierarchien eingehalten werden müssen wie in der Wirtschaft. So können Lehrer ihren Vorgesetzten kritisieren, ohne gleich befürchten zu müssen, ihren Job zu verlieren.

» *Wie verlief bisher die Kommunikation und Kooperation mit den anderen Kolleginnen und Kollegen?*

Sehr gut!

» *Wie verlief bisher die Kommunikation und Kooperation mit der Schulleitung?*

Ebenfalls sehr gut.

» *Wie bewerten Sie Ihre bisherigen Erfahrungen als Quereinsteiger zusammenfassend?*

Ich bin mit der Entscheidung, den Beruf zu wechseln, überaus zufrieden und glücklich. Ich habe endlich meine berufliche Heimat gefunden und würde auf jeden Fall wieder wechseln, könnte ich die Uhr um zwei Jahre zurückdrehen. Lediglich die von Behördenseite recht schleppende Informationspolitik hat mich genervt.

» *Würden Sie, wenn Sie die Möglichkeit hätten, etwas an den Strukturen des Übergangs von Seiten- oder Quereinsteiger/innen ändern? Wenn ja, was?*

Seiteneinsteiger brauchen vor ihrem ersten Schultag dringend Informationen und eine Begleitung, für die Schulen und Behörden sorgen sollten. Zudem brauchen Seiteneinsteiger klare Informationen darüber, wie eine Qualifikation ausschaut und wie man in den nächsten Jahren mit ihnen umgeht. Viele Seiteneinsteiger haben das Gefühl, in Mangelzeiten ausgenutzt zu werden und bei zurückgehenden Schülerzahlen in den nächsten Jahren womöglich wieder aufs Abstellgleis gestellt zu werden. Das weiß ich aus zahlreichen Gesprächen mit anderen Seiteneinsteigern. Da wäre mehr Nachhaltigkeit von Behördenseite gefragt.

» *Welche Tipps würden Sie Menschen geben, die sich überlegen, als Seiten- bzw. Quereinsteiger/innen in die Schule zu gehen, bzw. die kurz vor ihrem Einstieg an der Schule stehen?*

Vor dem Entschluss, dies zu tun, sollten Seiteneinsteiger ein mindestens einwöchiges Praktikum an einer Schule machen, um herauszufinden, ob man mit jungen Menschen überhaupt arbeiten kann. Auf keinen Fall würde ich in die Schule einsteigen, nur um dort Aussicht auf eine feste Stelle oder viel Urlaub zu haben. Ohne eine gesunde Portion Idealismus und Nervenstärke hat der Quereinstieg keinen Sinn.

»Alle Kollegen waren offen, freundlich und hilfsbereit«

Dr. Pascal Eitner
- geboren 1966
- zehn Jahre Berufstätigkeit als promovierter Biologe, zuletzt als Projektmitarbeiter für AV-Medien
- seit vier Jahren am Gymnasium tätig, jetzt Lehrer für die Fächer Physik und Biologie

» *Herr Dr. Eitner, welche beruflichen Wege haben Sie genommen, bis Sie Lehrer wurden?*

Ich habe als Journalist für das Fernsehen und verschiedene Printmedien gearbeitet, aber auch im Bereich PR/Werbung. Zuletzt habe ich AV-Projekte für die Wissenschaft betreut.

» *Wie kamen Sie auf die Idee, sich für den Lehrerberuf zu interessieren?*

Zum einen durch die Ortswahl (München), und weil die Kursleitung an der Uni mir Spaß gemacht hat.

» *Haben Sie spezielle Beratungsangebote der Bundesagentur für Arbeit oder von Verbands- oder Gewerkschaftsseite hinsichtlich Ihres möglichen Quereinstiegs in Anspruch genommen?*

Nein, ich habe mich über das Internet informiert, später habe ich dann während meiner Lehrtätigkeit an einem Quereinsteiger-Seminar des Landkreises Fürstenfeldbruck teilgenommen. Dieses Seminar dauerte vier Nachmittage.

» *Wie verlief Ihre Ausbildung bzw. Fortbildung für den Lehrerberuf?*

Zuerst stieg ich an einem privaten Gymnasium ein und unterrichtete dort zwei Jahre. Danach war ich ein halbes Jahr an einem staatlichen Gymnasium, von dort wechselte ich mit Unterstützung der Schulleitung ins Referendariat mit dem Quereinsteiger-Programm.

» *Wurde Ihr Quereinstieg vonseiten des Studienseminars angeleitet, begleitet oder unterstützt?*

Nein. Mein Einstieg an eine staatliche Schule wurde erst durch den Lehrermangel möglich. Ich bekam dann einen Ein-Jahres-Vertrag. Während dieser Zeit bewarb ich mich um die Teilnahme an einem Quereinsteiger-Programm, mit dem gezielt Physiklehrer ausgebildet werden sollten.

» *Welche vermittelten Inhalte im Referendariat der Lehrerfortbildung waren hilfreich für Sie?*

Grundsätzlich alle. Besonders aber Fragen der Psychologie und der Pädagogik (zum Beispiel »Umgang mit Disziplinproblemen«, »andere Unterrichtsformen«) und der Fachdidaktik (zum Beispiel »Unterrichtsphasen«, »Experimente«). Vor allem das Beobachten von anderen Unterrichtsabläufen (Hospitieren) war sehr aufschlussreich zu Beginn.

» *Welche Inhalte waren weniger hilfreich?*

Vor allem Medienkompetenz (weil mir das bekannt war), erzieherische Regeln (weil zu unterschiedlich bewertet) und der Umgang mit Eltern (weil bekannt).

» *Welche Erfahrungen haben Sie bisher im Berufsfeld Schule als Lehrer gemacht?*

Leicht gefallen ist mir vor allem die Unterrichtsplanung (hinsichtlich Fachwissen und Lehrplanbezug), die Arbeitsorganisation, die Elternarbeit und die Kooperation im Kollegium. Schwieriger waren die Erziehungsarbeit und der Umgang mit schwierigen Schüler/innen. Erst im Referendariat habe ich gelernt, den Unterricht minutiöser zu planen (mit einzelnen Unterrichtsphasen) und zu dokumentieren.

» *Wie verlief bisher die Kommunikation und Kooperation mit den anderen Kolleginnen und Kollegen?*

Hervorragend – sowohl vor als auch während des Referendariats. Alle Kollegen waren offen, freundlich und stets hilfsbereit mir gegenüber. Einzige Einschränkung: Viele ausgebildete Lehrer ohne Erfahrung aus anderen Berufen neigen zum Jammern (zu viel Arbeit, zu viel Druck, zu wenig Gehalt im Vergleich zur Industrie).

» *Wie verlief bisher die Kommunikation und Kooperation mit der Schulleitung?*

Unterschiedlich. An meiner ersten Schule, einer Privatschule, war die Schulleitung eine Katastrophe, eine Art Diktatur mit Stasi-Methoden. Bei meiner Einsatzschule (staatliche Schule, die mich als Quereinsteiger danach aufgenommen hat) war die Zusammenarbeit mit der Schulleitung ein Vergnügen. Ich spürte großes Interesse, Wohlwollen, Herzlichkeit und Engagement. An der Seminarschule entwickelt sich zwischen Schulleitung und Referendaren aufgrund des ständigen Lehrkraftwechsels ein eher unpersönliches Verhältnis, das aber für die Arbeitsatmosphäre sehr geeignet ist.

» *Wie bewerten Sie Ihre bisherigen Erfahrungen als Quereinsteiger zusammenfassend?*

Ich bin sehr glücklich, diesen Weg gewählt zu haben. Die Chance, auch ohne erstes Staatsexamen ein Referendariat machen zu dürfen, birgt für mich zweierlei Vorteile: Erstens erhalte ich einen unbefristeten Vertrag und damit eine Verbeamtung, und zweitens lerne ich noch mehr über meinen Beruf, sodass ich mich verbessern kann. Allerdings hätte ich mir das Referendariat finanziell nicht leisten können, wenn meine Frau während dieser Zeit nicht gut verdient hätte.

» *Würden Sie, wenn Sie die Möglichkeit hätten, etwas an den Strukturen des Übergangs von Seiten- oder Quereinsteiger/innen ändern?*

Wer nicht das Glück hat, ein Referendariat machen zu können, der kann Tipps im Umgang mit schwierigen Schülern und Eltern dringend gebrauchen. Fortbildungen, wie ich sie erlebt habe, können dabei hilfreich sein.

» *Welche Tipps würden Sie Menschen geben, die sich überlegen, als Quereinsteiger/in in die Schule zu gehen, bzw. die kurz vor ihrem Einstieg an der Schule stehen?*

Jeder, der Lehrer werden möchte, sollte sich klar sein, dass in der Schule nicht nur Wissen vermittelt wird (was grundsätzlich jeder kann), sondern dass heutzutage auch viel Erziehungsarbeit geleistet werden muss. Dementsprechend wird man als Lehrer schnell zu einer »Person des öffentlichen Lebens« (im Rahmen der Schule). Die zu Recht geforderte Vorbildfunktion der Lehrkraft schränkt natürlich die Freiheit ein.

»Ich bin mit großer Neugier an die Aufgabe gegangen«

Dr. Ulrich Schirmer

- geboren 1949
- promovierter Chemiker
- hat 30 Jahre als Chemiker gearbeitet: Laborleiter, Forschungsgruppenleiter, zuletzt als Forschungsleiter in einem großen Industriebetrieb, zuständig für Pflanzenschutzforschung
- danach fünf Jahre (bis 2009) an einem Gymnasium tätig, unterrichtete Chemie und NWT in den Klassenstufen 9 bis 13

» *Herr Dr. Schirmer, wie kamen Sie auf die Idee sich für den Lehrerberuf zu interessieren?*

Nach meinem Ausstieg aus meiner früheren Firma habe ich eine beratende Aktivität aufgenommen, die mich aber nicht genug auslastete. Über meine Frau, die Lehrerin ist, kam ich dann, mittlerweile 56-jährig, auf die Idee, in den Lehrerberuf zu wechseln. Zunächst arbeitete ich als Vertretung und dann in den Folgejahren auf normaler Basis.

» *Haben Sie spezielle Beratungsangebote der Berufsberatung oder von anderer Seite hinsichtlich Ihres möglichen Quereinstiegs in Anspruch genommen?*

Nein, das war auch gar nicht nötig.

» *Wurde Ihr Quereinstieg vonseiten des Studienseminars angeleitet, begleitet oder unterstützt?*

Nein, ich habe auch kein Referendariat gemacht oder Qualifikationskurse.

» *Welche Erfahrungen haben Sie bisher im Berufsfeld Schule als Lehrer gemacht? Was ist Ihnen leicht gefallen?*

Eigentlich alles.

» *Was hatten Sie vom Berufsfeld Schule erwartet?*

Ich bin ganz vorurteilsfrei und mit großer Neugierde an die neue Aufgabe gegangen.

» *Was war überraschend für Sie?*

Dass mich die Schüler/innen und die Kolleginnen und Kollegen sofort akzeptiert haben. Das lief alles sehr problemlos. Auch die Zusammenarbeit mit der Schulleitung verlief sehr gut.

» *Wie bewerten Sie Ihre bisherigen Erfahrungen als Quereinsteiger zusammenfassend?*

Das waren für mich sehr interessante fünf Jahre, aber dann ließ mit der Zeit die Herausforderung nach. Es wurde für mich immer mehr zur Routine und somit langweilig. Ich habe dann nach fünf Jahren das Arbeitsverhältnis beendet.

» *Welche Tipps würden Sie Menschen geben, die sich überlegen, als Quereinsteiger/in in die Schule zu gehen, bzw. die kurz vor ihrem Einstieg an der Schule stehen?*

Sie sollten sich fragen, ob Ihnen der Umgang mit Schülern und ihrem Fach Spaß machen wird und ob sie von Ihrer Persönlichkeit her für die Schule geeignet sind.

»Das ist kein normaler Bürojob«

Mark Ewald
- geboren 1975
- Diplom-Physiker
- hat zwei Jahre als »Call-Center-Agent« gearbeitet
- seit sechs Jahren im Schuldienst, unterrichtet an einem Gymnasium Mathematik und Physik, früher auch Informatik, in Klassenstufen 5 bis 13, Studienrat

» *Herr Ewald, welchen beruflichen Weg haben Sie genommen, bis Sie Lehrer wurden?*

Nach dem Studium arbeitete ich zwei Jahre als Call-Center-Agent. Danach habe ich als Vertretungslehrer gearbeitet.

» *Wie kamen Sie auf die Idee, sich für den Lehrerberuf zu interessieren?*

Ich habe mir lange viele Optionen offengehalten, da ich mich nicht recht entscheiden konnte. Die Entscheidung, Lehrer zu werden, hatte verschiedene Gründe. In der damaligen Lebenssituation schien es mir die beste und passendste Wahl. Ich bin damals Vater geworden und hatte natürlich das Bestreben, finanzielle Sicherheit herzustellen.

» *Haben Sie spezielle Beratungsangebote hinsichtlich Ihres möglichen Quereinstiegs in Anspruch genommen?*

In einem Gespräch mit dem hiesigen Seminarleiter konnte ich entsprechende Fragen klären.

» *Wie verlief Ihre Ausbildung für den Lehrerberuf?*

Mein Diplom wurde als Erstes Staatsexamen anerkannt, daher durfte ich ein zweijähriges Referendariat absolvieren, welches aufgrund vorheriger Berufserfahrung als Vertretungslehrer auf 18 Monate verkürzt wurde. Nebenher lief ein pädagogisches Seminar speziell für Quereinsteiger, welches mit einer Prüfung abgeschlossen wurde.

» *Wurde Ihr Quereinstieg vonseiten des Studienseminars besonders begleitet oder unterstützt?*

Eine besondere Unterstützung erfolgte nicht, ich wurde genauso unterstützt wie die anderen Nicht-Quereinsteiger auch.

» *Welche vermittelten Inhalte und Kompetenzen im Referendariat waren hilfreich für Sie?*

Als sehr hilfreich habe ich die strukturierte Planung einer Unterrichtsstunde erlebt. In meiner Anfangszeit war dies ein gutes Gerüst, um den Kopf im Unterricht für das aktuelle Geschehen freizuhaben. Die Einführung in den rechtlichen Hintergrund hat mir Sicherheit für meinen Arbeitsalltag gegeben. Es ist mir bewusster geworden, dass sowohl Schüler als auch Eltern bestimmte Rechte haben, die mit dem Schulleben vereinbar sein müssen.

» *Welche Inhalte waren weniger hilfreich?*

Das Hauptseminar wurde relativ praxisfern gestaltet und bot somit kaum direkte Hilfestellung für die spätere Arbeit. Teilweise habe ich Seminare erlebt, in denen davon ausgegangen wurde, dass jeder Teilnehmer eine pädagogische Vorbildung besitzt, obwohl dies nicht der Fall war. Ich hätte mir gewünscht, dass speziell auf uns als Quereinsteiger gesondert eingegangen wird.

» *Welche Erfahrungen haben Sie bisher im Berufsfeld Schule als Lehrer gemacht? Was ist Ihnen leicht gefallen?*

Sehr einfach war für mich die Kooperation mit den Kollegen, was aber zum Großteil an dem guten Kollegium in der Schule liegt. Auch die Elternarbeit empfand und empfinde ich als angenehm. Bei der Unterrichtsdurchführung habe ich die Erfahrung gemacht, dass es eine enorme Flexibilität und gute Vorbereitung des Unterrichts braucht, um die unterschiedlichen Entwicklungsstände der Schüler zu kompensieren. Je genauer und durchdachter die Unterrichtsvorbereitung geschieht, desto reibungsloser und erfolgreicher kann der Unterricht verlaufen. Bei der Unterrichtsvorbereitung musste ich mir im Referendariat erhebliche Zeit einräumen, um den Unterrichtsverlauf adäquat zu erarbeiten.

Was war für Sie schwierig?

Das Zeitmanagement bezüglich der Unterrichtsvor- und -nachbereitung habe ich nicht als so schwierig erwartet. Das Privatleben als Vater und das Berufsleben als angehender Lehrer waren schwierig unter einen Hut zu bekommen. Zu Beginn meiner Lehrertätigkeit hatte ich die Schulentwicklung nicht als primäres Ziel im Kopf, eher das tägliche Arbeiten mit den Schülern. Mit der Zeit veränderte sich dieser Blick aber. Schwierig fand und finde ich immer noch, dass man im Grunde keinen geregelten Arbeitstag hat. An manchen Tagen ist die Vorbereitung nach drei Stunden erledigt und zu anderen Zeiten arbeite ich bis spät in die Nacht. Dies ist nicht mit einem normalen Bürojob zu vergleichen.

Was hatten Sie erwartet?

Es war mir klar, dass mich in diesem Beruf eine besondere Vielschichtigkeit erwartet. Auf der einen Seite ist mein elementares Bedürfnis, meinen Schülern den nötigen Stoff zu vermitteln – dazu gehört natürlich auch die Lust am Lernen. Auf der anderen Seite gibt es die Eltern, die in der Regel gut Sorge für ihr Kind tragen und dementsprechend präsent sind. Das heißt konkret für mich, dass ich mir Zeit für Gespräche, Sorgen, Ärger und Ähnliches nehmen muss. Dazu kommt ein ungeheuer großes Kollegium, in dem es sich zurechtzufinden gilt. Außerdem hatte ich erwartet, in den Klassen auf mehr schwierige Schülerinnen und Schüler zu treffen, worauf ich zu Beginn meiner Lehrertätigkeit nicht vorbereitet gewesen wäre.

Was war neu oder überraschend für Sie?

Der ungeheure Arbeits- und Zeitaufwand! Obwohl ich dachte, ich hätte schon eine ziemlich genau Idee von der Arbeit, hat mich das enorme Pensum doch überrascht und nicht selten zu Nachtschichten gezwungen. Als Einsteiger muss einem einfach klar sein, dass man mehr Zeit braucht. Da ich mit enorm vielen Menschen arbeite, ist der Anspruch an meine Flexibilität und Spontaneität enorm hoch.

Wie verlief bisher die Kommunikation und Kooperation mit den anderen Kolleginnen und Kollegen?

Ich fühle mich sehr wohl an meiner Schule. Natürlich habe ich mit meinen Fachkollegen zwangsläufig häufigeren Kontakt als mit fachfremden Kollegen. Mit den erfahrenen Fachkollegen hatte und habe ich noch immer die Gelegenheit, mich auszutauschen und meine Arbeit zu reflektieren. Leider ist es in einem großen Kollegium schwierig, jeden gut kennenzulernen.

Wie verlief bisher die Kommunikation und Kooperation mit der Schulleitung?

Die Kommunikation mit der Schulleitung empfinde ich als sehr angenehm. Zu keiner Zeit hatte ich das Gefühl, dass zwischen Quereinsteigern und Nicht-Quereinsteigern ein Unterschied gemacht wird. Einzig relevant ist die Qualität der Arbeit.

Wie bewerten Sie Ihre bisherigen Erfahrungen als Quereinsteiger zusammenfassend?

Meine Erfahrungen als Quereinsteiger sind alles in allem positiv – dank der Unterstützung von Kollegen und Kolleginnen, die bereit waren, mir mit Rat und Tat zur Seite zu stehen. Ich bedauere die mangelnde Berücksichtigung von Quereinsteigern im Referendariat durch die meisten Seminare.

Würden Sie, wenn Sie die Möglichkeit hätten, etwas an den Strukturen des Übergangs von Quereinsteiger/innen ändern? Wenn ja, was?

Es wäre hilfreich, mehr pädagogisches Hintergrundwissen vermittelt zu bekommen. Die Doppelbelastung, der »Lehrende« zu sein und auch der Erziehungspartner, ist ziemlich anstrengend, und ich denke, es hätte mir geholfen, mehr Hilfsmittel diesbezüglich zu bekommen.

Welche Tipps würden Sie Menschen geben, die sich überlegen, als Quereinsteiger/innen in die Schule zu gehen, bzw. die kurz vor ihrem Einstieg an der Schule stehen?

Diese Menschen sollten überprüfen, ob Sie die Möglichkeit haben, vor dem Quereinstieg ein längeres Praktikum in Schulen zu absolvieren, um die Arbeit wirklich kennenzulernen. Dies ist ein grundsätzlicher Fehler der Ausbildung, auch der regulären Lehrerausbildung. Die praktische Arbeit in der Schule ist ziemlich weit ans Ende gelagert, sodass man erst sehr spät die Möglichkeit hat festzustellen, ob man denn tatsächlich für diesen Beruf geeignet ist.

1.3 Interview mit einem Schulleiter

»Die Quereinsteiger sind für unser Kollegium eine große Bereicherung«

Rolf Brand, Oberstudiendirektor

- geboren 1949
- Studium der Chemie mit Abschluss Diplom-Chemiker
- vier Jahre Wissenschaftlicher Angestellter an der Universität Freiburg im Fachbereich Physikalische Chemie, dabei Betreuer von Praktika in Physikalischer Chemie
- Referendariat an Beruflichen Schulen mit den Fächern Chemie und Physik
- Lehrer an einer Kaufmännischen Schule: Unterricht im Beruflichen Gymnasium (WG) in den Klassen 11, 12 und 13 in Chemie/Physik, nach Erwerb der Zusatzqualifikation auch in Informatik
- Abteilungsleiter an einer Kaufmännischen Schule
- stellvertretender Schulleiter an einer Kaufmännischen Schule
- seit 2006 Schulleiter der Walter-Rathenau-Gewerbeschule in Freiburg
- seit 2010 Lehrauftrag am Staatlichen Seminar für Didaktik und Lehrerbildung (Berufliche Schulen) in Freiburg

Herr Brand, wie kamen Sie auf die Idee, sich für den Lehrerberuf zu interessieren?

Ich habe als Wissenschaftlicher Mitarbeiter an der Universität Freiburg damals Praktika in Physikalischer Chemie betreut und Seminare in Mathematik geleitet. Vor allen Dingen die Erfolge beziehungsweise die positiven Rückmeldungen dabei haben bei mir dazu geführt, den Lehrerberuf ins Auge zu fassen. Darüber hinaus hat damals ein Arbeitskollege diesen Weg erfolgreich bestritten.

Wie verlief Ihre Ausbildung für den Lehrerberuf?

Zunächst absolvierte ich eineinhalb Jahre Referendariat an einer Beruflichen Schule, davon im ersten Halbjahr zwei Tage pro Woche an der Ausbildungsschule (Hospitation und eigenständige, durch Mentoren betreute Unterrichtsversuche in verschiedenen Fächern bzw. Klassen oberhalb und unterhalb des mittleren Bildungsabschlusses) und drei Tage pro Woche im Studienseminar. Im zweiten und dritten Halbjahr erteilte ich eigenverantwortlichen Unterricht an der Ausbildungsschule mit Betreuung durch meine Mentoren. Nach dem Referendariat belegte ich jährlich mehrere Fortbildungen in Chemie und Physik, später auch in Informatik.

Welche Inhalte im Referendariat waren hilfreich für Sie?

Sowohl die fachdidaktischen als auch die rechtlichen und die allgemeinpädagogischen Inhalte.

Welche Erfahrungen haben Sie in Ihrer Tätigkeit als Lehrer gemacht?

Sehr gute! Es macht mir bis heute große Freude, anderen (Jugendlichen im Unterricht oder Lehrkräften bei einer Fortbildung) etwas zu vermitteln; besonders durch die sehr positiven Rückmeldungen der Lernenden fühle ich mich immer wieder in meiner Arbeit bestätigt.

Wie verlief bisher die Kommunikation und Kooperation mit den anderen Kolleginnen und Kollegen?

Ich wurde vom ersten Schultag an als vollwertige Lehrkraft wahrgenommen; dank meiner Fächerkombination (Chemie, Physik) war ich nach dem Referendariat an meiner ersten Schule ein höchst willkommener Lehrer, der unter anderem dringend für den Chemieunterricht im damals neu eingerichteten Leistungskurs Chemie benötigt wurde. In kürzester Zeit wurde ich als unverzichtbarer Teil des Kollegiums angesehen.

Wie bewerten Sie Ihre Erfahrungen als Quereinsteiger zusammenfassend?

Ich habe meinen Entschluss, nach meiner Tätigkeit an der Universität in den Schuldienst zu wechseln, bis heute nicht bereut und würde diesen Weg zu jeder Zeit wieder einschlagen.

Könnten Sie heutzutage als Schulleiter einer Gewerbeschule überhaupt noch den Unterricht sichern, ohne Quereinsteiger/innen einzusetzen?

Kurze Antwort: Nein!

»*Wie viele Quereinsteiger gibt es an Ihrer Schule?*

Bei uns sind es insgesamt zwanzig, darunter mehrere promovierte Chemiker bzw. Apotheker/innen und einige Direkteinsteiger.

»*In welchen Fächern unterrichten diese?*

In Chemie, Elektrotechnik, Informationstechnik, Mathematik, Pharmazie und Physik.

»*Mit welchen Motivationen bewerben sich diese Quereinsteiger/innen bei Ihnen an der Schule?*

Die Motivationen sind sehr vielschichtig: Eine ist sicher die Chance, anderen schwierige Sachverhalte verständlich zu machen; darüber hinaus die Möglichkeit, mit jungen Menschen erfolgreich zu arbeiten, unter Menschen zu sein und nicht nur am PC zu arbeiten, und jungen Leuten die Begeisterung für Technik zu vermitteln.

»*Welche Stärken bzw. welche möglichen Schwächen sehen Sie bei Quereinsteiger/innen, eventuell auch im Vergleich zu herkömmlich ausgebildeten Lehrer/innen?*

Als Stärke sehe ich bei vielen Quereinsteiger/innen die fachliche Qualifikation gegenüber dem herkömmlich ausgebildeten Lehrer. Eine mögliche Schwäche, vor allem zu Beginn des Quereinstiegs, sind die geringeren didaktischen Fähigkeiten, die während des Diplomstudiums zu kurz gekommen sind. Diese lassen sich aber innerhalb des Referendariats bei entsprechendem Engagement und Unterstützung durch Seminar, Mentoren, Kollegium und Schulleitung so deutlich verbessern, dass nach den eineinhalb Jahren keine oder fast keine Unterschiede mehr feststellbar sind.

»*Nach welchen Kriterien bzw. mit welchem Verfahren entscheiden Sie über die Eignung der Bewerber/innen?*

Da ein Quereinsteiger der Ausbildungsschule zugewiesen wird, habe ich auf dessen Eignung zunächst keinen Einfluss. Im Laufe der Ausbildung an unserer Schule besuche ich den Bewerber mehrfach in verschiedenen Fächern bzw. Klassen und verschaffe mir so ein Bild von dessen Umgang mit den Schülern, der Art der Stoffvermittlung und des Zeitmanagements; nach jedem Unterrichtsbesuch werden diese Dinge angesprochen. Spätestens am Ende des Referendariats muss ich den Bewerber auf Eignung beurteilen, wobei ich mir hierzu auch das Urteil der Mentoren und der zuständigen Abteilungsleiter einhole.

»*Gibt es auch Bewerber/innen, die Sie für ungeeignet halten?*

Sicher. Zum Beispiel wenn sich während des Referendariats zeigt, dass die didaktische Befähigung nicht vorhanden ist oder die didaktische Reduktion von Stoff auf unterschiedliche Schüler und unterschiedliche Klassenstufen nicht gelingt, oder wenn das Zeitmanagement nicht klappt.

» Wie werden die neuen Quereinsteiger/innen an Ihrer Schule in der ersten Dienstzeit begleitet?

Während der Ausbildungszeit erfolgt eine Begleitung durch die Schulleitung und die zugewiesenen Mentoren. Quereinsteiger, die nicht an unserer Schule ausgebildet wurden, werden zum Beispiel im ersten Jahr durch eine an der Schule erfahrene und etablierte Lehrkraft im Schulalltag begleitet. Zusätzlich erfahren diese Lehrkräfte innerhalb der ersten Zeit eine intensive Betreuung durch die Schulleitung.

» Welches Standing haben nach Ihren Erfahrungen die Quereinsteiger/innen im Kollegium?

Sie werden bei uns ohne Ausnahme als eine Bereicherung empfunden.

» Welche Tipps und Ratschläge geben Sie den Quereinsteiger/innen an Ihrer Schule?

Unbedingt die Zusammenarbeit mit den Kollegen nutzen, sich absprechen und nicht immer das Rad neu erfinden. Man benötigt manchmal einen langen Atem, bis sich Erfolge einstellen. Während der Ausbildung mindestens einmal in einem Schuljahr eine Klasse, in der man selbst unterrichtet, einen Tag lang in anderen Fächern als den eigenen besuchen, um das Verhalten mancher Schüler bei anderen Lehrkräften und in anderen Fächern kennenzulernen. Und ich gebe häufig den Tipp, die Stofffülle zu reduzieren. Weniger ist manchmal mehr.

» Welche Wünsche haben Sie an die Kultusverwaltung oder an die Bildungspolitik zum Thema Quereinsteiger/innen?

Die Möglichkeit des Quereinstiegs sollte vor allen Dingen im Hinblick auf Lehrkräfte an Beruflichen Schulen in Mängelfächern unbedingt beibehalten werden. Noch vor der Zulassung zum Referendariat sollten sich die Ausbildungsschulen von den Quereinsteigern ein Bild verschaffen können.

1.4 Interview mit einer Forscherin

»Die Attraktivität des Lehramtsstudiums leidet erheblich«

Dr. Friederike Korneck

- geboren 1963
- seit 2001 Akademische Rätin am Institut für Didaktik der Physik an der Johann-Wolfgang-Goethe-Universität in Frankfurt am Main
- forscht zu Quereinsteiger/innen im Fach Physik
- Projekthomepage mit aktueller Veröffentlichungsliste: www.quereinsteiger.uni-frankfurt.de

» *Frau Dr. Korneck, wie entstand Ihr Forschungsinteresse, sich mit der Situation von Quereinsteiger/innen zu befassen?*

Der Ausgangspunkt meines Projekts an der Goethe-Universität in Frankfurt waren Kooperationstreffen mit Fachleitern aus Hessen und aus Thüringen. Im Rahmen dieser Treffen berichteten diese Fachleiter von ihren Erfahrungen mit Quereinsteigern im Fach Physik, die seit etwa 2002 ohne Lehramtsstudium an die Studienseminare kommen. Sie berichteten auch von Häufungen kritischer Rückmeldungen seitens Lehrerkollegen und Schulleitungen zur Unterrichtsqualität von Quereinsteigern.

Diese Frage der Rekrutierung von Lehrkräften für das Fach Physik hat mich nach den Treffen nicht mehr in Ruhe gelassen. Ich wollte wissen, in welchem Maße im Fach Physik Quereinsteiger in das Referendariat und in den Schulen eingestellt werden, zumal dann im Sommer 2008 massive Werbekampagnen für den Quereinstieg in den Lehrerberuf stattgefunden haben. Zunächst in Hessen, dann – als Reaktion auf die hessische Kampagne – auch in Baden-Württemberg.

Aus diesem Grund begann ich mit meiner Arbeitsgruppe eine Studie, die zum einen, exemplarisch für das Fach Physik, die Ausbildungswege der zukünftigen Lehrkräfte nachzeichnet (Deutsche Physikalische Gesellschaft 2010) und zum anderen in einer Vergleichsstudie zwischen Quereinsteigern und Lehramtsabsolventen berufsbiografische Daten und verschiedene Merkmale der professionellen Handlungskompetenz erhebt. Meine Arbeitsgruppe hat dafür in zwei Erhebungswellen die Kultusministerien bezüglich der Nutzung und der zeitlichen Perspektiven von Quer- und Seiteneinsteiger-Programmen befragt und in über 40 Studienseminaren verschiedener Bundesländer Vergleichsdaten von Referendaren mithilfe von Fragebögen erhoben.

» *Welche unterschiedlichen Formen des Quereinstiegs gibt es in den verschiedenen Bundesländern für das Fach Physik in den allgemeinbildenden Schularten?*

Unsere Erhebung in den Kultusministerien hat gezeigt, dass 12 von 16 Bundesländern Quer- und/oder Seiteneinsteiger-Programme besitzen. Vielleicht zunächst einmal die Definitionen, mit denen wir in die Untersuchung gegangen sind:

Wir haben *Quereinstieg* definiert als den Eintritt ins Referendariat ohne Erstes Staatsexamen oder entsprechenden Master-Abschluss, das heißt ohne Lehramtsstudium. Das bedeutet, dass bestimmte Studienanteile fehlen, wie die Fachdidaktik im ersten Fach, dem Fach, in dem der Lehrermangel herrscht und für das der Quereinsteiger eingestellt wurde. Meist wurde das zweite Unterrichtsfach – bei Physik häufig Mathematik – nur im Nebenfach studiert. Auch für dieses Fach fehlen die fachdidaktischen Studienanteile. Zusätzlich fehlen sämtliche Schulpraktika und die pädagogischen und erziehungswissenschaftlichen Anteile des Studiums.

Als *Seiteneinstieg* haben wir für unsere Untersuchung den Eintritt in den Schuldienst ohne Erstes und ohne Zweites Staatsexamen definiert. Seiteneinsteiger werden direkt in der Schule eingestellt. Ihnen fehlt zusätzlich zum Studium auch das Referendariat.

In den letzten Jahren werden diese Definitionen allerdings immer mehr verwischt. Zum einen durch die Bachelor-Master-Studiengänge, und zum anderen werden in immer mehr Ländern Seiteneinsteiger eingestellt, die bei einer hohen Unterrichtsbelastung zusätzlich ein berufsbegleitendes Referendariat absolvieren.

» *Welche Quereinstiege gibt es im beruflichen Schulwesen für das Fach Physik?*

Im beruflichen Schulwesen ist der Lehrkräftemangel nicht nur im Fach Physik seit vielen Jahren gravierend. Wir haben uns in der Frankfurter Studie allerdings auf allgemeinbildende Schulen beschränkt, für die wir in den meisten physikdidaktischen Instituten der Universitäten Lehrkräfte ausbilden.

Die Problemlage ist an berufsbildenden Schulen auch eine andere, hier werden ältere Jugendliche und junge Erwachsene ausgebildet. In allgemeinbildenden Schulen – vor allem in der Sekundarstufe I – stehen dagegen erzieherische Aspekte mehr im Mittelpunkt der Lehrertätigkeit.

» *Ist der Quereinstieg ein deutsches Spezifikum oder gibt es solche Berufswege auch in anderen Ländern?*

Auch in anderen Ländern Europas, zum Beispiel in Großbritannien, Österreich und der Schweiz, werden sogenannte »career changers« und »Berufsleute« für den Lehrerberuf rekrutiert und weitergebildet. Zum Beispiel in Österreich schlagen im Moment die Diskussionen um den Quereinstieg in den Lehrerberuf auch in der Öffentlichkeit große Wellen.

Während in Deutschland potenzielle Berufswechsler je nach Bundesland und persönlicher finanzieller Lage zwischen einem Quereinstieg ins Referendariat mit einem geringen Einkommen oder einem Seiteneinstieg bei nahezu voller Lehrbelastung und höherem Einkommen wählen können, bietet zum Beispiel die Pädagogische Hochschule Zürich in der Schweiz mit praxisbegleitenden Teilzeitstudiengängen für berufserfahrene Quereinsteiger einen alternativen Weg an: Studiengänge, die auf die sogenannten »Berufsleute« zugeschnitten sind und ihnen durch die Übernahme einer Lehrerstelle im Tandem auch während des Studiums ein Einkommen sichern.

Auch in Großbritannien herrscht ein gravierender Lehrermangel, vor allem in den naturwissenschaftlichen Fächern und Mathematik. Aus diesem Grund wurde dort eine staatliche Agentur, die »Training and Development Agency for Schools«, gegründet. Diese hat das Ziel, auch ältere und berufserfahrenere Personen für den Lehrerberuf zu rekrutieren.

» *Sie haben im Rahmen Ihrer Forschungen auch Quereinsteiger/innen befragt. Welche Tendenzen zeichnen sich bei diesen Befragungen ab?*

Wir haben im Rahmen unserer Studie »Professionelle Handlungskompetenz von Quereinsteigern und Lehramtsabsolventen im Fach Physik« von November 2008 bis Mai 2010 in den Bundesländern Baden-Württemberg, Hamburg, Hessen und Niedersachsen 200 angehende Physiklehrkräfte für den Gymnasialbereich mithilfe von Fragebögen untersucht. Das sind ca. 40 Prozent aller Lehramtsanwärter im Fach Physik, die bundesweit zum Messzeitpunkt ihr Referendariat begonnen haben.

Der Fragebogen erfasste, neben umfangreichen berufsbiografischen Daten, verschiedene Lehrerkompetenzen wie die Überzeugungen der zukünftigen Lehrkräfte zum Unterrichtsfach und zur Wissenschaft Physik, die sich auf ihr Verhalten im Unterricht auswirken. Zusätzlich wurden die Motive für die Wahl des Lehrerberufs erhoben sowie die Fähigkeiten, mit Belastungen des Berufs umzugehen.

Zurzeit läuft in Kooperation mit der Universität Paderborn und der Humboldt-Universität Berlin eine zweite Erhebungswelle mit zukünftigen Lehrkräften des Haupt-, Real- und Gesamtschulbereichs und eine Folgeerhebung im Gymnasialbereich. Hierfür wurde das Testinstrument um die Komponenten des Professionswissens, das heißt Fachwissen, physikdidaktisches und pädagogisches Wissen, erweitert.

Die umfangreichen Ergebnisse der ersten Erhebung werden in den nächsten Monaten im Rahmen einer Dissertation veröffentlicht (Lamprecht 2011). An dieser Stelle kann ich allerdings nur ein Schlaglicht auf zwei überraschende Ergebnisse aus den biografischen Daten werfen.

Zunächst zum Studienfach: In der Annahme, dass die Quereinsteiger das Fach Physik studiert haben, argumentieren insbesondere Befürworter des Quereinstiegs mit der fachlichen Überlegenheit von Quereinsteigern im Vergleich zu Lehramtsabsolventen, die sich auf den Unterricht positiv auswirken sollte. Nach unserer Analyse der Biografien ist diese Annahme aber nicht mehr uneingeschränkt haltbar: Nur ca. 60 Prozent der befragten Quereinsteiger im gymnasialen Bereich haben einen Studienabschluss im Fach Physik, während nahezu 40 Prozent Chemiker oder Mathematiker sind. Dieser Befund hat auch unsere Arbeitsgruppe überrascht, da dies bedeutet, dass bei Quereinsteigern, die Physik nur als Nebenfach im Rahmen ihres Studiums belegt haben, in der zweiten Ausbildungsphase nicht per se von umfassenden Fachkenntnissen und Experimentierfertigkeiten ausgegangen werden kann. Nach den ersten Ergebnissen ist dieser Befund im Haupt- und Realschulbereich noch wesentlich gravierender: Hier finden sich kaum Physiker unter den Quereinsteigern.

Ein weiteres überraschendes Ergebnis: Neben dem vorhandenen Fachwissen sind umfangreiche Berufserfahrungen ein vonseiten der Kultusministerien häufig genanntes Qualitätsmerkmal, das Quereinsteiger für den Schuldienst qualifizieren und zugleich den Schulalltag bereichern soll. Tatsächlich besitzt die Hälfte der befragten Quereinsteiger Berufserfahrungen mit einem Bezug zu Naturwissenschaften und Technik, die sie im Bereich der technischen Industrie oder an Universitäten und Forschungsinstituten erworben haben. Allerdings bringt ein mit knapp 26 Prozent großer Anteil der Quereinsteiger keine Berufserfahrungen mit. Weitere knapp 22 Prozent der Quereinsteiger haben Erfahrungen in einer Vielzahl verschiedener, nicht naturwissenschaftlich-technischer Berufe.

Diese heterogene Zusammensetzung der Gruppe der Quereinsteiger, die sich noch in vielen weiteren Merkmalen zeigt, wirkt sich auf die in der Studie gemessenen Lehrerkompetenzen aus, sodass wir in der Interpretation der Daten nicht von *dem* Quereinsteiger sprechen können, sondern differenzieren müssen. Ein Faktor ist zum Beispiel auch, ob Erfahrungen in der Arbeit mit Kindern und Jugendlichen vorliegen.

» *Welche Aussagen können Sie aufgrund Ihrer Forschungen zum Professionswissen der Quereinsteiger machen?*

Die Kompetenzkomponenten des Professionswissens – Fachwissen, fachdidaktisches und pädagogisches Wissen – erheben wir zurzeit in einer zweiten Untersuchungswelle unserer Studie. Hierfür wurde unser Testinstrument in Zusammenarbeit mit Kollegen der Universität Paderborn und der Humboldt-Universität Berlin erweitert. Wir haben erste Hinweise, die aber statistisch noch abgesichert werden müssen, bevor wir sie veröffentlichen und verallgemeinerbare Schlüsse daraus ziehen.

» *Sie schreiben in einem Beitrag, dass die Gefahr besteht, dass durch den Quereinstieg die universitäre Lehrerbildung im Fach Physik unterlaufen wird. Inwiefern?*

Die Attraktivität des Lehramtsstudiums leidet erheblich, wenn für die Besetzung von Planstellen in den Schulen kein spezifisches Lehramtsstudium mehr notwendig ist. Wenn Lehramtsstudierende – wie es zurzeit der Fall ist – befürchten müssen, dass Planstellen durch Seiten- und Quereinsteiger besetzt werden und ihnen selbst nicht mehr zur Verfügung stehen, hat dies Folgen für die Wahl des Studiengangs. An einigen Standorten wird bereits Studierenden geraten, statt des Lehramtsstudiums ein BA/MA-Studium für Physik zu wählen, da dort die Studienbedingungen oft besser sind: Physikstudierende haben, mit nur einem zentralen Fach, eher eine »Heimat« innerhalb der Universität, und sie werden in den Fächern häufig als »hochwertiger« angesehen. Erschwerend kommt hinzu, dass sich Physikstudierende durch die Quereinsteiger-Programme der Kultusministerien auch noch in letzter Sekunde für den Lehrerberuf entscheiden können. Man könnte es so sehen, dass das Physikstudium ein »polyvalenter Studiengang« bis zum Masterabschluss ist.

Das ist für mich eine Unterlaufung der qualifizierten Ausbildung für den Lehrerberuf seitens der Ministerien, die an anderer Stelle eine ständige Verbesserung der Lehrerbildung fordern.

» *Gibt es nach Ihren Studien Unterschiede zwischen Quereinsteiger/innen und normalen Lehramtsstudierenden?*

Die Daten unserer Studie zeigen Unterschiede zwischen Quereinsteigern und Lehramtsabsolventen in Bereichen der Berufsmotivation, den Überzeugungen zum Unterrichten und zur Wissenschaft Physik sowie im Umgang mit beruflichen Belastungssituationen. Wie bereits erwähnt, hängen diese Ergebnisse von den Vorkenntnissen und Erfahrungen ab, die die zukünftigen Lehrkräfte mitbringen. Hier spielt eine Rolle, ob sie Physik studiert und welchen Studienschwerpunkt sie gewählt haben, ob sie vorher bereits unterrichtet und mit Kindern und Jugendlichen gearbeitet haben oder in welchem Bundesland sie ausgebildet wurden. Hier unterscheiden sich übrigens auch Lehramtsabsolventen untereinander.

Welche Tendenzen sehen Sie für die Zukunft des Quereinstiegs in Deutschland?

Die Prognosen der einzelnen Kultusministerien über die Laufzeit der Quer- und Seiteneinsteiger-Programme sind sehr unterschiedlich. Meist machen die Ministerien keine konkreten mittel- bis langfristigen Aussagen zum fachspezifischen Lehrerbedarf. Deshalb ist es kaum möglich, aus den Antworten der Ministerien in unserer Befragung eine bundesweite und verlässliche Vorhersage über die Entwicklung des Physiklehrkräftemangels zu formulieren. Für solche zuverlässigen Prognosen ist die Kultusministerkonferenz zuständig. Sie hat im Juni 2009 eine entsprechende Bedarfsberechnung für die Jahre 2010–2020 beschlossen, die allerdings, nach meinen Recherchen, noch nicht veröffentlicht ist.

Im Bereich der Physik hat aktuell bundesweit fast jeder zweite Referendar kein Lehramtsstudium absolviert, und die Schulen suchen vielerorts weiterhin händeringend nach Lehrkräften. Ich sehe bisher noch keine Hinweise auf ein Ende des Lehrkräftemangels. Dafür sprechen auch die vermehrte Einführung und Nutzung von Seiteneinsteiger-Programmen in verschiedenen Bundesländern.

Was wären Ihre Empfehlungen für die Gestaltung des Quereinstiegs? Was sollten die Kultusbehörden beibehalten oder ändern?

Die hohen Quereinsteigerquoten haben uns als Physikdidaktiker – trotz unserer kritischen Haltung gegenüber der Einstellungspolitik der Ministerien – veranlasst, ein physikdidaktisches Qualifizierungsprogramm für Quereinsteiger zu entwickeln, das die unter diesen Umständen bestmöglichen Einstiegsvoraussetzungen der Quereinsteiger in den Schuldienst zum Ziel hat. Denn guter Physikunterricht ist unser höchstes Ziel.

Das Programm wurde von einem Konsortium aus Physikdidaktikern verschiedener Hochschulen und Studienseminare entwickelt und umfasst neun Module, deren Inhalte im Normalfall Gegenstand der universitären Phase der Physiklehrerausbildung sind. Es handelt sich dabei um ein Notprogramm, das einen ausgewählten Teil der physikdidaktischen Basisqualifikationen vermittelt, ein reguläres Lehramtsstudium aber auf keinen Fall ersetzen kann.

Das Programm wurde von der Deutschen Physikalischen Gesellschaft im letzten Jahr der Kultusministerkonferenz und den Ministerien der Länder als eine Maßnahme in Zeiten des Lehrkräftemangels angeboten. Es sollte unserer Meinung nach von Quereinsteigern genutzt werden, um die Qualität des Physikunterrichts aufrechtzuerhalten.

2. Der Quereinstieg im Überblick

2.1 Quereinstieg und Seiteneinstieg: Zur Begrifflichkeit

Was haben Franz Beckenbauer, Arnold Schwarzenegger und Mathias Döpfner gemeinsam? Sie alle haben einen Quereinstieg gewagt und sind, nachdem sie zum Teil jahrelang im einen Berufsfeld gearbeitet haben, in ein anderes Berufsfeld gewechselt, ohne dass sie dafür die sonst übliche Berufsausbildung für das neue Berufsfeld durchlaufen haben:

- Beckenbauer wurde Teamchef der Fußball-Nationalmannschaft, obwohl er keine formale Trainerlizenz hat (deshalb durfte er sich auch nicht »Bundestrainer« nennen).
- Schwarzenegger war Schauspieler und wurde Gouverneur des US-Bundesstaates Kalifornien.
- Döpfner hat Germanistik, Theater- und Musikwissenschaft studiert und ist nun Vorstandsvorsitzender des Axel Springer Verlags.

Diese prominenten Beispiele zeigen, dass der Quereinstieg gar nicht mal so unüblich ist, sondern normaler Teil einer sich verändernden Berufswelt.

Als Quereinsteiger/in oder Seiteneinsteiger/in wird im Allgemeinen eine Person bezeichnet, die aus einer fremden Branche oder beruflichen Sparte in ein neues Betätigungsfeld wechselt, ohne dass er oder sie die für den neuen Beruf allgemein übliche »klassische« Berufsausbildung absolviert hat. Quereinsteiger/innen gibt es in nahezu allen Berufsfeldern: die Juristin, die in einer Bundestagsfraktion arbeitet; Diplom-Kaufleute, die von der Chemie- in die Medizinbranche wechseln; ein Ingenieur, der Vorstandsmitglied einer Aktiengesellschaft wird; ein ausgebildeter Lehrer, der im Verlagslektorat tätig ist; eine Stadtplanerin, die soziale Schlichtungsprozesse moderiert. Dass die Verschiedenheit der Mitarbeit eines Betriebes oder einer Abteilung und ihre beruflichen Vorerfahrungen und Qualifikationswege mittlerweile bewusst positiv gesehen werden, zeigt das Prinzip des »Diversity Managements« (Kuhn-Fleuchhaus/Bambach 2009), bei dem die Vielfalt der Mitarbeiterstruktur konstruktiv genutzt wird, um Unternehmensziele zu verfolgen.

Bezogen auf den Lehrerberuf bezeichnet die Kultusministerkonferenz (KMK) als

- *Seiteneinsteiger*: Lehrkräfte, die in der Regel über einen Hochschulabschluss, nicht aber über das Erste Staatsexamen verfügen und ohne das Absolvieren des Referendariats bzw. Vorbereitungsdienstes in den Schuldienst eingestellt werden. Diese Seiteneinsteiger/innen erhalten über die fachlichen Kenntnisse ihres bisherigen Berufsfelds hinaus eine unterschiedlich lange pädagogische bzw. didaktische Zusatzqualifikation, die häufig berufsbegleitend, zum Teil bei vermindertem Deputat, vermittelt wird. Die Bedingungen, zu denen der Einstieg als Seiteneinsteiger/in in den Schuldienst möglich ist, sind sehr unterschiedlich. Eine Verbeamtung ist teils nicht möglich, die Aufstiegschancen sind teils eingeschränkt. Ein Bundeslandwechsel wird aufgrund eines fehlenden Zweiten Staatsexamens schwieriger sein als für einen Laufbahnbewerber. Die Bewerber/innen haben abzuwägen, ob beim Seiteneinstieg die (fast) vollen Bezüge von Anfang an die Nachteile ausgleichen können.

- Als *Quereinsteiger* werden Lehrkräfte bezeichnet, die in der Regel über einen Hochschulabschluss, nicht aber über das Erste Staatsexamen verfügen und sofort bzw. später noch das reguläre Referendariat bzw. den Vorbereitungsdienst absolvieren.

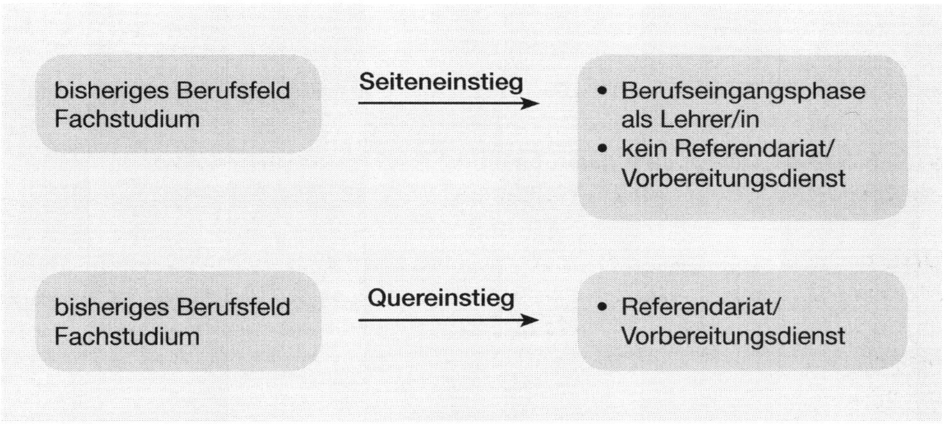

Abb. 1: Begrifflichkeit »Quereinstieg« und »Seiteneinstieg«

In zahlreichen Fällen kommt es zu einem gekoppelten Einstieg: Zuerst werden die neuen Lehrkräfte als Seiteneinsteiger/in eingestellt, in aller Regel im Angestelltenstatus, danach erhalten sie die Gelegenheit, das Referendariat bzw. den Vorbereitungsdienst zu absolvieren und im Beamtenstatus eingestellt zu werden. Viele Bundesländer tendieren dazu (vgl. Kap. 2.3 auf S. 38), den originären Quereinstieg als Regelfall und den Seiteneinstieg als Ausnahme zu behandeln. Insofern geht der Trend eindeutig zum »Quereinstieg«.

Daher wird in diesem Buch der Begriff »Quereinsteiger« als Oberbegriff für den originären Quereinstieg *und* den originären Seiteneinstieg verwendet. Dies bildet nicht nur die Einstellungstendenz der Bundesländer ab, sondern nimmt auch Bezug auf den alltäglichen Sprachgebrauch in der Öffentlichkeit und der Schule.

Gab es 2001 noch, bezogen auf die Gesamtheit aller Lehrereinstellungen im öffentlichen Schuldienst in Deutschland, 2,7 Prozent Quer- und Seiteneinsteiger/innen, hat sich die Zahl mittlerweile (2009) auf 3,7 Prozent erhöht. Einiges deutet darauf hin, dass aufgrund des steigenden Lehrerbedarfs in Zukunft noch verstärkt Bewerber/innen ohne Staatsexamen in den öffentlichen Schuldienst eingestellt werden. Dies betrifft

- *Fächerkombinationen*, in denen nicht genügend Lehramtsanwärter/innen mit Erstem und Zweitem Staatsexamen vorhanden sind,
- *Schularten*, in denen nicht genügend Lehramtsanwärter/innen mit Erstem und Zweitem Staatsexamen vorhanden sind, sowie
- *Einsatzgebiete*, für die nicht genügend interessierte Lehramtsanwärter/innen zur Verfügung stehen.

Da die Gegebenheiten hinsichtlich Angebot und Nachfrage in den jeweiligen Fächern, Schularten und Regionen in den Bundesländern sehr unterschiedlich sind, haben diese ihre jeweils eigene Einstellungsverordnung erlassen. Ausgangspunkt ist immer, dass die jeweilige Schulaufsichtsbehörde vorab den besonderen Bedarf für die entsprechenden Fächer oder Fachrichtungen feststellt. Dieser Bedarf wird in jedem Bundesland jeweils neu ausgehandelt und festgelegt.

In aller Regel werden schulfachidentische Hochschul- und Fachhochschulabschlüsse formal als Erste Staatsprüfung anerkannt, teilweise auch als Teil der Zweiten Staatsprüfung. Möglich sind damit Diplom-, Magister- oder Masterabschlüsse oder eine Promotion in einem Mangelfach. Je nach vorliegendem Abschluss verpflichten die Schulbehörden die Quereinsteiger/innen zu einem Referendariat oder einer berufsbegleitenden Weiterqualifizierung. Hier werden die Quereinsteiger/innen gezielt in Pädagogik, Didaktik, Methodik, Schulrechtsfragen und Schulorganisation geschult. Ob die Lehrkräfte für diese Weiterqualifizierung vom Unterricht freigestellt werden, hängt vom jeweiligen Bundesland ab.

2.2 Gründe für den Quereinstieg in den Lehrerberuf

Berufsbiografien sind heute insgesamt nicht mehr so fest gefügt wie früher. Nur noch ein geringer Prozentsatz aller Berufstätigen beendet sein Berufsleben in dem Beruf, in dem er zu Beginn seines Berufslebens eine Ausbildung absolviert hat. Der Regelfall ist mittlerweile, dass Berufstätige neu einsteigen, aus- und umsteigen, dass sie ihren bisherigen Beruf nicht mehr ausüben wollen oder können, dass sie selbstbestimmt oder durch die Umstände bedingt neue Wege einschlagen.

Die Gründe für diese berufsbiografische Flexibilisierung liegen einerseits in den ökonomischen Bedingungen des Arbeitsmarktes und andererseits dem schnellen Wechsel von Konjunkturbranchen. Was heute eine absolute Zukunftsbranche ist, kann schon in einigen Jahren und erst recht in Jahrzehnten auf dem absterbenden Ast sein. Dazu kommen die starken Individualisierungstendenzen der Gesellschaft: Die Suche nach dem persönlichen Glück, das häufig beruflich konnotiert ist, spielt eine zentrale Rolle bei der Lebensplanung. Das heißt umgekehrt: Wenn Berufstätige mit dem bisherigen Beruf oder Arbeitsumfeld zunehmend unzufrieden sind, fassen sie immer mehr auch Möglichkeiten des beruflichen Neuanfangs oder Quereinstiegs ins Auge.

Die Entscheidung, das angestammte Berufsfeld zu verlassen und einen Quereinstieg zu wagen, ist sicher keine leichte. Schließlich haben die Quereinsteiger/innen in ihrem bisherigen Beruf intensive Kenntnisse und Fähigkeiten erworben, haben teilweise Karrieremöglichkeiten genutzt, sich weitergebildet oder auch Verantwortung für Mitarbeiter/innen übernommen.

Die Gründe für einen Quereinstieg sind so vielfältig wie die Menschen, die sich zum Quereinstieg entscheiden. Dennoch lassen sich bestimmte Motive bündeln:

- Zum einen können die Gründe in der Selbstmotivation des betreffenden Menschen liegen: Es gibt Quereinsteiger/innen, die nach Jahren der Berufstätigkeit eine neue Herausforderung suchen, weil sie wenig Weiterentwicklung in ihrem bisherigen Beruf oder wenig Karrieremöglichkeiten sehen. Und es gibt solche, die eigentlich schon immer gerne Lehrer/in werden wollten, diesen Weg aber bis dato nie einschlagen konnten oder nie eingeschlagen haben. Sie wurden beispielsweise damals, als die Berufsentscheidung anstand, von den Einstellungschancen für den Lehrerberuf abgeschreckt oder ihnen wurde von der Berufsberatung oder anderen Stellen dringend von einem Lehramtsstudium abgeraten.
- Zum anderen können die Gründe für einen Quereinstieg in geänderten Rahmenbedingungen im bisherigen Berufsfeld liegen. Die allgemeine Branchenentwicklung, eine Kündigung, die Herabstufung im Betrieb, die Zuteilung neuer Aufgaben, das Verpassen einer Karrierestufe, ein neuer Vorgesetzter oder die Neuorganisation der eigenen Abteilung kann zum Beispiel dazu führen, berufliche Alternativen ernsthaft zu prüfen und sich für einen Quereinstieg in den Lehrerberuf zu entscheiden. Eine nicht geringe Zahl von Quereinsteiger/innen hat auch nach dem Hochschulabschluss noch gar keine Berufserfahrung sammeln können, weil sie noch keine Stelle in ihrem Studienberuf bekommen haben.
- Zum Dritten können die Gründe im Charakter des Lehrerberufs liegen, der in aller Regel, besonders im Fall der Verbeamtung, einen äußerst krisensicheren und auch relativ gut bezahlten Arbeitsplatz bietet und damit vor allem in unsicheren wirtschaftlichen Zeiten eine echte Alternative ist. Darüber hinaus können sich Lehrer/innen noch immer einen Teil ihrer Arbeitszeit frei einteilen, wiewohl dies durch die steigende Zahl von Ganztagsschulen immer eingeschränkter möglich ist. Die freie Zeiteinteilung und die Ferienzeiten kommen vor allem Frauen und Männern mit Familie entgegen.

Quereinsteiger/innen können im Lehrerberuf einerseits ihre bisherigen Fachkenntnisse, zum Beispiel in Physik, Maschinenbau, Technik oder Kunst, und darüber hinaus ihre Begeisterung für diese Fächer einbringen. Sie haben in aller Regel zusätzlich lebensnahe Erfahrungen, zum Beispiel in Elektrotechnik, vertiefte Kenntnisse im Lateinischen, Vorerfahrungen als Musikproduzentin, Journalist, Kuratorin oder Abteilungsleiter eines mittelständischen Betriebes.

Damit führen sie implizit auch dazu, dass sich Schulen dem Leben und dem Berufsfeld »draußen« noch mehr öffnen, als das bisher der Fall ist. Sie bereichern ein

Kollegium mit ihren Erfahrungen und Zugangsweisen zu Fächern und stellen damit auch bestimmte Traditionen der Professionskultur infrage.

2.3 Der Quereinstieg in den einzelnen Bundesländern

Da die Bundesländer in Deutschland die Kultushoheit haben, sind die Bedingungen für den Quereinstieg in den 16 Bundesländern sehr unterschiedlich. Je nach Angebot und Nachfrage und auch nach Kassenlage des Landeshaushalts öffnen die Schulverwaltungen die Möglichkeiten zum Quereinstieg oder verengen sie. Darüber hinaus sind die Bundesländer bemüht, die Quereinsteiger/innen immer besser zu qualifizieren, um Abbrecher zu vermeiden und die Unterrichtsversorgung zu sichern.

Auf der Seite des Bildungsservers (www.bildungsserver.de → Schule → Lehrerbildung) kann man den jeweils aktuellen Stand der Möglichkeiten zum Quereinstieg in den jeweiligen Bundesländern vertieft prüfen. Wir möchten hier nur die wichtigsten Tendenzen darstellen. Grundlage der folgenden Übersicht ist eine Umfrage, die im Frühjahr 2011 bei den 16 zuständigen Ministerien durchgeführt wurde. Die folgende Auflistung nennt auch, sofern vorhanden, zuständige Ansprechpartner oder Links, über die Sie weitere Informationen bekommen können.

Baden-Württemberg

- *Mangel-Schularten:* v. a. Berufliche Schulen und Gymnasien
- *Mangelfächer:* siehe Internet-Link
- *Besonderheiten:* siehe Internet-Link
- *Altersgrenze:* Seiteneinstieg 50 Jahre, Verbeamtung 42 Jahre
- *Quereinsteiger in den letzten Jahren:* keine Informationen
- *Internet-Link:*
  - www.lehrereinstellung-bw.de
  - www.vorbereitungsdienst-lehramt-bw.de
- *Ansprechpartnerin:* RSchD Astrid Scheuner, Referat 21 im Kultusministerium

Bayern

- *Mangel-Schularten:* v. a. Berufliche Schulen und Gymnasien
- *Mangelfächer:* siehe Internet-Link
- *Besonderheiten:*
  - Gymnasium: Vorbereitungsdienst
  - andere Schularten: zweijährige pädagogische Nachqualifikation
  - Hauptschule: ergänzendes Studium und Vorbereitungsdienst
  - evtl. Sondermaßnahme für Berufliche Schulen (Diplom-Ingenieure)
- *Altersgrenze:* Verbeamtung auf Probe 42 Jahre

- *Quereinsteiger in den letzten Jahren:*
  - Realschule 2004–2008: 120 Quereinsteiger
  - Gymnasium 2006–2011: 500 Quereinsteiger
  - Berufliche Schulen 2005–2010: 480 Quereinsteiger
- *Internet-Link:* www.km.bayern.de/lehrer/stellen/quereinstieg.html
- *Ansprechpartner:* Herr Götzl, Ministerialrat

Berlin

- *Mangel-Schularten:* v. a. Berufliche Schulen und Gymnasien
- *Mangelfächer:* siehe Internet-Link
- *Besonderheiten:* Hochschulabschluss darf nicht mehr als fünf Jahre zurückliegen, ansonsten einschlägige berufliche Tätigkeit notwendig
- *Internet-Link:* www.berlin.de/imperia/md/content/sen-bildung/lehrer_werden/einstellungen/quereinsteiger.pdf
- *Ansprechpartner:* Dr. Bernd Sonnewald, Referat Lehrerbildung der Senatsverwaltung für Bildung, Wissenschaft und Forschung

Brandenburg

- *Mangel-Schularten:* v. a. Berufliche Schulen, in Ausnahmefällen Gymnasien
- *Mangelfächer:* in Beruflichen Schulen v. a. gewerblich-technische Fachrichtungen
- *Besonderheiten:*
  - Seiteneinsteiger müssen erst einjährige Unterrichtstätigkeit hinter sich haben und kommen dann in den Vorbereitungsdienst
  - 24-monatige Qualifikation am Studienseminar Cottbus
  - Quereinsteiger erhalten keinen Deputatsnachlass für ihre Qualifizierungsmaßnahme
- *Altersgrenze:* bisher 50 Jahre, evtl. soll diese Altersgrenze in Zukunft entfallen
- *Quereinsteiger in den letzten Jahren:* seit 1996 ca. 150 Quereinsteiger
- *Quereinsteiger in den nächsten Jahren:* jährlich bis zu 40 Quereinsteiger
- *Internet-Link und Beratung:*
  - www.laleb.brandenburg.de
  - www.mbjs.brandenburg.de/sixcms/detail.php/5lbm1.c.169847.de
- *Ansprechpartner/in:*
  - Dr. Evelyn Junginger, Referat 35, Ministerium für Bildung, Jugend und Sport
  - Joachim Seibt, Studienseminar Cottbus

Bremen

- *Mangel-Schularten:* v.a. Berufliche Schulen und Gymnasien
- *Mangelfächer:* siehe Internet-Link, kleines Kontingent Türkisch
- *Besonderheiten:*
  - Seiteneinstieg A in die Ausbildung (direkt ins Referendariat)
  - Seiteneinstieg B direkt in den Beruf (hier mindestens drei Jahre einschlägige Berufserfahrung in ihrem studierten Fach)
  - Eignungsüberprüfung bei Hospitationswoche und Unterrichtsversuch
  - Bezahlung eine Stufe unter dem üblichen Tarif
  - Ausbildungszeitraum zwei Jahre, reduzierte Unterrichtsverpflichtung
  - Verbeamtung bei Seiteneinstieg B erst in folgender Beschäftigung
- *Altersgrenze:* keine generelle Altersgrenze, Verbeamtung 42 Jahre
- *Quereinsteiger in den letzten Jahren:* 2005–2010 insgesamt 220, davon 90 im beruflichen Bereich
- *Quereinsteiger in den nächsten Jahren:* Es besteht die Absicht, ungefähr wie bisher Bewerber zu generieren.
- *Internet-Link:*
  - www.bildung.bremen.de/sfb/bewerbungOnline/seiteneinsteigerMitBeruf.pdf
  - www.gesucht-lehrkraftfuerbremen.de
- *Ansprechpartnerin:* Gabriele Röhrs, Senatsverwaltung für Bildung

Hamburg

- *Mangel-Schularten:* v.a. Berufliche Schulen und Gymnasien
- *Mangelfächer:*
  - im Gymnasium seit 2003 nur Physik
  - in Beruflichen Schulen Metalltechnik, Elektrotechnik, Kinder- und Jugendhilfe
  - in Primar- und Sekundarstufe I zurzeit keine Einstellung als Quereinsteiger
- *Besonderheiten:*
  - Nur Bewerber mit günstiger pädagogischer Prognose werden eingestellt.
  - Es gibt verschiedene Aufgaben in der Probezeit.
  - Circa ein Viertel der Quereinsteiger bricht ab.
  - Der Seiteneinstieg direkt in die Schule wird nicht angestrebt.
- *Altersgrenze:* keine generelle Altersgrenze, Verbeamtung 42 Jahre
- *Quereinsteiger in den letzten Jahren:* ca. 15 pro Jahr
- *Internet-Link:* www.hamburg.de/vorbereitungsdienst

Hessen

- *Mangel-Schularten:* v. a. Berufliche Schulen und Gymnasien
- *Mangelfächer:*
  - Mathematik, Physik, Chemie, Informatik, Metall- und Elektrotechnik sowie in geringem Umfang Musik, Latein oder Ethik
  - Mangelfachkatalog auf der Homepage des Kultusministeriums (siehe Internet-Link unten)
- *Besonderheiten:* zwei Möglichkeiten
  - A: Quereinstieg ins Referendariat
  - B: berufsbegleitender Quereinstieg mit mindestens fünfjähriger einschlägiger Berufserfahrung, hier Einstellung bisher nur im Angestelltenstatus, Änderung beabsichtigt
  - 6-monatige Probezeit
  - Qualifikationsmaßnahme dauert 2,5 Jahre
- *Altersgrenze:*
  - keine Altersgrenze bei Möglichkeit B
  - bei Möglichkeit A 40 Jahre, in Ausnahmefällen 45 Jahre
  - Verbeamtung bis zum 50. Lebensjahr
- *Quereinsteiger in den letzten Jahren:*
  - Möglichkeit B: 280 Einstellungen, v. a. im Gymnasium
  - Möglichkeit A: ca. 40–60 pro Jahr
- *Quereinsteiger in den nächsten Jahren:* kaum Prognose möglich, Sonderprogramm zu Möglichkeit B bis 2014 geplant
- *Internet-Link:*
  - www.kultusminsterium.hessen.de → Lehrer/-innen → Einstellung von Lehrern → Quereinstieg → Quereinstieg ins Referendariat
  - www.afl.hessen.de
- *Ansprechpartner/in:*
  - Möglichkeit A: Amt für Lehrerbildung Kassel, Abteilung I
  - Möglichkeit B: Amt für Lehrerbildung Gießen, Herr Grußdorf

Mecklenburg-Vorpommern

- *Mangel-Schularten:* v. a. Berufliche Schulen und Gymnasien
- *Mangelfächer:* siehe Internet-Link
- *Besonderheiten:*
  - Zulassung zum Vorbereitungsdienst nur mit einschlägiger Berufserfahrung
  - Seiteneinsteiger-Erlass in Überarbeitung
- *Internet-Link:* www.bm.regierung-mv.de
- *Ansprechpartner:* Herr Podewski, Referat 216 im Ministerium für Bildung, Wissenschaft und Kultur

Niedersachsen

- *Mangel-Schularten:* v. a. Berufliche Schulen und Gymnasien, aber auch Realschulen und Hauptschulen bzw. entsprechende Gesamtschulzweige
- *Mangelfächer:*
  - in Hauptschulen: u. a. Physik, Musik, Chemie, Technik, Politik
  - in Realschulen: u. a. Physik, Chemie, Musik
  - in Gymnasien: u. a. Latein, Spanisch, Musik, Politik, Evangelische Religionslehre, Kunst, Physik, Chemie
- *Besonderheiten:*
  - für Quereinstieg an Beruflichen Schulen vier Jahre Berufserfahrung
  - in Ausnahmefällen auch Einstellung von Fachhochschulabsoventen der Fachrichtung Metalltechnik/Fahrzeugtechnik
  - auch regionale Mangelsituation vorhanden
  - 18-monatige Qualifizierungsmaßnahme
  - Deputatsnachlass von 5 Stunden
- *Altersgrenze:* Quereinstieg ins Beamtenverhältnis bis zum 45. Lebensjahr
- *Internet-Link:* www.mk.niedersachsen.de → Schule → Lehrkräfte → Einstellungen → Einstellungen Berufsbildende Schulen → Theorielehrkräfte
- *Ansprechpartner/in:*
  - Herr Holzmann, Landesschulbehörde Standort Braunschweig (Berufliche Schulen)
  - Frau Hemmer, Kultusministerium (Allgemeinbildende Schulen)

Nordrhein-Westfalen

- *Mangel-Schularten:* v. a. Berufskollegs, Weiterbildungskollegs, Gymnasien, Realschulen, Gesamtschulen, Hauptschulen
- *Besonderheiten:*
  - in der Regel befristete Einstellung von Seiteneinsteigern (24 Monate)
  - Berufsbegleitende Ausbildung
  - mindestens zweijährige Berufstätigkeit oder Kindererziehung
  - durchschnittlich sechs Anrechnungsstunden während der zweijährigen Ausbildung
- *Altersgrenze:* keine, für Verbeamtung 40. Lebensjahr zzgl. Verzögerungszeiten (z. B. Wehrdienst, Ersatzdienst Elternzeit, Pflege eines Angehörigen)
- *Internet-Links:*
  - www.schulministerium.nrw.de/ZBL/index.html
  - www.lois.nrw.de (Lehrereinstellung online mit der Möglichkeit, ein Profil einzustellen)
- *Info-Telefon:* 01 80–31 00 117

Rheinland-Pfalz

- *Mangel-Schularten:*
  - Berufliche Schulen und Förderschulen (Quereinstieg in das Referendariat)
  - Realschulen, Gymnasien, Gesamtschulen, Berufliche Schulen (Seiteneinstieg)
- *Mangelfächer:*
  - v.a. Physik, Chemie, Musik, Mathematik, Kunst, Latein, Informatik (allgemeinbildende Schularten)
  - Metalltechnik, Gesundheitslehre, Mathematik, Pflegewissenschaften (berufliche Schularten)
- *Besonderheiten:*
  - Voraussetzung: zweijährige Berufstätigkeit oder Kindererziehungszeit
  - Freistellung in der Ausbildungszeit im Umfang von 25 Prozent,
- *Internet-Link:* www.mbwjk.rlp.de/index.php?id=12085
- *Ansprechpartnerin:* Simone Beck, Ministerium für Bildung, Wissenschaft, Weiterbildung und Kultur

Saarland

- *Mangel-Schularten:* Berufliche Schulen, Realschulen und Gymnasien
- *Mangelfächer:*
  - Mathematik, Physik, Chemie (allgemeinbildende Schulen)
  - Ingenieurwesen, Wirtschaftspädagogik, Ernährungs- und Haushaltswissenschaften (berufliche Schulen)
- *Besonderheiten:* in zwei- bzw. dreijähriger Qualifizierungszeit Freistellung im Umfang von 25 Prozent
- *Internet-Link:* www.saarland.de/3399.htm
- *Ansprechpartner:* Herr van den Berg, Bildungsministerium

Sachsen

- *Mangel-Schularten:* fast ausschließlich Berufliche Schulen
- *Besonderheiten:* zuständig für Einstellungen ist die Sächsische Bildungsagentur mit ihren fünf Regionalstellen
- *Quereinsteiger in den nächsten Jahren:* eher weniger wegen Schülerrückgang
- *Internet-Link:* www.sachsen-macht-schule.de

Sachsen-Anhalt

- *Besonderheiten:* Seiteneinsteiger-Programme werden nicht mehr angeboten
- *Internet-Link:* www.sachsen-anhalt.de/LPSA/index.php?id=7268

Schleswig-Holstein

- *Mangel-Schularten:*
  - Quereinstieg nur an Beruflichen Schulen
  - Seiteneinstieg an allen allgemeinbildenden Schularten der Sek. I und II
- *Mangelfächer:*
  - Physik, Französisch (Sekundarstufe I), Physik, Mathematik (Gymnasien)
  - Elektrotechnik, Metalltechnik, Informationstechnik, Sozialpädagogik (berufliche Schulen)
- *Besonderheiten:*
  - zweijährige Qualifizierung für Seiteneinsteiger
  - 25 bzw. 20 Prozent Deputatsanrechnung
  - Quereinsteiger brauchen einjährige berufliche Erfahrung
- *Internet-Link:* www.schleswig-holstein.de/Bildung → Stellenmarkt Schule → Quereinstieg und Seiteneinstieg
- *Ansprechpartnerin:* Frau Wieben, Ministerium für Bildung und Kultur

Thüringen

- *Mangel-Schularten:* nur Berufliche Schulen
- *Besonderheiten:* berufspädagogische Weiterbildung im Umfang von 200 Stunden
- *Internet-Link:* www.thueringen.de/de/tkm/bildung/lehrerbildung/seiteneinsteiger/content.html

Die Übersicht zeigt eine große Bandbreite an Möglichkeiten zum Quereinstieg. Dennoch lassen sich bestimmte bundesweite Tendenzen ablesen:

1. Die Möglichkeit zum Quereinstieg hat in den letzten Jahren zugenommen und wird in den nächsten Jahren weiter zunehmen. Das bedeutet: Immer mehr Bundesländer werden immer mehr Quereinsteiger/innen in immer mehr Fächern und Schularten einstellen. Dies liegt einerseits am Lehrermangel in den Mangelfächern bzw. Schularten. Grund für die Ausweitung des Quereinstiegs ist andererseits die zunehmende Autonomie von Schulen im Bereich der Personalauswahl. Dies wird dazu führen, dass in Einzelfällen auch Quereinsteiger/innen zum Zuge kommen, die im herkömmlichen Bewerbungsverfahren über die Regierungspräsidien wenig oder keine Chancen hätten.

2. Der Schwerpunkt der Quereinsteiger wird auch zukünftig im Bereich der Sekundarstufe I und II (vor allem im Gymnasium) und im beruflichen Schulwesen liegen. Vor allem der Bedarf an Berufsschulen wird weiter wachsen. Dies liegt auch an den Berufsbiografien junger Erwachsener, die einerseits eine allgemeine und eine berufliche Bildung hintereinander absolvieren, bevor sie beispielsweise ein Studium beginnen. Andererseits wird der Bereich der vorberuflichen Qualifizierungsmaßnahmen, zum Beispiel in Form von Berufsvorbereitungsjahr, Berufseinstiegsjahr oder Fachschulen, noch stärker als bisher nachgefragt. Zum Dritten wird der Bedarf an Berufskollegs weiter wachsen, zum Beispiel in den Bereichen Elektrotechnik oder Maschinenbau. Und viertens gibt es Fachrichtungen, in denen es eine spezielle Berufsschullehrer-Ausbildung nur kaum oder sogar gar nicht gibt (z. B. Pharmazie).
3. Die meisten Quereinsteiger/innen werden auch in Zukunft in den klassischen Mangelfächern eingesetzt, vor allem in den naturwissenschaftlichen Fächern (hauptsächlich Physik und Chemie) oder in technischen Fächern (Technik, Maschinenbau, Elektrotechnik) sowie vereinzelt in Religionslehre, Latein, Musik oder Kunst. Der Einsatz in weiteren Fächern ist in Ausnahmefällen weiterhin möglich.
4. Es ist absehbar, dass neben den Kriterien Schulart und Fächerkombination ein weiteres Kriterium hinzukommt: die Einsatzregion. Bei der Bewerberlage für den öffentlichen Schuldienst zeichnet sich immer mehr ab, dass Lehrerstellen in bestimmten Einsatzregionen in den verschiedenen Bundesländern zunehmend schwierig zu besetzen sind. Dies bezieht sich zum Beispiel auf bestimmte ländliche Regionen der Flächen-Bundesländer oder aber auch bestimmte Bezirke in größeren Städten oder Großstädten.

2.4 Der Quereinstieg in der Schweiz und in Österreich

Da sich möglicherweise einige Leser/innen auch für die Situation im deutschsprachigen Ausland interessieren und darüber hinaus in der Schweiz und in Österreich über den Einsatz von Quereinsteiger/innen diskutiert wird – zum Teil laufen auch schon gezielte Anwerbeprogramme –, soll hier in der gebotenen Kürze auf diese beiden Länder eingegangen werden.

In der Schweiz haben sich die Kantone Basel-Stadt, Basel-Land, Aargau und Solothurn zum »Bildungsraum Nordwestschweiz« zusammengeschlossen. Sie gestalten seit 2010 gemeinsam das Programm »Laufbahn Schule«, ein Studienprogramm für erfahrene Berufspersonen, zur Anwerbung von künftigen Lehrer/innen. Zielgruppe sind Berufstätige, die mindestens fünf Jahre Berufserfahrung haben oder ein Studium mit anschließender dreijähriger Berufstätigkeit nachweisen können und die an einem Kindergarten, einer Primarschule oder einer Sekundarstufe I tätig sein möchten. Nähere Informationen gibt es online unter *www.bildungsraum-nw.ch/laufbahn-schule* sowie bei den jeweiligen Kantonen.

Der Kanton Zürich hat in Kooperation mit der Pädagogischen Hochschule Zürich einen »Quest«-Studiengang für Quereinsteiger/innen eingerichtet, die an einer Volksschule unterrichten möchten. Nähere Infos gibt es unter *www.phzh.ch/quest*.

In den Bundesländern Österreichs ist der Quereinstieg von Lehrer/innen noch die absolute Ausnahme. Dennoch gibt es Bundesländer, die Einstiegschancen für Quereinsteiger/innen bieten, zum Beispiel das Vorarlberg, das vor allem Lehrkräfte per Quereinstieg für naturwissenschaftliche und technische Fächer sucht und einstellt, ebenso wie das Burgenland.

3. Quereinsteiger/innen – ihr Status und ihre Belastungen

3.1 Der Berufseinstieg von Lehrer/innen als berufsbiografische Phase

Wer als Quereinsteiger/in in den Lehrerberuf kommt, erlebt im Prinzip einen erneuten Berufseinstieg. Selbst wer im bisherigen Beruf zahlreiche Routinen entwickelt hat, mit Kunden, Mitarbeiter/innen oder Vorgesetzten zu tun hatte und die expliziten und impliziten Regeln des Berufs bzw. des jeweiligen Betriebs verinnerlicht hat, wird in aller Regel bei seinem Einstieg in den Lehrerberuf feststellen, dass das Unterrichten, Erziehen, Beraten, Beurteilen und Innovieren im Schulalltag unter spezifischen Bedingungen abläuft, die sich mehr oder minder von dem unterscheiden, was im bisherigen Berufsfeld galt. Typische Kennzeichen dieses Berufsalltags als Lehrer/in sind

- *der Kontrast der zwei Arbeitsplätze:* Den größten Teil der Arbeitszeit verbringen Lehrer/innen in der Schule, mit unzähligen sozialen Kontakten und Begegnungen, mit aufbauenden, ambivalenten und schwierigen Erlebnissen. Der andere Arbeitsplatz ist in der Regel der häusliche Schreibtisch, in relativer Ruhe und Abgeschiedenheit – es sei denn, die Schule stellt Arbeitsplätze im Schulhaus bereit.
- *die hoch verdichtete Arbeit in der Schule:* Die rasche Abfolge von zahllosen Beanspruchungen, Entscheidungszwängen oder Stress auslösenden Momenten ist die Regel: am Morgen die Frühaufsicht, dann die Physik-Doppelstunde in der schwierigen BVJ-Klasse[1], in der großen Pause die Absprache mit der anderen Kollegin, die im Maschinenbaukurs unterrichtet, danach die Klassenarbeit mit der zweiten BVJ-Klasse, beim Raumwechsel kurz die Einhaltung der Schulordnung hinsichtlich des Rauchens kontrollieren, und am Nachmittag wartet noch die Betriebsbesichtigung mit der BK-Klasse[2].
- *die Ausrichtung am ganzen Menschen:* Jegliches berufliches Handeln von Lehrer/innen ist letztlich Beziehungsarbeit und an konkrete Personen gekoppelt. Der geplante Stundenverlauf, das gute Arbeitsblatt, die Online-Hilfen, die verständliche Lehrersprache, all das fruchtet nicht, führt nicht zu Lernprozessen, wenn die Schülerin bzw. der Schüler es nicht nutzt. Lernen ist nun mal ein aktiver Akt des Lernenden und kann vom Lehrenden nur begleitet, nicht aber erzwungen werden. Dies führt notwendigerweise zu Irritationen und Frustrationen bei Lehrer/innen.
- Wer Lehrer/in ist, bringt – viel mehr als in anderen Berufen – seine *gesamte Persönlichkeit* mit ein: Charakterzüge, Stärken und Schwächen, Interessen und Desinteressen, die Temperamentskonstitution, all das liegt im Unterricht und im Um-

1 BVJ = Berufsvorbereitungsjahr
2 BK = Berufskolleg

gang mit Schüler/innen permanent offen zutage. Lehrer/innen müssen sich also darüber im Klaren sein, dass die in anderen Berufen womöglich leichter zu bewerkstelligende Trennung von Beruf und Persönlichkeit im Lehrerberuf kaum möglich sein wird.

Die berufsbiografische Forschung zum Lehrerberuf untersucht seit vielen Jahren, wie Lehrer/innen ihre Ausbildung und ihre Berufstätigkeit erleben, welche Erfahrungen sie in ihrem beruflichen Alltag machen, wie sie ihre Kompetenzen erwerben und ausbauen und wie sie mit den berufsfeldtypischen Belastungen zurechtkommen.

Der Berufseinstieg – darunter verstehe ich mit der Forschung die ersten drei bis fünf Dienstjahre inklusive Referendariat (vgl. Böhmann/Hoffmann 2002) – war noch vor einigen Jahren als eigene berufsbiografische Phase relativ unerforscht. Mittlerweile gibt es in Kultusverwaltungen und Fortbildungsinstituten, aber auch in vielen Schulen ein Bewusstsein dafür, dass dieser Berufseinstieg eigenen Gesetzen unterliegt und die Kolleginnen und Kollegen, die sich in dieser berufsbiografischen Phase befinden, spezifische Herausforderungen bewältigen müssen.

Was kennzeichnet die berufsbiografische Phase des Berufseinstiegs?

Wenn eine junge Kollegin nach Studium und Referendariat ihre Stelle im Schuldienst antritt, steht sie vor gravierenden beruflichen Herausforderungen (vgl. Böhmann 2010):

- Zum einen muss sie den *Wechsel von der Schüler- in die Lehrerrolle* vollziehen. Das bedeutet: Nicht nur so tun, als ob man Lehrerin ist, die Berufsrolle nicht nur spielen, sondern zum Teil der Persönlichkeit werden lassen. Dieser Vollzug ist mit dem Ende des Referendariats häufig noch nicht abgeschlossen.
- Zum Zweiten sieht sich die junge Kollegin *vielerlei Erwartungen* ausgesetzt: Die Schüler/innen erwarten von ihr einen methodisch vielfältigen Unterricht und oft auch einen neuen unterrichtlichen und personalen Stil; die Kolleginnen und Kollegen freuen sich auf neuen Schwung im Kollegium, auf unverbrauchte Ideen und viel Zeitkapazität – vielleicht sind einige auch neidisch auf das junge Lebensalter, die Frische und die größere Nähe zu den Schüler/innen –; die Schulleitung verspricht sich von ihr möglicherweise die Übernahme von Ämtern und Funktionen, die im Kollegium bisher eher unbeliebt waren; die Eltern schließlich haben die Hoffnung und Erwartung, dass die junge Kollegin ihr Kind besonders gezielt fördert, noch nicht so starr auf ihren Prinzipien beharrt und sich in Einzelfragen flexibler als ältere Lehrkräfte zeigt; und schließlich steht die Berufseinsteigerin auch ihren eigenen, häufig relativ hohen Erwartungen in Bezug auf guten Unterricht, gelingende Erziehungsarbeit und nachhaltige Lernprozesse gegenüber.
- Als dritte Herausforderung lässt sich der immense *Handlungsdruck* beschreiben, unter dem heutzutage Unterricht und Schule ablaufen. Nur selten gibt es für Lehrer/innen die Möglichkeit, in Ruhe und unter Einbeziehung theoretischer Modelle

und Konzepte Situationen des Berufsalltags, Lernprobleme oder auch Erziehungsprobleme zu diagnostizieren und gezielt Handlungskonzepte zu entwickeln. Unterrichten und Erziehen vollziehen sich, besonders angesichts des in Deutschland noch immer verbreiteten Ausnahmezustands der Halbtagsschule, in äußerst verdichteten, hochkomplexen Situationen, in denen rasche Entscheidungen gefragt sind und die eigentlich sehr viel berufliche Routine verlangen. Viele Entscheidungen, die Berufseinsteiger/innen treffen müssen, sind »Erstlingsentscheidungen« – ohne die Erfahrung von fünf ähnlichen Fällen, die ihnen bisher im Berufsleben begegnet sind.

- Viertens steht die junge Kollegin vor dem Problem, die gravierenden *Ausbildungsdefizite* ausbaden zu müssen – zum einen die Ausbildungsdefizite des Studiums, das im Kern praxisfern, häufig praxisfeindlich und anonym abläuft, zum anderen des Referendariats, das geprägt ist von der Selektionsstruktur der Seminare und der Orientierung an individuellen Wünschen der Ausbilder. Die tatsächliche Praxis, »der rasche Verbrauch von Zeit bei unsicheren Effekten in mühsam stabilisierten Situationen« (Oelkers 2007, S. 107), kam im Studium und im Referendariat nur in Ansätzen vor. Wir wissen aus zahlreichen Studien, wie irrelevant in vielen Fällen das Ausbildungswissen von Lehrer/innen für die Planung, Durchführung, Auswertung und Bewältigung des alltäglichen Unterrichts ist.
  Ganze Handlungsfelder werden durch die Ausbildung gar nicht oder nur in Ansätzen abgedeckt. Als Beispiele seien der Umgang mit schwierigen Schüler/innen, Elternarbeit, Klassenführung, Kooperation mit dem Jugendamt und anderen externen Kooperationspartnern, Schulentwicklung oder die Planung und Durchführung außerunterrichtlicher Veranstaltungen genannt.

Zusammengefasst heißt das: Der Berufseinstieg kann als berufsbiografische Phase verstanden werden, die die Kolleginnen und Kollegen vor große Herausforderung stellt. Ergebnisse in der berufsbiografischen Lehrerforschung bestätigen, dass die ersten Jahre im Beruf eine wichtige, man kann sagen: prägende Funktion haben. Berufseinsteiger/innen durchleben in dieser Zeit große Turbulenzen. In der Fachliteratur wird diese Phase häufig als pädagogisch-persönliche Extremsituation gekennzeichnet (Böhmann/Hoffmann 2002, S. 20). Fuller/Brown (1975) gehen davon aus, dass Lehrer/innen in ihrer Berufsbiografie im Groben drei Phasen durchlaufen:

- Die Anfangsjahre bezeichnen sie als *»survival stage«*, als Stufe des Überlebens. Hier geht es darum, im Klassenzimmer zu überleben und seine Berufsrolle zu finden. Die Kolleginnen und Kollegen sind sehr stark mit sich beschäftigt.
- In der zweiten Stufe, der *»mastery stage«*, stehen das Beherrschen und das methodisch-didaktische Gestalten der Unterrichtssituationen im Zentrum der Aufmerksamkeit. Dabei kann die Lehrperson den Blick mehr und mehr auf das Geschehen im Unterricht lenken.
- Erst in der dritten Stufe, welche als *»routine stage«* bezeichnet wird, kann die Lehrperson die erzieherische Verantwortung mit Blick auf die einzelnen Schülerinnen und Schüler ausüben, da Unterrichtshandlungen teilweise routiniert verlaufen.

Die Schüler/innen und deren individuelle Begabungsschwerpunkte, Interessen und Schwierigkeiten stehen im Zentrum. Beabsichtigte und sich einstellende Lernprozesse sowie die gegenseitigen Beeinflussungsprozesse zwischen der Lehrperson und der Klasse können professionell wahrgenommen werden.

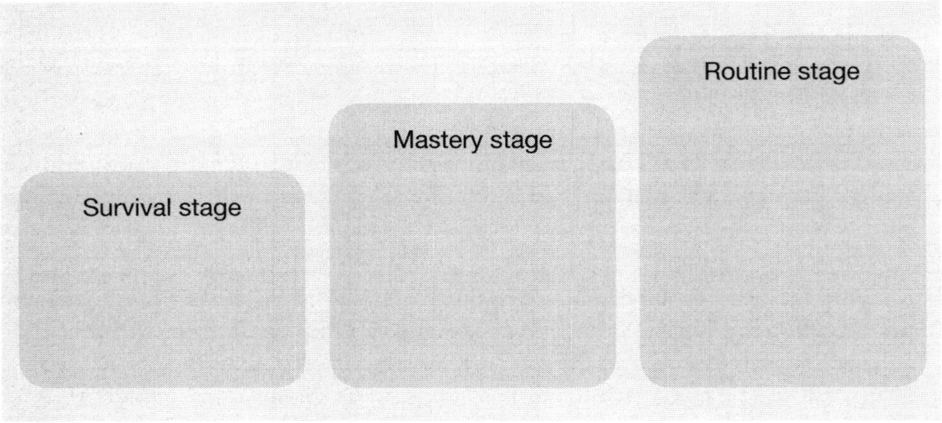

Abb. 2: Die drei Stufen von Fuller/Brown 1975

Jede und jeder, der den Lehrerberuf schon länger ausübt, weiß, wie entscheidend die ausgesprochen arbeitsintensive Anfangsphase im Beruf für die weitere berufliche und persönliche Entwicklung gewesen ist. Unter diesem Druck entwickeln sich Berufseinstellungen und Routinen, die in den nachfolgenden Jahren zum großen Teil beibehalten werden. Das haben auch deutsche Studien gezeigt (im Überblick Böhmann/Hoffmann 2002).

Michael Hubermann hat schon 1991 ein differenziertes Berufslaufbild vorgelegt. Er bezeichnet den Berufseinstieg, das heißt für ihn die ersten drei Jahre, als Dualität von »Überleben und Entdecken«. Die jungen Kolleginnen und Kollegen bauen in dieser Zeit ihre berufliche Identität auf, entwickeln ihre grundsätzliche Einstellung gegenüber den Schüler/innen und gegenüber dem Beruf ganz allgemein. Diese berufliche Identität bestimmt den weiteren berufsbiografischen Verlauf maßgeblich mit. Nach der Phase des Berufseinstiegs kommt es in vielen Fällen zu einer Stabilisierung. Hier erleben sich die jungen Kolleginnen und Kollegen erfahrener als noch in den ersten drei Jahren.

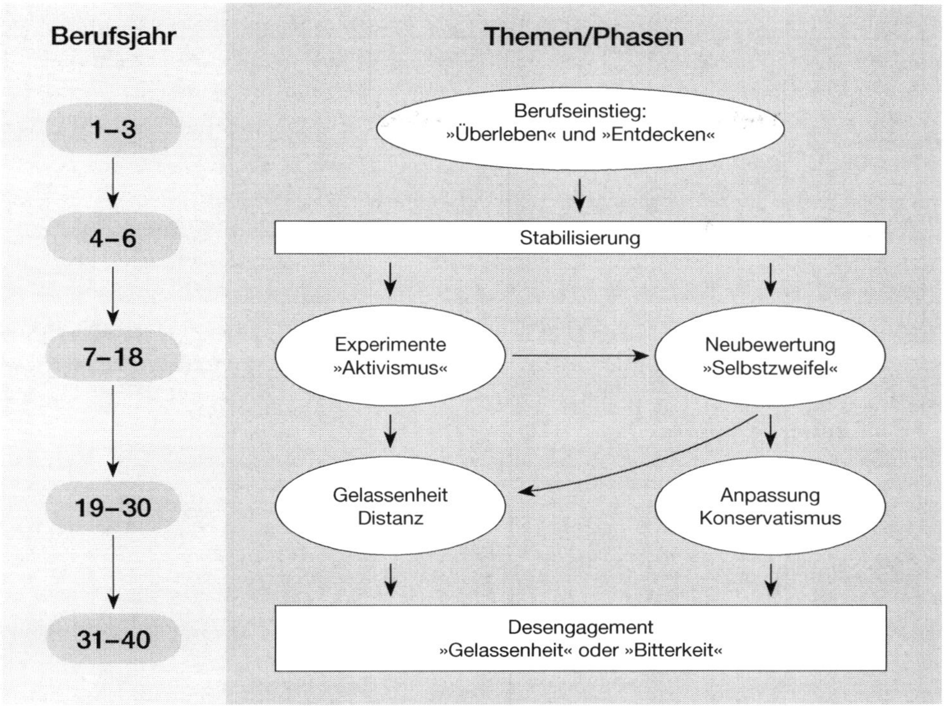

Abb. 3: Berufsbiografien von Lehrer/innen (eigene Darstellung nach Hubermann 1991)

Auch aus größeren empirischen Untersuchungen erfahren wir einiges über die spezifischen Probleme von Lehrer/innen in den ersten Dienstjahren. Seit die Autoren der Konstanzer Untersuchung 1978 den Begriff »Praxisschock« prägten (Müller-Fohrbrodt/Cloetta/Dann 1978), wird er immer wieder gerne benutzt, um das zu beschreiben, was junge Lehrer/innen in den ersten Dienstjahren erwartet. Der Kern des Problems: Die Kolleginnen und Kollegen fühlen sich durch ihre Ausbildung nicht auf das vorbereitet, was sie in der Schule erwartet bzw. was die Schule von ihnen erwartet. Den vielfältigen Anforderungen und Erwartungen können sie nicht gleichermaßen genügen. So muss unter anderem der eigene Erziehungs- und Unterrichtsstil erst noch entwickelt und gefestigt werden, Beratungsgespräche mit Eltern zu führen sogar neu erlernt werden.

Die hauptsächlichen Problemfelder, die von jungen Lehrer/innen in neueren Untersuchungen genannt werden (zusammenfassend Böhmann 2010), sind denn auch:

- hoher Zeitaufwand für Unterrichtsplanungen,
- Disziplinprobleme im Unterricht,
- der Umgang mit schwierigen Schüler/innen,
- Elternarbeit,
- oft schwierige Kooperation mit Kolleginnen und Kollegen sowie
- die eigenen hohen Ansprüche an Unterrichtsorganisation und Differenzierung im Unterricht.

Zwischen Enthusiasmus für den Beruf, der Freude auf selbstständiges pädagogisches Handeln in der eigenen Klasse und dem latenten Gefühl, dem Ganzen nicht gerecht zu werden, finden sich die jungen Kolleginnen und Kollegen häufig in einer Situation der Überforderung wieder, auf die sie mit unterschiedlichen Strategien reagieren. Konstruktive Reaktionen wie zum Beispiel die Zusammenarbeit mit Kolleginnen und Kollegen werden zwar gewünscht, aber eher selten erlebt.

Viele junge Kolleginnen und Kollegen wählen zu Beginn ein reduziertes Deputat und versuchen dadurch – quasi auf eigene Kosten – die Anfangsbelastungen etwas zu reduzieren. Die meisten Strategien sind allerdings darauf ausgerichtet, die eigenen Vorstellungen von Erziehung, Unterricht und Schulleben an die Gegebenheiten vor Ort anzupassen. Dabei werden Abstriche am eigenen pädagogischen Konzept gemacht, teilweise sogar Verhaltensweisen entwickelt, die man vorher abgelehnt hat bzw. nie anwenden wollte.

Viele der Probleme, die von Berufseinsteigern genannt werden, sind seit Jahrzehnten stabil. So spielten schon in den Untersuchungen der 1970er-Jahre die tägliche Unterrichtsvorbereitung samt Differenzierungswünschen und einer adäquaten Leistungsmessung, große Klassen, die Ausstattung der Schulen sowie der Umgang mit schwierigen Schüler/innen sowie Lernproblemen eine große Rolle. Die subjektive Gewichtung der Probleme scheint sich allerdings verändert zu haben. Seit der Jahrtausendwende werden zunehmend der Umgang mit Disziplinproblemen und Kindern mit den unterschiedlichsten wahrgenommenen Verhaltensauffälligkeiten und Lernproblemen als die am meisten belastenden Faktoren beim Berufseinstieg genannt. Die Forschung hat belegt, wie schnell unter der schwierigen Situation im Berufseinstieg Ausbildungseffekte des Studiums bzw. des Referendariats »ausgewaschen« werden (Terhart et al. 1994; Böhmann/Hoffmann 2002).

Immerhin: Diese Aussagen gelten zwar nicht für alle jungen Kolleginnen und Kollegen, aber doch für die weit überwiegende Mehrheit. Ihnen allen ist zu sagen: Sie sind mit Ihren Belastungen im Berufseinstieg nicht allein – es geht den meisten so.

3.2 Als Quereinsteiger/in neu in der Schule – Status und Rollenerwartungen

Wer als Quereinsteiger/in und damit neue Kollegin bzw. neuer Kollege an die Schule kommt, betritt einen ganz eigenen Mikrokosmos. Jede Schule ist, genau wie jeder Betrieb, jede Abteilung oder jede Familie, eine ganz eigene Welt. In ihr gibt es explizite und implizite Regeln und Vorschriften, explizite und implizite Erwartungen und spezifische Kommunikations- und Informationswege. Die Menschen in diesem Mikrokosmos haben in ihrer Vergangenheit vielfältige gemeinsame Erfahrungen gesammelt: positive, neutrale und negative. Diese Erfahrungen haben sich zu Beziehungsstrukturen verdichtet. Wer neu an eine Schule kommt, braucht immer eine bestimmte Zeit, um diesen Mikrokosmos zu erkunden und hinter die Fassade zu blicken:

- Welche expliziten Regeln und Vorschriften gelten? Welche fachlichen, unterrichtlichen oder erzieherischen Schwerpunkte werden im Schulprogramm genannt? Welche Normen und Regeln nennt die Schulordnung? Welche Vorschriften gelten auf Fachebene bezüglich des Curriculums oder der Notengebung?
- Welche impliziten Regeln gelten in der Schule?
- Welche expliziten Erwartungen werden an Sie gestellt? Was erwartet man von Ihnen hinsichtlich der Ziele oder Methoden Ihres Unterrichts? Welche schulischen Aufgaben sollen Sie über den Unterricht hinaus erfüllen? Welche Ziele hat die Schulleitung für die nächsten Jahre?
- Welche impliziten Erwartungen werden an Sie gestellt? In welchem Umfang und welcher Art und Weise erwarten die Fachkolleginnen und -kollegen Kooperation? Welche Rolle sollen Sie als Quereinsteiger/in einnehmen? Wie viel Arbeitszeit sollen Sie an der Schule verbringen?
- Welche Kommunikations- und Informationswege gibt es? Wie erfahren Sie und andere Kolleginnen und Kollegen von wichtigen Terminen oder Vorgängen? Welche Austauschwege gibt es zwischen Fachlehrer/in und Klassenlehrer/in? Wie häufig und wie intensiv finden Gesamtlehrerkonferenzen, Fachkonferenzen, Stufenkonferenzen oder Klassenkonferenzen statt? Inwiefern werden die Entscheidungen dieser Konferenzen verbindlich umgesetzt oder eingehalten?
- Welche Beziehungsstrukturen herrschen an Ihrer Schule? Wie kommen Entscheidungen zustande? Welche Gruppen oder Untergruppen gibt es im Kollegium? Wer unterstützt eher die Schulleitung? Wer arbeitet dagegen? Wer verhält sich eher neutral?

Immer zu Schuljahresbeginn verändert sich das Kollegium personell: Kolleginnen und Kollegen werden an eine andere Schule versetzt oder scheiden aus dem Schuldienst aus, während neue Kollegen entweder aus der Ausbildung oder von anderen Schulen hinzukommen. Diese personellen Veränderungen sorgen dafür, dass das Kollegium seine Statik neu finden, mit den entstandenen Lücken umgehen und die neuen Kolleginnen und Kollegen integrieren muss.

Dabei gilt es, mit einem normalen menschlichen Gefühl umzugehen: Alles Neue bedeutet erst einmal Gefahr und führt zu Abwehrreaktionen. Die neue Kollegin bzw. der neue Kollege ist ein Eindringling, der die bisherigen Schemata der Gruppe aufdeckt und gegebenenfalls infrage stellt. Wenn der Kollege darüber hinaus auch Quereinsteiger ist, setzt das bei Teilen des Kollegiums einen doppelten Abwehreffekt in Gang, weil der Quereinsteiger eine andere Ausbildung hat und häufig Erfahrungen »draußen«, das heißt in der »richtigen« Berufswelt gesammelt hat, die den meisten Lehrer/innen mit ihrer traditionellen Berufsbiografie »Schule – Universität – Schule« fehlen.

Vermutlich werden Sie in Ihrer ersten Zeit in der Schule die bekannten Vorurteile, die über Lehrer/innen in der Öffentlichkeit kursieren, an Ihrer eigenen Schule überprüfen. Dabei werden Sie ebenso bestätigende wie widerlegende Hinweise finden:

- Sie werden Kolleginnen und Kollegen kennenlernen, über die Sie vermuten, dass sie relativ wenig Zeit und Arbeitsaufwand in ihren Beruf investieren. Sie werden aber auch Kolleginnen und Kollegen kennenlernen, die ein bewundernswertes Arbeitspensum absolvieren und für die keine zusätzliche Arbeit zu viel ist, die sich für ihre Schüler/innen und die Schule engagieren und auch noch für Kollegen Arbeit erledigen.
- Sie werden Kolleginnen und Kollegen erleben, die immer alles besser wissen und unbelehrbar scheinen, aber auch solche, die neugierig sind auf die Welt, das Leben und ihre Schüler/innen und die eine große Fortbildungsbereitschaft zeigen.
- Sie werden Kolleginnen und Kollegen finden, die wenig Ahnung von ihren Fächern haben und nicht mehr auf dem neuesten Stand der Wissenschaft sind, aber auch Kolleginnen und Kollegen, die äußerst kenntnisreich in ihrem Fach und immer daran interessiert sind, welche neuen fachlichen Entwicklungen es gibt.
- Sie werden beamtete Kolleginnen und Kollegen finden, die es sich in ihrem Job bequem gemacht haben, aber auch solche, für die der Beamtenstatus eher nebensächlich oder sogar ein Klotz am Bein ist. Und Sie werden angestellte Kolleginnen und Kollegen finden, die oft weniger verdienen, aber dieselbe Arbeit leisten.
- Sie werden vermutlich auch einige eher schlampig gekleidete Kolleginnen und Kollegen finden und solche, die äußerst gepflegt, vielleicht sogar im Dresscode, zur Schule kommen.
- Sie werden Kolleginnen und Kollegen finden, die in ihrer eigenen Schulzeit eher mittelmäßige oder sogar schlechte Schüler/innen waren: die Mehrheit wird aber, wegen des fast durchgängigen NCs, relativ gut in der Schule gewesen sein. Ob das allerdings etwas darüber aussagt, ob man als Lehrer/in besonders geeignet ist, erscheint zumindest fraglich.
- Sie werden in Ihrem Kollegium womöglich auch Kolleginnen und Kollegen finden, bei denen Sie die Gefahr von oder die Diagnose auf Burnout vermuten; bei den allermeisten Kolleginnen und Kollegen werden Sie aber nicht auf den Gedanken kommen, dass diese burnout-gefährdet sind.
- Relativ sicher werden Sie Kolleginnen und Kollegen finden, die sich über vieles in ihrem Beruf beklagen: über zu große Klassen, zu viele schwierige Schüler/innen, enge Klassenzimmer, das hohe Stundendeputat, die geringe Bezahlung, die vielen Innovationsprogramme der Schulverwaltung, die Öffentlichkeitsarbeit der Schulleitung, die fehlende Organisation in der Schule, das schlechte Ansehen von Lehrern in der Öffentlichkeit und womöglich auch über die arbeitsscheuen Kollegen. Ganz sicher werden Sie aber auch Kolleginnen und Kollegen finden, die sich nicht beklagen, sondern mit anpacken, Probleme lösen und nach vorn blicken, um die »gute Schule« zu verwirklichen.

Insgesamt werden Sie Ihren eigenen Weg in diesem besonderen Mikrokosmos finden müssen und auch finden. Dazu ist es wichtig, sich zu vergegenwärtigen, welche Erwartungen die einzelnen Beteiligten an Schule von Ihnen haben.

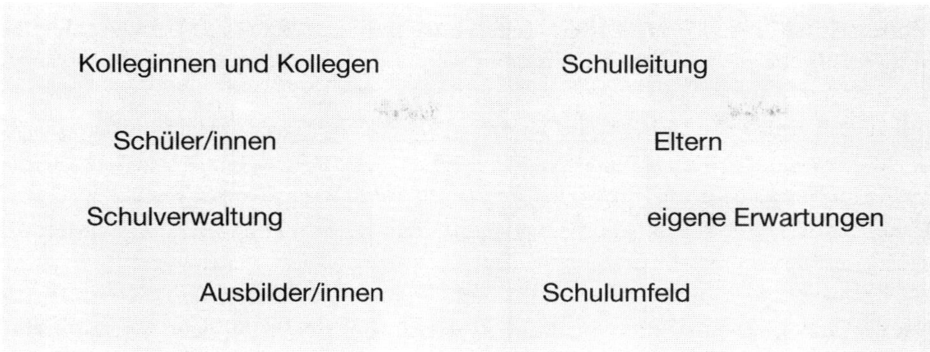

Abb. 4: Erwartungen an Quereinsteiger/innen

Schüler/innen erwarten im Kern einen unmöglichen Lehrer, nahezu eine »eierlegende Wollmilchsau«. Er soll am besten so sein:

- Ein Lehrer soll gerecht sein, aber auch im Einzelfall verständnisvoll.
- Er soll Ahnung von seinem Fach haben und gut erklären können, aber auch nicht alles, was sein Fach angeht, so verbissen sehen.
- Er soll einen anregenden, niveauvollen Unterricht machen, aber die Schüler/innen auch nicht pausenlos mit dem Unterrichtsstoff »bombardieren«.
- Er soll humorvoll sein, aber auch nicht zu viel Quatsch machen.
- Er soll vertrauenswürdig sein und Nähe zulassen, jedoch nicht distanzlos sein.
- Er soll in der Klasse durchgreifen können, aber auch nicht zu streng sein.

Gerade den Neulingen im Lehrerberuf (Berufseinsteiger/innen oder auch Quereinsteiger/innen) bringen Schüler/innen weitere bzw. auch höhere Erwartungen entgegen: Sie erwarten einen modernen Unterricht mit vielfältigen Methoden und Medien und neuen Lehr- und Lernformen. Die »Neuen« sollen noch nicht so eingefahren sein und auch einmal etwas Unkonventionelles wagen. Von Quereinsteiger/innen erwarten Schüler/innen vor allem, dass sie ihre bisherigen beruflichen Kompetenzen und Erfahrungen in die schulische Arbeit einbringen. Quereinsteiger/innen stellen eine Art »Paradiesvogel« dar, deshalb sind viele Schüler/innen sicher an Ihrer ungewöhnlichen Berufsbiografie und Ihren Motiven, Lehrer/in zu werden, interessiert.

Die *Kolleginnen und Kollegen* werden Ihre Arbeit zuerst mit Interesse beobachten: Wie kommen Sie insgesamt zurecht? Wie schlagen Sie sich im täglichen Kampf? Die allermeisten werden Ihnen Hilfe und Unterstützung anbieten, viele von ihnen sind dann auch tatsächlich dazu bereit. Bei einigen Kolleginnen und Kollegen wird außer Interesse möglicherweise auch Neid oder Eifersucht im Spiel sein, weil Sie es trotz fehlenden Lehramtsstudiums geschafft haben, auf dieselbe Gehaltsstufe zu kommen. Sie werden Ihnen auf unterschiedliche Weise zeigen, dass sie Sie nicht für einen »fertigen« oder »richtigen« Lehrer halten. Oder sie sind neidisch auf Ihre im bisherigen Beruf gewonnenen Erfahrungen und Kenntnisse. Und einige werden sich womöglich auch insgeheim freuen, wenn Ihre möglichen Defizite hinsichtlich Pädagogik und Didaktik sichtbar werden. Viele Kolleginnen und Kollegen werden aber neugierig von Ihren beruflichen Erfahrungen profitieren wollen und ihre eigenen Kompetenzen erweitern.

Je nach Klassenstufe, die Sie als Quereinsteiger/in übernehmen, haben auch die *Eltern* kleinere oder größere Erwartungen an Sie. In der Sekundarstufe I werden die Eltern in aller Regel sehr umfangreiche und dezidierte Erwartungen an Sie haben: guten Unterricht, gerechte Notengebung, wahrnehmbare Lernprozesse bei ihrem Kind und dessen individuelle Förderung. Möglicherweise erwarten die Eltern implizit, dass Sie als Quereinsteiger/in nicht so starr auf Ihren Prinzipien beharren, dass sich mit Ihnen eher mal reden lässt und dass Sie sich in Einzelfragen flexibler zeigen als Lehrer/innen, die schon längere Zeit im Dienst sind. Interessierte Eltern wollen in aller Regel verständlicherweise ein hohes Maß an Professionalität und Verlässlichkeit in Unterricht und Erziehung. Bei der Auflistung dieser Erwartungen wird klar, dass Sie gerade als Quereinsteiger/in möglicherweise Schwierigkeiten haben, all diesen Erwartungen gerecht zu werden.

Die *Schulleitung* freut sich sicher, dass es ihr gelungen ist, den Unterricht im Mangelfach einigermaßen sicherzustellen. Sie wird hoffen, dass Ihr Einstieg an der Schule relativ reibungslos verläuft und Sie sich rasch akklimatisieren und ins Kollegium einfügen. Wenn Sie von der Schule direkt eingestellt wurden, kommen mitunter auch Statusfragen ins Spiel: Je erfolgreicher Sie Ihren Quereinstieg bewältigen, umso besser für die Schulleitung, die sich schließlich für Sie entschieden hat. Insgesamt wird die Schulleitung von Ihnen erwarten, dass Sie Ihre bisherigen beruflichen Erfahrungen so in die unterrichtliche Arbeit einfließen lassen, dass die Schüler/innen und die Schule insgesamt davon profitieren. Damit kann die Erwartung an ein besonderes Engagement auf Fachebene (Computerraum, Fachschaftsvorsitz), in Profilbereichen (z. B. Berufsorientierung) oder beim Schulleben (Austauschprogramme, Projekttage) verbunden sein. Vor allem wird die Schulleitung die Erwartung an Sie haben, ihr nicht noch mehr Arbeit zu machen.

Die *Schulverwaltung* und Ihre *Ausbilder/innen* erwarten vermutlich von Ihnen, dass die in Sie gesetzten Ressourcen erfolgreich sind und dass Sie Ihren Quereinstieg ohne größere Schwierigkeiten bewältigen. Je mehr Quereinsteiger/innen in einem Regierungsbezirk oder an einem Seminar ihre erste Zeit an der Schule gelingend hinter sich bringen und je geringer die Abbrecherquote ist, umso besser für den jeweiligen Standort. Mit einem gerüttelt Maß an Berufserfahrung und einem mittleren Lebensalter wird es zuweilen schwierig für Sie sein, wenn Ausbilder/innen am Seminar oder Mentoren in der Schule von Ihnen die Rolle des gelehrigen Schülers verlangen, der all das gut findet und akzeptiert, was ihm an Unterrichtshandeln, Modellen und Tipps vorgelegt wird.

Das *Schulumfeld* wird gegebenenfalls auch bestimmte Erwartungen an Sie haben: Die Kooperationsbetriebe möchten die bisherige Kooperation weiterführen oder vertiefen, das Jugendamt braucht Informationen über die schulische Leistung eines Schülers, die Handwerkskammer möchte ihre Info-Veranstaltung weiterhin im Rahmen des Technikunterrichts stattfinden lassen u. Ä.

Ihre *eigenen Erwartungen* an Ihren Quereinstieg sollten Sie ebenso reflektieren und die Wirkung auf Ihr berufliches Handeln nicht unterschätzen. Vermutlich stellen Sie selbst relativ hohe Erwartungen an Ihre eigene Arbeit: Sie wollen den Quereinstieg insgesamt gut bewältigen, guten Unterricht erteilen, mit den Schüler/innen gut auskommen, wichtige Lernprozesse bei ihnen auslösen, für sie als Ansprechperson zur Verfügung stehen, gerecht bewerten, in schwierigen Situationen die Ruhe bewahren, sich mit Ideen und Tatkraft ins Kollegium einbringen oder auch das Profil der Schule schärfen.

Wenn Sie diese Übersicht der möglichen Erwartungen an Sie lesen, werden Sie vermutlich ins Grübeln kommen: All diesen Erwartungen soll ich gerecht werden? Aber: Mit dieser Übersicht soll nicht gesagt sein, dass Sie diese Erwartungen erfüllen können geschweige denn erfüllen müssen. Es geht uns nur darum, Ihnen bewusst zu machen, unter welch großem Erwartungsdruck Ihr Quereinstieg vermutlich ablaufen wird. Und Sie sollten mithilfe dieser Übersicht ein Gefühl dafür bekommen, welche Erwartungen an Sie eher realistisch und welche eher unrealistisch sind.

3.3 Die sechs großen Belastungsquellen für Quereinsteiger/innen und wie Sie damit umgehen können

Besieht man sich die Forschungsliteratur zum Berufseinstieg von Lehrer/innen (vgl. im Überblick Böhmann 2010) und nimmt man die zahlreichen Erfahrungsberichte von Quereinsteiger/innen in Zeitungen und Zeitschriften (z. B. Günther 2009; Hampl 2009) sowie die Interviews in diesem Buch zur Kenntnis, so gibt es trotz aller Unterschiedlichkeit der Quereinsteiger/innen und der Bedingungen ihres Einstiegs in den Lehrerberuf zahlreiche Parallelen. Viele Quereinsteiger/innen benennen immer wieder ähnliche Belastungsquellen. Die sechs wichtigsten möchte ich im Folgenden darstellen und gleichzeitig mögliche Entlastungsquellen und Tipps benennen, wie Sie als Quereinsteiger/in damit umgehen können. Dezidierte Erläuterungen und Hilfen zu allen Belastungsquellen finden Sie in Kapitel 5.8 auf S. 205.

Zugleich soll Ihnen diese Liste auch verdeutlichen, dass Sie, sofern Sie die erste Zeit in Ihrem neuen Beruf durchaus als belastend erleben, damit nicht alleine sind und dass die Ursachen für die Belastungen eher im System Schule und weniger in Ihren tatsächlichen oder vermuteten Defiziten liegen.

1. Belastungsquelle: Unterrichtsplanung und Korrekturen

Allein das hohe Unterrichtsdeputat im Quereinstieg und die damit zusammenhängende Planungsarbeit kann dazu führen, dass viele Quereinsteiger/innen große Schwierigkeiten bekommen. Das ist kein Zufall: Selbst erfahrene Lehrer/innen investieren viel Zeit und Energie in eine gewissenhafte Unterrichtsplanung und überschreiten damit ihre Wochenarbeitszeit regelmäßig. Das Problem ist, dass die Planungsarbeit immer tendenziell unabgeschlossen ist. In Ihrem früheren Berufsfeld konnten Sie womöglich die Arbeit nach Dienstschluss im Büro lassen, nun als Lehrer/in erinnern Sie Ihre Unterrichtsplanungen auf dem häuslichen Schreibtisch ständig daran, dass morgen guter Unterricht gegeben werden muss. Darüber hinaus müssen Sie sich möglicherweise auch in Themen einarbeiten, die Ihnen aus Ihrem bisherigen Beruf nicht so bekannt waren und von denen Sie nicht viel mehr Ahnung haben als das jeweilige Schulbuch der Klasse. Und nebendran auf dem Schreibtisch liegt noch die Klassenarbeit der 11a, die korrigiert werden muss. All das führt dazu, dass Sie sich bei der Unterrichtsplanung und Korrektur ungeheuer verausgaben.

Das könnte Sie entlasten:

- Versuchen Sie gerade in den Anfangswochen, nicht jede Stunde detailliert zu planen, sondern planen Sie pro Schultag eine oder zwei Stunden sehr genau und die anderen Stunden nur grob, sodass Sie einigermaßen gut durchkommen.
- Nutzen Sie die Lernarrangements durch Schulbücher und dazugehörige Arbeitshefte oder Lernprogramme, soweit es geht, aus.
- Versuchen Sie bei Ihrer Planung, Zeitpuffer zu berücksichtigen, und planen Sie eine mögliche Alternative ein, wenn die Klasse außer Rand und Band ist oder aus anderen Gründen das vorgesehene Pensum nicht zu schaffen ist.
- Bereiten Sie Klassenarbeiten oder Tests so gewissenhaft vor, dass die Korrektur ökonomisch ist, vor allem durch eine klare Aufgaben-Punkte-Zuordnung.

2. Belastungsquelle: Der Handlungsdruck im Unterricht

Man weiß aus vielerlei Studien zum Unterrichtshandeln von Lehrer/innen, wie fordernd es ist, Unterricht zu erteilen, und wie viele Entscheidungen jeder Lehrer pro Unterrichtsstunde zu treffen hat. Der permanente Handlungsdruck im Unterricht ist gerade für unerfahrene Lehrer/innen ein großes Problem. Ihnen geht es wie jemandem, der noch nie Auto gefahren ist und sofort an einem Formel-1-Rennen teilnehmen soll.

Im Unterricht wird Ihre Aufmerksamkeit pausenlos gefordert: Das Unterrichtsgespräch läuft schleppend, soll aber zu einem guten Ende geführt werden, während die Jungengruppe hinten links ständig stört. Rechts vorne stellt eine interessierte Schülerin eine weiterführende Frage. Eigentlich wollten Sie noch die Partnerarbeit einschieben, aber dafür bleibt Ihnen wohl zu wenig Zeit. Also gleich zur Gruppenarbeit mit Präsentationsauftrag übergehen? Und plötzlich merken Sie, dass die meisten Schüler/innen die Formel, die eigentlich Lernvoraussetzung für die Gruppenarbeit wäre, noch gar nicht verstanden haben … Was hier geschildert wird, spielt sich so oder ähnlich in vielen Unterrichtsstunden ab.

Das könnte Sie entlasten:

- Versuchen Sie, den Unterricht so zu planen, dass die Schüler/innen sinnvoll beschäftigt sind und Sie selbst auch Pausen haben, um die Lernprozesse der Schüler/innen zu beobachten und sich selbst etwas zu entspannen.
- Versuchen Sie, in all dem Trubel ruhig und gelassen zu sprechen und zu bleiben. Je mehr Hektik die Schüler/innen bei Ihnen zu erkennen glauben, umso hektischer werden sie selbst.

3. Belastungsquelle: Der Umgang mit schwierigen Schüler/innen

Beim Unterrichten sind gerade schwierige Schüler/innen zusätzlich belastend. Der Begriff »schwierig« ist dabei so beliebt wie ungenau. Präziser könnte man von Schüler/innen sprechen, die ein störendes Verhalten zeigen. Dies kann vieles sein: Privatgespräche während eines Unterrichtsgesprächs, verbale Provokationen während einer Gruppenarbeit, mutwillige Zerstörung eines Versuchsaufbaus, eigenmächtiger Gang durchs Klassenzimmer zum Papierkorb, sachfremde Fragen und Bemerkungen und vieles mehr. Je offener das Unterrichtsgeschehen von störendem Schülerverhalten überlagert wird, umso stärker sind auch Sie als Lehrer/in involviert, weil Sie die Aufgabe haben, störendes Schülerverhalten zu unterbinden. Und dann stellen sich immer die Fragen: Spreche ich das störende Verhalten direkt an? Reicht ein ermahnender Blick? Muss ich bestrafen? Welche Strafe ist angemessen?

Gerade Berufseinsteiger/innen machen dabei oft den Fehler, sich auf ein offenes Machtspiel und einen Teufelskreis vor Publikum einzulassen, der so abläuft: Schüler stört, Lehrer ermahnt, Schüler stört weiter, Lehrer droht mit Strafe, Schüler stört weiter, Lehrer verkündet Strafe, Schüler beschwert sich, Lehrer droht mit höherer Strafe, Schüler beschwert sich noch mehr, Lehrer verkündet höhere Strafe, weitere Schüler solidarisieren sich, Lehrer verliert die Fassung, Schüler haben gewonnen.

Das könnte Sie entlasten:

- Planen Sie den Unterricht so differenziert, dass sowohl stärkere wie auch mittelstarke und schwächere Schüler/innen gefordert werden und Erfolgserlebnisse haben können. Viele Unterrichtsstörungen resultieren nämlich aus Über- oder Unterforderung der Schüler/innen.
- Verschaffen Sie sich in Konfliktsituationen Handlungsaufschub. Bestrafen Sie störende Schüler/innen nicht vor der ganzen Klasse, sondern bitten Sie sie beispielsweise nach der Stunde zu sich, um das zu besprechen, was vorgefallen ist.
- Beziehen Sie potenziell störende Schüler/innen gezielt mit ein, indem Sie ihnen Angebote zu Referaten machen oder Verantwortung für den Unterricht übertragen.

4. Belastungsquelle: Der Umgang mit einzelkämpfenden Kolleg/innen

Der Lehrerberuf ist im Großen und Ganzen noch immer wenig von wirklicher Kooperation geprägt. Die Regel ist der Einzelkämpfer: vor der Klasse und am Schreibtisch zu Hause. Team-Teaching ist die absolute Ausnahme, Hospitationen ebenso. In vielen Kollegien herrscht eine implizite »Nichteinmischungsnorm«, die nach dem Grundsatz funktioniert: Lass mich in Ruhe, dann lass ich dich auch in Ruhe. Gerade Berufseinsteiger/innen, die Kooperation und Begleitung wünschen und brauchen, tun sich in diesem Kontext sehr schwer und fühlen sich im Kollegium vereinsamt. Für Quereinsteiger/innen ist das oft doppelt schwierig, weil sie in ihren bisherigen Berufsfeldern in aller Regel eine enge Zusammenarbeit im Team praktiziert haben – und weil die Kolleginnen und Kollegen möglicherweise denken, Sie hielten sich für etwas Besseres, weil Sie ja schon in einem anderen Beruf gearbeitet und das harte »wahre Leben« draußen kennengelernt haben, während der Rest des Kollegiums es sich im Schonraum Schule bequem gemacht hat. Wer die seltsamen Formen und impliziten Regeln für Kooperation im Kollegium nicht kennt oder nicht beachtet, verursacht Irritationen.

Das könnte Sie entlasten:

- Geben Sie sich in den ersten Wochen allen Kolleginnen und Kollegen gegenüber freundlich und höflich, aber auch ein wenig zurückhaltend. Mit der Zeit werden Sie merken, welche Kolleginnen und Kollegen Ihnen besser liegen und mit wem Sie gut kooperieren können.
- Bieten Sie punktuell Kooperation an, auch wenn erst einmal nichts zurückkommt.
- Nutzen Sie informelle Gespräche zur Kooperation: am Kopierer, in der Raucherpause, bei der Pausenaufsicht, in der großen Pause im Lehrerzimmer.

5. Belastungsquelle: Der Umgang mit den Ausbilder/innen an Seminar und Schule

Sofern Sie parallel zu Ihrer Tätigkeit an der Schule noch ein Referendariat oder Qualifizierungskurse absolvieren, was die Regel sein dürfte, werden Sie zugleich die Lehrerperspektive (im eigenen Unterricht) und die Lernerperspektive (in den Lehrveranstaltungen am Seminar und im Umgang mit Ihrem Mentor/Ihrer Mentorin) einnehmen. In beiden Bereichen kann es sein, dass Ihre Ausbilder/innen jünger sind und eventuell mit gemischten Gefühlen Ihnen gegenüber an die Arbeit gehen, weil sie Ihre Rolle nicht für geklärt halten oder Ihnen jetzt ganz bewusst zeigen möchten, wer Koch und wer Kellner ist.

Das könnte Sie entlasten:

- Versuchen Sie, so gut es geht mitzuspielen, auch wenn Sie nicht mit allem einverstanden sind, was Ihnen empfohlen wird oder was Sie tun sollen.
- Begeben Sie sich gegebenenfalls auf die Suche nach Kolleginnen und Kollegen an Ihrer Schule, die Ihnen mehr beibringen können oder von denen Sie mehr profitieren können.

6. Belastungsquelle: Verwaltungswege und Schulrecht

Die Schule ist, vermutlich im Unterschied zu Ihrem bisherigen Berufsfeld, ein stark verwalteter Raum. Es gibt unzählige Gesetze, Rechtsverordnungen, Verwaltungsvorschriften, Erlasse, Verfügungen und Satzungen, die Ihr unterrichtliches und erzieherisches Handeln rahmen: Grundgesetz, Landesschulgesetz, die Notenverordnung, die Prüfungsverordnung, der SMV-Erlass, die Verfügung über die Teilnahme am Ganztagsunterricht, die Satzung der Schulkonferenz, der Aufsichtsplan, die Schulordnung – all dies und noch viel mehr müssen Sie in Ihrem täglichen Handeln berücksichtigen. Wer sich zu wenig in schulrechtlichen Fragen auskennt, geht das Risiko ein, sich Schwierigkeiten mit Schüler/innen, Eltern, der Schulleitung oder der Schulaufsicht einzuhandeln. Darüber hinaus bindet schulrechtliche Unkenntnis viele Zeit- und Kraftressourcen, die bei der Unterrichtsplanung und -durchführung besser aufgehoben sind.

Das könnte Sie entlasten:

- Wer schulrechtlich einigermaßen auf der Höhe ist, hat es in Konflikten mit Schüler/innen, Eltern, Kolleginnen und Kollegen oder der Schulleitung deutlich leichter. Deshalb macht es Sinn, sich im Schulrecht selbst fit zu machen und die wichtigsten Gesetze und Verordnungen zu kennen (siehe Kapitel 5.7 auf S. 199).
- Vor schwierigen oder gravierenden Entscheidungen oder Maßnahmen sollte man am besten eine ordentliche schulrechtliche Prüfung vornehmen (Checkliste 32, siehe S. 218 f.).

3.4 Goldene Tipps und große Fettnäpfe für Quereinsteiger/innen

Zum Abschluss dieses Kapitels, in dem es um einen Überblick über die Situation von Quereinsteiger/innen und deren spezifische Belastungsfelder geht, möchte ich Ihnen einige Tipps für Ihren Quereinstieg an die Hand geben. Diese Tipps berücksichtigen die wichtigsten Handlungsfelder von Quereinsteiger/innen und verweisen auf die weiteren Kapitel dieses Buches, insbesondere Kapitel 5, in dem es um die Bewältigung des konkreten Schulalltags geht. Im Anschluss an die Tipps finden Sie mögliche Fettnäpfchen, die Sie am besten umgehen sollten. Hier also die wichtigsten Tipps:

1. Setzen Sie Schwerpunkte in Ihrer Arbeit. Versuchen Sie, nicht alles sofort perfekt zu machen, sondern geben Sie sich in bestimmten Bereichen auch mit ordentlichen 80 Prozent zufrieden. Wer alles perfekt machen will, macht am Ende nichts richtig. Verabschieden Sie sich deshalb auch vom Ideal der Lehrproben-Stunden. Auch das Scheitern ist eine pädagogische Grundkategorie.
2. Begegnen Sie den Schüler/innen authentisch, respektvoll und mit Interesse an ihrer Lebenswelt. Bemühen Sie sich, Vorbild zu sein und dadurch erzieherisch zu wirken. Seien Sie pünktlich im Unterricht und gewissenhaft bei der Unterrichtsvorbereitung.
3. Bleiben (bzw. werden) Sie humorvoll. In einer entspannten Lernatmosphäre fällt es den Schüler/innen leichter, gute Lernerfolge zu erzielen. Und es schont Ihr Nervenkostüm.
4. Bemühen Sie sich darum, Ihren Unterricht methodisch vielfältig und differenziert zu gestalten, sodass alle Schüler/innen gefordert und gefördert werden und mit Gewinn am Unterricht teilnehmen können. Das beugt Unterrichtsstörungen und Disziplinkonflikten vor (aber verhindert sie leider nicht).
5. Gewähren Sie sich in Konfliktsituationen oder bei schwierigen Entscheidungen, wo immer dies möglich ist, Handlungsaufschub. Dann können Sie die Situation mit mehr Distanz betrachten, und Sie haben mehr Zeit, um über geeignete Maßnahmen nachzudenken.
6. Suchen Sie gezielt nach Kooperation und nutzen Sie den großen Erfahrungsschatz in Ihrem Kollegium. Dies kann sehr klein anfangen, zum Beispiel mit informellen Gesprächen, mit dem Austausch von Tipps und Material weitergehen und bei gegenseitigen Hospitationen und Beratungen enden. Beachten Sie die in vielen Kollegien herrschende »Nichteinmischungsnorm« und gehen Sie deshalb mit Ihren Kooperationswünschen und -angeboten dosiert vor. Auch die Lehrerbücherei Ihrer Schule hat in aller Regel viel Material, das Ihnen beim Unterrichten helfen kann.
7. Holen Sie sich, wenn nötig, Hilfe von außen: Fortbildungen, Fachliteratur oder auch Supervisionsgruppen helfen gezielt weiter.
8. Engagieren Sie sich in Schulentwicklungsprozessen. Aber am besten nur dann, wenn es Ihnen und Ihrem Unterricht konkret etwas bringt. Alles andere heben Sie sich für die weiteren Dienstjahre auf.
9. Sagen Sie ab und zu auch einmal Nein, wenn Ihr Schulleiter, die Fachsprecherin, der nette Kollege oder der interessierte Schüler mal wieder etwas von Ihnen möchte. Davon gehen die Welt und Ihre Schule nicht unter.
10. Nehmen Sie bewusst eigene Erfolge und Lernprozesse wahr. Freuen Sie sich, wenn eine schwierige Unterrichtsphase schon etwas besser geklappt hat als letzte Woche, wenn Sie ein gutes Gespräch im Kollegenkreis hatten, wenn eine Klassenarbeit gut ausgefallen ist oder Sie effizienter Unterricht planen können. Es gibt keinen Schultag ohne eigenes Lernen.

Der Schulalltag hält auch vielfältige Klippen und Fettnäpfchen, manchmal auch regelrechte Fettnäpfe bereit. Hier die meiner Meinung nach zehn größten Fettnäpfe für Quereinsteiger/innen und mögliche Wege, um diese Fettnäpfe zu umrunden:

1. Sie kennen die Namen Ihrer Schüler/innen nicht

Das ist nicht nur ein klassischer Fauxpas und kommt ganz schlecht bei der Zielgruppe an, sondern erschwert auch Ihr Unterrichten. Denn wenn Sie immer zu Lena »Du da im roten Pulli« oder zu Mustafa »Du mit dem schwarzen, gestylten Haar« sagen müssen, können Sie kaum erwarten, dass sich die Schüler/innen besonders in Ihrem Unterricht engagieren.

Das Beste ist, zumal wenn Sie in mehreren Klassen oder Lerngruppen unterrichten, Sie besorgen sich Fotos der Klassen (oder machen selbst welche) und prägen sich die Namen mithilfe der Fotos ein. Sehr erprobt ist der Tipp, eine Wette mit jeder Klasse abzuschließen, die Sie unterrichten: Wenn Sie bis zur vierten Schulwoche nicht alle Namen auswendig können, müssen Sie die Schüler/innen zu einem Eis oder, je nach Alter, etwas anderem einladen. Sie werden sehen, wie schnell Sie die Namen lernen.

2. Sie ziehen Ihren Unterricht durch, egal was passiert

Ihre Aufgabe als Lehrer/in ist es, Lernbegleiter für Schüler/innen zu sein und ihnen Kompetenzen zu vermitteln. Jeder neue Inhalt, den Sie im Unterricht behandeln, muss für die Schüler/innen an bestimmte Lernvoraussetzungen anschließbar sein, sonst bleibt kaum etwas hängen. Wenigstens nichts Substanzielles. Deshalb ist es notwendig, bei der Unterrichtsplanung zu berücksichtigen, wo die Schüler/innen in ihrem Lernprozess stehen. Wenn Sie einfach auf Teufel komm raus Ihren Stoff durchziehen wollen und es Ihnen gleichgültig ist, ob die Schüler/innen etwas mit dem von Ihnen vorbereiteten Inhalt anfangen können, ist das eine denkbar schlechte Voraussetzung für einen erfolgreichen Unterricht.

Besser ist es, wenn Sie die Lernvoraussetzungen der Schüler/innen im Hinblick auf das Fach bzw. Thema, das Sie unterrichten, genau erkunden und überlegen, welche Bezüge die Schüler/innen zum neuen Thema herstellen können.

3. Sie sind der beste Kumpel der Schüler/innen

Sie sind kontaktfreudig. Und Sie wollen nicht solch ein spießiger Pauker sein, wie Sie selbst welche damals in der Schule hatten. Deshalb hat es sich so ergeben, dass Sie den Schüler/innen äußerst partnerschaftlich begegnen: Sie lassen sie regelmäßig über die Unterrichtsinhalte abstimmen, passen bei Klassenarbeiten nicht so genau auf, wer von wem abschreibt, geben Hausaufgaben grundsätzlich freiwillig auf, äußern häufig Verständnis für die hohe Arbeitsbelastung Ihrer Schüler/innen und treffen sich mit Ihrer Chemieklasse regelmäßig in der Eckkneipe im Stadtteil zum Fußballschauen. Mit der Zeit merken Sie aber, dass die Schüler/innen offenbar nur kaum oder gar nicht auf Ihre Anweisungen reagieren, dass es im Unterricht drunter und drüber geht und kaum relevante Lernprozesse zu bemerken sind.

Besser wird sein, Sie halten freundliche Distanz und leben eine zurückhaltende, fachliche wie pädagogische Professionalität. Sie sind als Lehrer/in den Schüler/innen gegenüber weisungsbefugt, und dies sollte Ihnen und Ihren Schüler/innen klar sein. Planen Sie also den Unterricht so gut, dass Sie berechtigte Anforderungen an die Schüler/innen stellen können, deren Einhaltung Sie dann auch einfordern. Und setzen Sie eine klare Grenze zwischen Ihrem Privatleben und dem der Schüler/innen.

4. Sie drohen oder kündigen etwas an, ohne es durchzusetzen

Ein ganz klassischer Lehrerfehler, der sogar altgedienten Kolleginnen und Kollegen häufig unterläuft. Nehmen Sie als Beispiel eine schwierige Unterrichtssituation: Schon seit einigen Stunden haben Sie sehr mit einer bestimmten Klasse oder Lerngruppe zu kämpfen. Vor allem vier Schülerinnen und Schüler stören nachhaltig Ihren Unterricht, rufen herein, gehen eigenmächtig im Raum umher, werfen Gegenstände herum und machen sich über Ihre Bemühungen, Ruhe in die Klasse zu bekommen, lustig. Irgendwann ist Ihre Geduld am Ende und Sie machen, nach weiteren Ermahnungen und individuellen Strafen, die Ankündigung: »So, jetzt reicht's! Wir schreiben morgen alle einen Test über das Thema.« Doch wie es so kommt: Zu Hause liegt noch eine andere Klassenarbeit zur Korrektur, außerdem müssen Sie heute noch sieben Unterrichtsstunden planen und Sie wollen morgen Abend endlich mit Ihrem Partner ins Kino gehen. Was passiert? Sie verzichten auf die angekündigte Überprüfung und warnen die Klasse, dass Sie Ihre Drohung beim nächsten Mal wirklich wahr machen werden. Seltsamerweise werden die Disziplinschwierigkeiten in der Klasse in den nächsten Wochen nicht geringer.

Besser ist es auf jeden Fall, die Strafe gar nicht erst anzukündigen. Oder nur dann anzukündigen, wenn Sie absolut sicher sind, dass Sie das auch durchziehen werden. Denn ansonsten werden die Schüler/innen in Zukunft Ihre Drohungen nicht sonderlich ernst nehmen.

5. Sie wissen alles, auch wenn Sie etwas einmal nicht wissen

Vielleicht war es in Ihrem früheren Beruf besonders wichtig, keinerlei Schwäche zu zeigen. Wenn Sie in einer Teamsitzung gesagt hätten, Sie hätten diesen technischen Zusammenhang der neuen Maschine noch nicht ganz verstanden, wären Sie vielleicht von Ihren Kolleginnen und Kollegen ausgelacht worden, hätten deutliche Image-Einbußen in Kauf nehmen müssen oder wären auf der Karriereleiter heruntergepurzelt. Und deshalb haben Sie immer so getan, als wüssten Sie alles und hätten alles im Griff, auch wenn dies einmal nicht so war. Möglicherweise haben Sie dies so intensiv eintrainiert, dass Sie auch jetzt als Lehrer/in nach diesem Prinzip vorgehen. Wenn eine Schülerin Ihnen eine schwierige Frage stellt, wenn Ihr Fachkollege an Ihrer Einschätzung zu einem Unterrichtsthema interessiert ist, wenn Ihr Schulleiter Sie fragt, wie es denn jetzt so nach drei Monaten im Lehrerberuf läuft: Immer wissen Sie alles und können alles.

Das Beste ist, Sie gestatten sich selbst Lücken und Schwächen. Sie bedanken sich bei der Schülerin für ihre interessante Frage, bitten die Mitschüler/innen um Rat oder Recherche und kümmern sich selbst auch bis zur nächsten Stunde um eine Antwort. Sie antworten Ihrem Kollegen, dass Sie in diesem Unterrichtsbereich noch relativ unerfahren sind und lesen sich ein. Und Sie geben Ihrem Schulleiter ein weitgehend wirklichkeitsgetreues Bild von Ihren ersten drei Monaten, indem Sie positive Erfahrungen und Erfolge schildern, aber auch Zweifel und Entwicklungsbereiche benennen.

6. Sie machen sich über den Lehrerberuf und die Lehrer/innen lustig

Lehrer haben vormittags recht und nachmittags frei. Klar. Pauker wissen alles besser und sind allesamt nicht die Fleißigsten. Und Lehrer sind auch nur deshalb Lehrer geworden, weil sie auf eine fette Pension aus sind und ihnen nichts Besseres eingefallen ist. Wenn Sie solche Meinungen zum Lehrerstand in Ihrer Schule äußern, egal ob dies gegenüber Kolleginnen und Kollegen, Eltern oder Schüler/innen geschieht, machen Sie sich extrem unbeliebt. Dies nicht nur, weil Nestbeschmutzer in jeder Branche schlecht ankommen, sondern weil die allermeisten Vorurteile über Lehrer/innen auch empirisch widerlegt sind. Und noch etwas kommt hinzu: Sie sind selbst ja schließlich auch Lehrer/in. Und so schlecht können Sie sich wohl nicht finden.

Stattdessen empfiehlt es sich, den Berufsstand wertschätzend, jedoch nicht unkritisch zu betrachten. Lehrer/innen haben keinen einfachen Beruf. Und sie haben einen wichtigen Beruf, vielleicht sogar den wichtigsten, den die Gesellschaft zu besetzen hat.

7. Sie setzen sich einfach auf einen bestimmten Platz im Lehrerzimmer

Im Unterschied zum Büro, in dem jeder einen eigenen Arbeitsplatz hat, gibt es so etwas in Schulen sehr selten. Deshalb ist das Lehrerzimmer für die Lehrer/innen Rückzugs- und Erholungsraum und der Viertelquadratmeter Tisch sowie der dazugehörige Stuhl der Arbeitsplatz. In vielen Lehrerzimmern ist das so geregelt, dass die Kolleginnen und Kollegen ganz bestimmte Plätze haben und dort neben ganz bestimmten anderen Kolleginnen und Kollegen sitzen. Wenn Sie sich einen vermeintlich freien

Stuhl und Tischplatz nehmen, könnte es sein, dass Sie sich nicht nur bei dem betreffenden Kollegen unbeliebt machen, sondern dass auch der Rest des Kollegiums Ihr Verhalten als übergriffig wertet.

Am besten, Sie fragen erst einmal die Kolleginnen und Kollegen, ob dieser Platz noch frei ist, bevor Sie sich setzen. Oder Sie nehmen erst einmal am Rand des Lehrerzimmers Platz, um niemandem den Platz streitig zu machen.

8. Sie zeigen den Kolleginnen und Kollegen, dass Sie mehr Ahnung vom Leben haben als sie

Ihre außerschulischen Erfahrungen in bestimmten Branchen und Berufen könnten Sie dazu veranlassen zu denken, dass Sie selbst mehr Ahnung vom wirklichen Leben da draußen haben, während Ihre Kolleginnen und Kollegen allesamt in der Kuschelzone »Schule – Universität – Schule« sozialisiert wurden. Selbst wenn Sie mitunter das Gefühl haben, dass diese Haltung nicht ganz abwegig ist, sollten Sie vorsichtig sein, ihre Kolleginnen und Kollegen dies spüren zu lassen. Denn es geht beim Lehrerberuf ja nicht primär darum, mindestens fünf Jahre als Junior-Manager eines mittelständischen Betriebes hinter sich gebracht zu haben, sondern professionell zu unterrichten, zu beraten und zu erziehen. Und in dieser Hinsicht können Sie vermutlich durchaus noch etwas von Ihren Kolleginnen und Kollegen lernen.

Das Beste wird sein, Sie zeigen sich erst einmal zurückhaltend im Umgang mit den Kolleginnen und Kollegen. Wenn Sie wirkliches Interesse spüren, dann erzählen Sie von Ihrem interessanten beruflichen Lebenslauf. Gleichzeitig sollten Sie aber auch Ihr Interesse am Berufsweg und an den Erfahrungen Ihrer Kolleginnen und Kollegen deutlich machen. Dann begegnet man sich eher auf Augenhöhe.

9. Sie halten den Dienstweg für etwas Nebensächliches

Der Dienstweg ist in der Schulverwaltung so etwas wie die Haupteinkaufsmeile in einer Stadt: extrem wichtig und sehr beliebt. Dienstweg bedeutet: Alle dienstlichen Vorgänge von Belang, alle Anträge und Ähnliches müssen die einzelnen Ebenen von unten nach oben durchlaufen. Verbunden ist dies mit der Informationspflicht von Ihnen an die Schulleitung. Wer als Quereinsteiger/in den vorgeschriebenen Dienstweg nicht einhält, begeht damit ein Dienstvergehen und kann sich unter Umständen viel Ärger einhandeln. Gerade Menschen aus der freien Wirtschaft tun sich im Zusammenhang mit der verwaltungsmäßigen Ordnung der Schule schwer und sind geneigt, ab und zu spontane Entscheidungen unter Umgehung der Zuständigkeiten und des Dienstweges zu wagen. Das sollten Sie auf keinen Fall.

Besser Sie informieren sich über die vorgeschriebenen Dienstwege, am besten durch Studium der Vorschriften und Nachfrage bei Ihrer Schulleitung. Bei nicht ganz belanglosen Vorgängen, zum Beispiel einem schwierigen Elterngespräch, einer geplanten Exkursion ins Technikmuseum oder einem etwas gefährlicheren Versuch im Physikraum, sollten Sie die Schulleitung unaufgefordert informieren. Das zeugt nicht von Schwäche, sondern von Professionalität.

10. Sie plaudern dienstliche Informationen aus

Als Lehrer/in kommen Sie an zahlreiche Informationen, oft auch ungefragt. Manche dieser Informationen können wichtig, vertraulich, ja sogar brisant sein. Stellen Sie sich Folgendes vor: Der Sohn des Landtagsabgeordneten W. Ihrer Stadt ist bei Ihnen im Technikunterricht. Und er steht bei Ihnen zwischen vier und fünf, weil er weder ein besonders großes technisches Verständnis hat noch besonders intensiv den Unterricht nachbereitet. Als es bei Ihrem wöchentlichen Stammtisch mal wieder um Politiker geht, lassen Sie sich nach zwei frischen Bieren zu der lautstarken Äußerung hinreißen, der Abgeordnete sei offenbar genauso ein Versager in der Politik wie sein Sohn bei Ihnen in Technik. Leider hört das ein anderer Kneipenbesucher am Nachbartisch, der mit W. regelmäßig in die Sauna geht. Er erzählt es W. selbstverständlich brühwarm und sorgt so dafür, dass W. Sie zivilrechtlich wegen Verletzung Ihrer Amtsverschwiegenheit verklagt.

Besser ist, Sie gehen äußerst zurückhaltend mit Informationen um, die Sie in der Schule erhalten, und halten sich strengstens an das Prinzip der Amtsverschwiegenheit. Wenn Sie denken, Sie hätten Schwierigkeiten, all die spannenden Detailkenntnisse über Schüler/innen und deren Eltern für sich zu behalten, müssen Sie an sich arbeiten. Oder Sie schreiben privat Tagebuch und machen irgendwann, nachdem Sie alle Informationen anonymisiert haben, einen Roman daraus …

4. Didaktik und Lernen kompakt

4.1 Was ist Didaktik?

In den Prüfungs- und Studienordnungen sowie der erziehungswissenschaftlichen und fachdidaktischen Literatur ist der Begriff der Didaktik allgegenwärtig (vgl. im Überblick Wigger 2004). Er wird dabei teilweise sehr unterschiedlich benutzt:

- Didaktik als Auswahl der Bildungsinhalte
- Didaktik als systematische Planung des Unterrichts
- Didaktik als kommunikatives Unterrichtshandeln
- Didaktik als Dramaturgie des Unterrichts
- Didaktik als methodisches Unterrichtssetting
- Didaktik als umfassende Unterrichtswissenschaft

Zusammengefasst lassen sich drei verschiedene Auffassungen von Didaktik unterscheiden:

- weiter Begriff: Didaktik als Wissenschaft vom Lehren und Lernen
- engerer Begriff: Didaktik als Wissenschaft vom (Schul-)Unterricht
- enger Begriff: Didaktik als Theorie der Bildungsinhalte und Curriculumtheorie

Auch in vielen Zusammensetzungen kommt »Didaktik« vor: als didaktische Analyse, didaktische Reduktion oder didaktisches Konstrukt. Und es gibt schließlich viele »Didaktiken«: die bildungstheoretische Didaktik, die systemtheoretische, die lerntheoretische, die kommunikative, die kritisch-konstruktive oder die handlungstheoretische. Daneben wird von der Allgemeinen Didaktik und der Fachdidaktik bzw. den Fachdidaktiken gesprochen. Bei dieser Begriffsvielfalt ist es notwendig, einmal danach zu schauen, was der Kern des Begriffs »Didaktik« ist, und erst danach, welche verschiedenen Ausdifferenzierungen zu beschreiben sind.

Ich möchte im Folgenden unter Didaktik (von griech. *didaskein* – lehren, unterweisen, aber auch: lernen, belehrt werden; *didaktike techne* – Kunst des Lehrens) die Wissenschaft vom Unterricht, vor allem vom schulischen Unterricht, verstehen. Dieser Didaktikbegriff geht damit also über enge Didaktikbegriffe hinaus, die zum Beispiel Didaktik primär als Auswahl der Bildungsinhalte, als Curriculumtheorie oder aber als Unterrichtsmethodik begreifen.

Das didaktische Dreieck als Grundlage didaktischer Modellbildung

Um Lehr-Lernprozesse zu beschreiben und zu bewerten, hat sich mittlerweile eine Vielzahl didaktischer Modelle herausgebildet (s. u.). Jedes dieser didaktischen Modelle setzt immer mehr oder weniger am sogenannten »Didaktischen Dreieck« an.

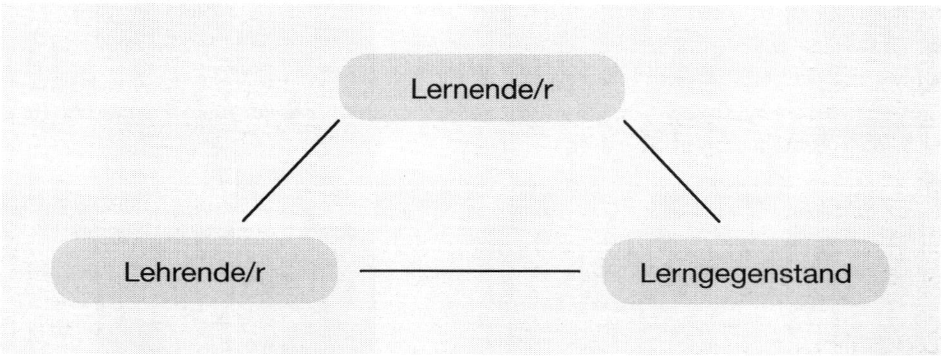

Abb. 5: Didaktisches Dreieck

Dieses Modell ist zwar sehr reduziert, liefert aber bereits die Grundlagen für weitergehende Analysen von didaktischem Handeln. Einerseits sind die drei Bezugspunkte benannt: Der Aspekt »Lernende/r« beinhaltet beispielsweise Fragen nach den anthropogenen und soziokulturellen Voraussetzungen aufseiten der Schüler/innen, das Gleiche gilt für die Voraussetzungen, die die bzw der »Lehrende« einbringt. Beim Aspekt »Lerngegenstand« lassen sich Fragen der Sachanalyse verorten. Eine zweite Betrachtungsebene bieten die Kanten des Dreiecks: Auf der Kante zwischen »Lehrende/r« und »Lerngegenstand« kann beispielsweise die Transformation von Weltinhalten zu Themen des Unterrichts angesiedelt werden, an der Kante zwischen »Lernende/r« und »Lerngegenstand« die gegenstandsbezogenen Lernvoraussetzungen und an der Kante zwischen »Lehrende/r« und »Lernende/r« Fragen der Unterrichtsorganisation oder auch der Ritualisierung von unterrichtlichen Interaktionen. Darüber hinaus können die Schwerpunkte komplexerer didaktischer Modelle in diesem Dreieck verankert werden, dazu aber unten mehr.

Mittlerweile haben Sie gemerkt: Versucht man, sich strukturell dem Begriff der Didaktik zu nähern, so ist es nötig, den Gegenstand von Didaktik zu bestimmen, den Unterricht. Unterricht ist, kurz gesagt, eine absichtsvoll geprägte Aufarbeitung von Inhalten. Dabei lassen sich in analytischer Hinsicht zwei Dimensionen beschreiben:

- eine didaktisch-methodische Dimension (inhaltsbezogen)
- eine interaktionell-soziale Dimension (partnerbezogen)

Inhalte, Intentionen/Ziele, Methoden/Medien und Evaluation (d.h. das Überprüfen der erreichten Ziele) stehen dabei in wechselseitigem Verhältnis und bedingen sich gegenseitig. Bei der Planung von Unterricht (vgl. Kapitel 5.2 auf S. 109) kann man daher an jedem dieser Strukturelemente ansetzen. Unterricht vollzieht sich darüber hinaus zwischen

- den Interessen und Vorerfahrungen, aber auch der Leistungsbereitschaft oder Motivation der Schüler/innen,
- dem Vorwissen, dem Unterrichtsstil, den methodischen Vorlieben oder Anforderungen der Lehrer/innen,
- den Lehrplänen und Richtlinien sowie
- den institutionell-rechtlichen Faktoren (z.B. Notenverordnung, Versetzungsordnung, Mitbestimmungsrechten).

	Einflussfaktoren auf Schülerseite	Einflussfaktoren auf Lehrerseite	
Inhaltsdimension (didaktisch-methodische Dimension)	INHALTE	ZIELE	Beziehungsdimension (interaktionell-soziale Dimension)
	METHODEN/ MEDIEN	EVALUATION	
	Lehrpläne	Einflussfaktoren auf institutioneller Seite	

Abb. 6: Strukturelemente von Unterricht

Didaktik beschäftigt sich mit Lehr- und Lernprozessen und mit Fragen der Vermittlung von Lerninhalten und den Aneignungsprozessen aufseiten der Schüler/innen. Um es auf den Punkt zu bringen: Didaktik befasst sich mit der Fragestellung, wer was mit wem warum wozu wo wann wie und womit lernen soll. Abbildung 7 benennt Leitfragen und Inhalte der Didaktik sowie mögliche didaktische Antworten am Beispiel »Die friedliche Revolution in der DDR 1989« aus dem Politikunterricht der 11. Klasse.

Leitfrage der Didaktik	Inhalte der Didaktik	Beispiel
Wer?	• Für welche Personen wird Unterricht geplant? • Welche Lernvoraussetzungen und Vorerfahrungen bringen diese Personen mit?	• Schüler/innen der 11. Klasse, Gymnasium • Inhalte des Politikunterrichts bis Klasse 11, Umgang mit Quellentexten, evtl. weitere Vorerfahrungen
Was?	• Welche Inhalte oder Stoffe sollen vermittelt werden? • Wie bauen die Inhalte aufeinander auf?	• Politikunterricht: Die friedliche Revolution in der DDR 1989 • unterschiedliche Faktoren führen gemeinsam zu einer gesellschaftlichen Ausnahmesituation
Mit wem?	• In welcher personalen Zusammensetzung soll unterrichtet, gelehrt und gelernt werden?	• Klassenzusammensetzung, eine Lehrerin, 28 Schüler/innen
Warum?	• Welche Begründungen lassen sich für die Inhalte und Themen des Unterrichts finden?	• Verankerung im Lehrplan • bedeutsame Phase deutscher Geschichte
Wozu?	• Welche Ziele werden mit der Behandlung eines Themas verbunden? • Welche Kompetenzen sollen die Schüler/innen erwerben?	• Einsicht in Historizität und Veränderbarkeit des politischen Systems • Kenntnisse der deutschen Geschichte • Lesekompetenz im Umgang mit fachwissenschaftlichen Quellentexten
Wo?	• In welchen organisatorischen Kontexten bzw. Schularten soll gelernt werden?	• Berufliches Gymnasium • gymnasiale Oberstufe
Wann?	• Wie alt sollen die Lernenden bei der Behandlung bestimmter Inhalte sein? • In welchem Zeitabschnitt einer gesamten Schulzeit, eines Schuljahres oder einer Woche sollen die Inhalte behandelt werden?	• Schüler/innen der 11. Klassenstufe • Inhalt ist im Lehrplan verankert • Unterrichtsinhalt setzt bestimmtes Vorwissen und Kompetenzen voraus
Wie?	• Mit welchen Methoden soll der Unterricht gestaltet werden?	• Lesen eines Quellentextes • erarbeitendes Unterrichtsgespräch
Womit?	• Welche Lehr- und Lernmittel (Unterrichtsmedien) sollen im Unterricht eingesetzt werden?	• Quellentext

Abb. 7: Leitfragen und Inhalte der Didaktik am Beispiel »Die friedliche Revolution in der DDR 1989«

Allgemeine Didaktik

Die Allgemeine Didaktik erörtert allgemeine, das heißt fachübergreifende, schulartübergreifende und schulstufenübergreifende Überlegungen zum Lehren und Lernen und fasst diese zum Beispiel in didaktischen Modellen zusammen.

Gleichwohl werden didaktische Überlegungen für verschiedene Lernende konkretisiert, zum Beispiel bezogen auf das Lebensalter oder auf verschiedene Gruppen von Lerner/innen. Als Unterbereiche finden sich zum Beispiel folgende Disziplinen:

- Fachdidaktiken (s. u.)
- Lernbereichsdidaktiken, zum Beispiel Mediendidaktik, Verkehrserziehung, Friedenserziehung
- Schulartendidaktiken, zum Beispiel Hauptschuldidaktik, Förderschuldidaktik
- Schulstufendidaktiken, zum Beispiel Grundschuldidaktik, Didaktik der gymnasialen Oberstufe, auch Hochschuldidaktik

In der Geschichte der Didaktik wurde schon häufig versucht, didaktische Prinzipien oder Kernaspekte zu identifizieren, die für jeden Unterricht in jeder Klassenstufe mit jeder Methode zentrale Relevanz haben. Anknüpfend an die Didaktische Grundlagenforschung (Gudjons 2001, S. 19–29; Kiper/Mischke 2004) lassen sich folgende fünf Prinzipien beschreiben:

1. Realitätsbezug
2. Handlungsorientierung
3. Wissenschaftsorientierung
4. Exemplarität
5. Strukturiertheit

Unter *Realitätsbezug* versteht man, dass jeder Unterricht einen irgendwie gearteten Bezug zur Wirklichkeit, auch zur Lebenswirklichkeit der Schüler/innen, beinhalten muss und dass die Aufgabe der Lehrerin/des Lehrers darin besteht, diesen Realitätsbezug sichtbar und verstehbar zu machen. Es ist also wichtig, dass die Schüler/innen die Frage beantworten können, wofür sie jetzt gerade diesen Inhalt im Unterricht behandeln bzw. behandeln müssen. Realitätsbezug kann sehr konkret sein, zum Beispiel durch einen Inhalt, mit dem die Schüler/innen gegenwärtig konfrontiert sind (beispielsweise »der Dieselmotor«, »Hebelwirkungen« oder »ein Vorstellungsgespräch führen«). Bei vielen Inhalten ist der Bezug zur Realität abstrakter strukturiert und stärker auf weiter in der Zukunft liegende Situationen zu denken.

Handlungsorientierung bezieht sich auf das erste Prinzip: Letztlich muss Unterricht darauf gerichtet sein, die Handlungskompetenz der Schüler/innen zu fördern, sie also dazu anregen/anleiten/führen, in Zukunft eine bestimmte Situation besser als bisher bzw. als ohne Unterricht bewältigen zu können. Darunter lässt sich viel verstehen: nicht nur konkret sichtbare Handlungen, sondern vor allem auch geistige Operationen wie das Lösen eines mathematischen Problems, die Bewertung einer schwierigen Situation oder auch die Lust am Umgang mit technischen Geräten im Haushalt. Um klarzumachen, dass diese Handlung letztlich immer nur angestrebt, aber nie im Unterricht selbst realisiert werden kann (da Unterricht per se in inhaltlicher Hinsicht vorläufig und indirekt ist), benutzt man den Begriff der Handlungs*orientierung*.

Jeder Unterricht muss dem Prinzip der *Wissenschaftsorientierung* unterliegen. Dabei bezieht sich die Wissenschaftsorientierung der Didaktik einerseits auf die Inhalte und andererseits auf die Verfahren des Unterrichts. Zum ersten Punkt: Wissenschaft ist der gesellschaftliche Ort, wo Wissen als Grundlage von Urteil und Einsicht gesammelt wird. Das von den Wissenschaften bereitgestellte Wissen ist das Meer, aus dem im Laufe eines Schülerlebens wenige Eimer (vielleicht auch nur Tropfen) entnommen werden. Die Inhalte im Unterricht müssen sich also auf den Stand der Wissenschaft beziehen, gleichgültig ob es sich um »Aggregatzustände« im Physikunterricht oder um »Richard Wagners Motivik im Ring der Nibelungen« im Musik-Leistungskurs der gymnasialen Oberstufe handelt. Der zweite Aspekte ist ebenso bedeutsam: Die Verfahren des Unterrichts müssen sich auf wissenschaftliche Verfahren beziehen, ohne gleich mit ihnen identisch zu sein oder direkt zu ihnen hinzuführen (das würde man mit dem Begriff Wissenschaftspropädeutik beschreiben). Letztlich heißt dies auch, den Schüler/innen die Vorläufigkeit und Interessenbezogenheit des Wissens im Unterricht nahezubringen.

Exemplarität meint, dass Didaktik diejenigen Inhalte begründet auswählen muss, die es wert sind, im Unterricht behandelt zu werden. Der Hintergrund dieses Prinzips ist die unermessliche Vielfalt an Wissen in der Welt und an möglichen Situationen, für die die Schüler/innen vorbereitet werden sollen. Daher stellt sich immer die Frage, welche Inhalte, Stoffe, Themen über sich selbst hinausweisen und beispielhaft für mehrere Stoffe stehen. Dabei sind zwei unterschiedliche Formen von Exemplarität theoretisch modellierbar: Die quantitative Exemplarität liegt vor, wenn ein Inhalt so oder so ähnlich auf andere Inhalte übertragbar ist. Wer also zum Beispiel die Dynamik einer historisch-revolutionären Situation anhand der Französischen Revolution verstanden hat, kann damit auch (zum Teil) die Russische Revolution 1917 oder die friedliche Revolution der DDR 1989 analysieren. Oder in der Physik: Wer die Formel »Geschwindigkeit ist gleich Weg durch Zeit« beherrscht, kann dies in einer unbegrenzten Zahl von Situationen anwenden. Anders verhält es sich mit der qualitativen Exemplarität: Am besonderen Fall sind immer auch Strukturelemente von allgemeinerer Form, also auf abstrakterer Ebene, zu lernen. Metaphern in Gedichten verweisen auch auf die Bildhaftigkeit von lyrischen Texten aller Gattungen insgesamt.

Ein weiteres didaktisches Prinzip ist das der *Struktur*. Mit Struktur ist die geordnete Verbindung von einzelnen Teilen zu einem sinnvollen Ganzen gemeint. Didaktik hat die Aufgabe, Inhalte danach zu befragen, welche Einzelteile sich aus einem zunächst ungegliedert gegebenen komplexen Zusammenhang herauslösen lassen, in welcher Weise diese einzelnen Teile miteinander in Beziehung stehen und wie diese Beziehungen wiederum das Ganze (die Struktur) konstruieren. Die Strukturierung von Inhalten führt zu einem effizienteren Lernen, weil dadurch der gesamte Inhalt fassbarer und transparenter wird und ein Transfer auf andere Inhalte erst ermöglicht wird. Strukturen sind damit auch die Grundlagen für Spiralcurricula, das sind Lehrpläne, die bestimmte Inhalte auf mehreren Klassenstufen in zunehmender Komplexität behandeln.

Mit diesen fünf didaktischen Prinzipien sind die maßgeblichen Parameter der Allgemeinen Didaktik benannt.

Fachdidaktiken

Fachdidaktiken beschäftigen sich mit Ziel-, Inhalts- und Methodenfragen für je ein Unterrichtsfach. Fachdidaktische Theoriebildung fragt nach fachwissenschaftlichen Inhalten unter dem Blickwinkel ihrer Lehrbarkeit. Sie nimmt Bezug auf die Inhalte einer Wissenschaftsdisziplin und vereinigt Fragestellungen der Allgemeinen Didaktik mit speziellen Fragen der korrespondierenden Fachwissenschaft (Kiper/Mischke 2004, S. 153–168). Schließlich nimmt sie fachdidaktische Aspekte, zum Beispiel fachspezifische Methoden, Medien oder Unterrichtsformen, unter die Lupe. Daher sind natürlich auch Fachdidaktiken »Wissenschaften«. Organisatorisch wurden in Deutschland die meisten Fachdidaktiken dem wichtigsten Bezugsfach zugeordnet, so zum Beispiel die Deutschdidaktik der Germanistik. Wo dem Schulfach keine direkte Bezugswissenschaft entsprach, wählte man eine nahe liegende Wissenschaft, zum Beispiel bei der Sozialkunde Politikwissenschaften oder Soziologie. Fachdidaktiken verstehen sich als »Brückenwissenschaften« zwischen den jeweiligen Fachwissenschaften (für die Biologie sind das u. a. die Zoologie und die Botanik) und der Erziehungswissenschaft bzw. der Allgemeinen Didaktik.

Wie wird aber Fachdidaktik betrieben? Einerseits deskriptiv, das heißt beschreibend: Fachdidaktiker/innen beobachten und analysieren Unterricht, Lehrpläne oder Unterrichtsmaterialien wie Schulbücher und Foliensammlungen. Andererseits verstehen sich die Fachdidaktiken auch normativ, zum Beispiel durch Festlegung eines Kanons von Grundwissen in einem Fach oder durch Empfehlungen und Konzepte für guten, erfolgreichen Unterricht im betreffenden Fach.

Historisch betrachtet sind Fachdidaktiken relativ junge Disziplinen. Sie entstanden in den 1970er-Jahren, als in der breiten gesellschaftlichen Diskussion um Reformen im Bildungswesen klar wurde, dass die bisher für die Unterrichtsfächer ausschlaggebende Methodik allein nicht ausreichte. Unterricht musste etwas anderes und mehr sein als lediglich die Abbildung einer Fachwissenschaft. Das Fach selbst war gefragt, eigene Auswahlkriterien für schulische Inhalte, eigene Erwerbsmodelle für fachspezifische Kompetenzbereiche und eigene Vorschläge für die methodische Umsetzung dieser Inhalte im Unterricht zu formulieren. Diese Aufgabe wurde von den Fächern der Sekundarstufe bislang kaum erledigt.

Eine neue Entwicklung besteht darin, dass nun auch Fachdidaktiken Studien- und Prüfungsordnungen für Diplom- und Magisterstudierende erstellen bzw. erproben sollen. Insofern werden sich das Aufgabenspektrum und auch die Relevanz der Fachdidaktiken in Zukunft sicher erhöhen. Hinzu kommt, dass internationale Schulleistungstests, zum Beispiel PISA (Baumert et al. 2001), deutliche Rückfragen an die einzelnen nationalen Curricula und die verbreiteten methodischen Unterrichtsformen stellen, auf die gerade die Fachdidaktiken Antworten geben müssen.

Geschichte des didaktischen Denkens

Ursprünglich bezeichnete Didaktik die lehrhafte oder belehrende Dichtung (vgl. zum Folgenden Wigger 2004; Gudjons 2001). Während von ca. 1500 bis 1800 weitestgehend die mechanische Pauk- und Memorierschule dominierte, bei der die Zöglinge kirchliche Inhalte auswendig lernen und wiedergeben mussten sowie in elementaren Lese-, Schreib- und Rechenkenntnissen unterrichtet wurden, so entwickelte sich in der Zeit der Aufklärung (ca. 1750 bis 1800) eine Vielzahl von didaktischen Innovationen, unter anderem Exkursionen, Realbegegnungen und Neue Sprachen.

In der deutschen Pädagogik gewann der Begriff »Didaktik« bereits im 17. Jahrhundert vor allem bei und durch Johann Amos Comenius (1592–1670) Bedeutung. Dieser bezeichnete sich selbst als »didacticus«, betitelte eine seiner Hauptschriften als »Didactica magna« (= große Didaktik) und verstand Didaktik allgemein als Lehrkunst, »allen alles vollständig zu lehren«. Da hier auch die sittliche Unterweisung und Erziehung integriert war, wurde Didaktik fast zum Überbegriff für Pädagogik. Johann Friedrich Herbart (1776–1841) bezog Didaktik stärker auf den Unterricht, koppelte diesen aber sehr eng an Erziehung in Form des »erziehenden Unterrichts« und der Formalstufentheorie, derzufolge jeder Unterricht aus den Stufen Analyse, Assoziation, System und Methode bestehen solle. Herbarts Schüler, vor allem Wilhelm Rein (1847–1929), leiteten daraus eine chronologische Stufung des Unterrichts ab: Vorbereitung, Darbietung, Verknüpfung, Zusammenfassung, Anwendung. Otto Willmann (1839–1920), auch beeinflusst vom Herbartianismus, ordnete Pädagogik als Theorie der Erziehung und Didaktik als »Bildungslehre« einander gleichberechtigt zu. Neu war bei ihm, dass die Didaktik auch die Lehre von den Bildungseinrichtungen umfasste. Innerhalb der aufkommenden erfahrungswissenschaftlichen Psychologie gingen Wilhelm August Lay (1862–1926) und Ernst Meumann (1862–1915) vor allem mit ihrer Zeitschrift »Experimentelle Pädagogik« neue Wege. In Versuchsschulen und pädagogischen Laboratorien sollten die Gesetzmäßigkeiten des Lehrens und Lernens erforscht und die Ergebnisse den Lehrern zur Verfügung gestellt werden. Didaktik wurde dabei auf das Methodische begrenzt und zu einer technologischen Disziplin.

Im Rahmen der »Reformpädagogik«, einem Überbegriff für eine Vielfalt teils ähnlicher, teils disparater Ansätze zur Erneuerung von Schule und Erziehung an der Wende vom 19. zum 20. Jahrhundert, wurden stärker als bisher die Interessen, Bedürfnisse und Arten des Lernens aufseiten der Schüler/innen thematisiert. Erziehung und Unterricht sollte »vom Kinde aus« gedacht, geplant und umgesetzt werden. Parallel dazu wurden, auch in Abgrenzung zur experimentellen Pädagogik, Unterrichtslehren entwickelt, die häufig Handlungsanweisungen und »Musterkataloge« für das Verhalten des guten Lehrers oder Prinzipien des guten Unterrichts enthielten (z. B.

Hugo Gaudig, 1860–1923). Solche präskriptiven Didaktiken erschienen auch noch nach dem Zweiten Weltkrieg und behielten vor allem in der Ausbildung der Volksschullehrer große Bedeutung (z. B. »Die neuzeitliche Unterrichtsgestaltung« von Karl Stöcker).

Das didaktische Denken im nationalsozialistischen Deutschland war geprägt von der Unterordnung des ganzen Bildungssystems unter die Doktrin von Staat und Partei. Wie jede Diktatur zielte auch der Nationalsozialismus auf einen totalen Erziehungsstaat, hier unter anderem mit den Bausteinen:

- Kampf gegen die »Überfremdung« des Volkes
- Nationalstolz
- Judenhass
- Führerprinzip
- politisierte Schulfächer
- Zentralisierung und Nivellierung des Schulwesens
- Abschaffung der akademisierten Lehrerbildung.

Direkt nach 1945 wird der Begriff »Didaktik« mit dem der »Unterrichtslehre« gleichgesetzt. Unterrichtslehre begreift sich in diesem Sinne als praktische, nicht wissenschaftliche Pädagogik. Zu Beginn der 1950er-Jahre versuchten Repräsentanten der geisteswissenschaftlichen Pädagogik, vor allem Erich Weniger (1894–1961), Schüler von Herman Nohl (1879–1960), die Didaktik auf ein höheres theoretisches Niveau zu stellen. In seiner geisteswissenschaftlichen Didaktik und Lehrplantheorie (»Didaktik als Bildungslehre – Theorie der Bildungsinhalte und des Lehrplans«, 1952) erklärte Weniger Lehrpläne als Resultat gesellschaftlicher Auseinandersetzungen. Hauptgegenstand der Didaktik wurde die Frage, mithilfe welcher Inhalte sich Bildung vollzieht. Zentral in der geisteswissenschaftlichen Didaktik, die »eine Theorie der Praxis für die Praxis« sein will, ist der Begriff der Bildung, die als kritische Instanz eine einseitige Belehrung oder gar Indoktrination ausschließen soll. Didaktik wird explizit als historisch-gesellschaftlicher Entwicklungsprozess begriffen. Als normatives Element seiner Pädagogik vertrat Weniger die Formung des Menschen nach der Idee seines Selbst, wodurch diese Bildungstheorie zum Anwalt des Kindes bzw. Jugendlichen gegenüber den Ansprüchen der objektiv Mächtigen wird.

4.2 Didaktische Modelle der Gegenwart

Die sogenannte »realistische Wende« in der Erziehungswissenschaft, der Schulpädagogik und der Allgemeinen Didaktik, die 1962 von Heinrich Roth teils konstatiert, teils proklamiert wurde, bewirkte mittelbar nicht nur die Hinwendung zur empirischen Überprüfung pädagogischer Theorien, sondern auch einen Aufschwung in der Konzeption und Diskussion verschiedener didaktischer Modelle. Dabei transportiert der Begriff des »Modells« die heuristische (erkenntnisleitende) Funktion, die der hochkomplexen Unterrichts- und Erziehungswirklichkeit Orientierungs- und Strukturierungshilfen gibt. Didaktische Modelle reduzieren, akzentuieren, stellen Transparenz her, veranschaulichen eine Perspektive und sind geeignet, mit konkurrierenden Modellen in Diskussion zu treten. Sie erfüllen theoretische, handlungsbezogene, analytische, planende, entscheidende und forschende Funktionen. Didaktische Modelle sind damit sowohl Entwürfe als auch Abbilder und Rekonstruktionen von Unterrichtsrealität. Sie müssen zusätzlich auf die je spezifischen Bedingungen der einzelnen Unterrichtsfächer bzw. Gegenstands- oder Lernbereiche hin durchbuchstabiert werden.

Verschiedene didaktische Modelle haben in Geschichte und Gegenwart der Didaktik unterschiedliche Schwerpunkte bei der Beschreibung und Bewertung von Unterricht gelegt. Mittlerweile werden zwei wesentliche didaktische Modelle voneinander unterschieden: Die *Kritisch-konstruktive Didaktik* (Wolfgang Klafki) und die *Lehrtheoretische Didaktik* (»Hamburger Modell«, v. a. Wolfgang Schulz). Beide haben ihre Wurzeln in den 1950er- bzw. 1960er-Jahren und haben sich seitdem entscheidend weiterentwickelt.

Von der »Bildungstheoretischen Didaktik« zur »Kritisch-konstruktiven Didaktik«

Die Bildungstheoretische Didaktik wurde Ende der 1950er-Jahre zum ersten umfassenden und bis heute breit rezipierten didaktischen Modell nach dem Zweiten Weltkrieg. Begründer dieser Didaktik waren die beiden geisteswissenschaftlich orientierten Schulpädagogen Wolfgang Klafki (*1927) und Wolfgang Kramp (1927–1983).

Zentraler Bezugspunkt des Modells von Wolfgang Klafki, emeritierter Erziehungswissenschaftler an der Universität Marburg, ist der Begriff der *Bildung* (Klafki 2002). Bildung zielt in seiner didaktischen Konzeption auf ein historisch vermitteltes Bewusstsein von zentralen Problemen der Menschheit in Gegenwart und Zukunft – Klafki nennt diese »epochaltypische Schlüsselprobleme«, zum Beispiel die Frage von Krieg und Frieden, ökologische Fragen, Gerechtigkeit der Einen Welt, Umgang mit Informationstechnologien. Bildung zielt auch auf die Einsicht in die Mitverantwortung jedes Einzelnen und auf die Fähigkeit und Bereitschaft, bei der Bewältigung dieser Probleme mitzuhelfen. Bildung wird von Klafki als selbsttätig erarbeiteter und personal verantworteter Zusammenhang der drei Grundfähigkeiten

- Fähigkeit zur Selbstbestimmung,
- Fähigkeit zur Mitbestimmung und
- Solidaritätsfähigkeit

betrachtet. Klafkis Allgemeinbildungskonzept macht sich an den genannten Schlüsselproblemen fest. In Abgrenzung zu materialen und formalen Bildungstheorien formuliert er sein Konzept einer *Kategorialen Bildung*, die beide Pole integriert und daher in der Mitte der beiden »Extreme« verortet ist.

Materiale Bildungstheorien

- *Perspektive:* von den Inhalten aus
- *Grundfrage:* fragt nach dem Wissen (»Material«), das Lernende wie in einem Lexikon anhäufen
- *Theoretisches Konzept:* bildungstheoretischer Objektivismus, Theorie des Klassischen
- *Kritik:*
  - Inhalte werden verabsolutiert.
  - Es können nicht alle notwendigen Inhalte vermittelt werden.
  - Theorien fehlt der Bezug zur konkreten historisch-gesellschaftlichen Situation.
  - Es gibt keinen gesellschaftlichen Konsens über den Kanon der Inhalte.
  - Inhalte veralten in unserer dynamischen Wissensgesellschaft sehr schnell.
  - Den Theorien fehlt der Bezug zu ihrem Begründungs- und Entstehungszusammenhang.

Formale Bildungstheorien

- *Perspektive:* vom Individuum aus
- *Grundfrage:* fragt nach den Bedürfnissen der Lernenden, nach den Werkzeugen des Lernens und Denkens sowie nach funktionalen Methoden und Kompetenzen
- *Theoretisches Konzept:* Theorie der Exemplarität, »Lernen lernen«
- *Kritik:*
  - Inhalte werden zu bloßen Übungsmitteln;
  - Theorem der »Kräfteentwicklung« ist nicht trennscharf;
  - Transfer der Kompetenzen auf neue Inhalte ist nicht empirisch belegt.

Kategoriale Bildungstheorie

- *Perspektive:* von den Inhalten, vom Subjekt und von der Gesellschaft aus
- *Grundfrage:* integriert materiale und formale Aspekte; fragt nach kategorialen Inhalten, das heißt nach Grundstrukturen
- *Theoretisches Konzept:*
  - funktionale Bildung;
  - methodische Bildung;
  - drei Dimensionen für einen kategorialen Unterrichts- bzw. Bildungsinhalt: das Elementare, das Fundamentale, das Exemplarische;
  - wechselseitige Erschließung von Subjekt und Wirklichkeit;
  - »Didaktische Analyse« als Reflexionshilfe
- *Kritik:* Entscheidung für bzw. gegen einen Unterrichtsinhalt ist subjektiv und normativ

Im Mittelpunkt des didaktischen Modells von Klafki steht die *Didaktische Analyse,* die zugleich den »Kern der Unterrichtsvorbereitung« darstellt. Dieses didaktische Modell versteht Didaktik vor allem als inhalts- und zielbezogene Auswahl der Lerninhalte. Klafki möchte mit seinen Fragen zur Didaktischen Analyse (erstmals 1958 erschienen) die Lehrer/innen dazu führen, die im Lehrplan genannten Bildungs*inhalte* auf ihren Bildungs*gehalt* hin zu untersuchen und das Kategoriale an den jeweiligen Unterrichtsgegenständen zu erkunden. Die Lehrerin bzw. der Lehrer soll damit die Entscheidung der Lehrplankommission quasi reflektiert nachvollziehen.

Klafki selbst hat im Laufe der Jahrzehnte (erstmals in den 1960er-Jahren) sein Modell einer »Bildungstheoretischen Didaktik« zu einer »Kritisch-konstruktiven Didaktik« erweitert. Er antwortete damit auf die Kritik, seiner Didaktik fehle der Bezug zur konkreten Unterrichtspraxis, der hohe bildungsphilosophische Anspruch lasse keine klare Lernzielbestimmung zu und der Bereich der Methodik sei insgesamt unterbelichtet.

Auch in Klafkis Neufassung, der Kritisch-konstruktiven Didaktik, spielt die Didaktische Analyse die zentrale Rolle, das »Perspektivenschema« wird nun aber ergänzt durch eine Analyse der konkreten Bedingungen für Unterricht (»Bedingungsanalyse«) sowie eine »Lehr-Lern-Prozessstruktur«, ein variables Konzept notwendiger und möglicher Organisations- und Vollzugsformen des Lernens. Die Bezeichnung »kritisch-konstruktiv« meint dabei zum einen, dass die Schüler/innen zu wachsender Selbstbestimmung, Mitbestimmung und Solidarität geführt werden sollen (»kritisch«). »Konstruktiv« verweist zum anderen auf den Praxisbezug des Konzeptes.

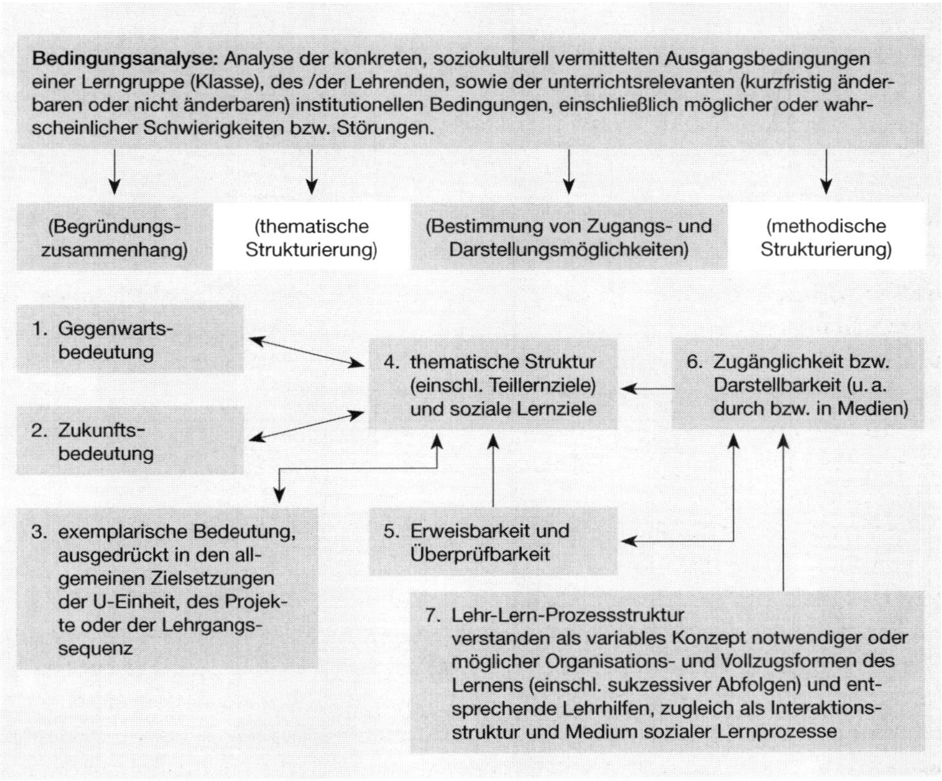

Abb. 8: Klafkis Perspektivschema zur Unterrichtsplanung (Klafki 2007, S. 272)

Seit Klafkis erster Veröffentlichung zur Didaktischen Analyse (Klafki 1958) sind Generationen von Lehrer/innen vor allem in ihrer Ausbildung, die damals ja noch überhaupt kein Studium war, diesem didaktischen Modell begegnet, und es ist ihnen häufig in Fleisch und Blut übergegangen. Fragen Sie mal ältere Lehrer/innen im Schuldienst oder Ihre Mentorinnen und Mentoren im Referendariat: Den Namen Klafki und die fünf Fragen der »Didaktischen Analyse nach Klafki« werden sie womöglich noch zu später Stunde erinnern.

Von der »Lerntheoretischen Didaktik« (Berliner Modell) zur »Lehrtheoretischen Didaktik« (Hamburger Modell)

Ähnlich tief im didaktischen Gedächtnis heutiger Lehrer/innen verankert ist das »Berliner Modell« und seine Autoren: Paul Heimann (1901–1967), Gunter Otto (1927–1999) und Wolfgang Schulz (1929–1993). Heimann, Professor an der damaligen Pädagogischen Hochschule Berlin, und seine beiden Assistenten entwarfen bewusst ein Gegenmodell zu Klafkis Bildungstheoretischer Didaktik, vor allem zu Klafkis Bildungsbegriff. Heimann hielt diesen wegen seiner Unbestimmtheit und Wertgebundenheit für wissenschaftlich unbrauchbar und schlug vor, stattdessen den Lernbegriff zu verwenden. Damit war dann auch der Name dieses didaktischen Modells gefunden.

Ursprünglich war die Absicht, ein Modell vorzulegen, das eine möglichst wertfreie Beschreibung aller Momente und Aspekte des tatsächlich stattfindenden Unterrichts zu leisten in der Lage ist. Der Entstehungszusammenhang des »Berliner Modells« ist also die Unterrichtsanalyse, nicht die Unterrichtsvorbereitung wie in der Bildungstheoretischen Didaktik.

Im Unterschied zu Klafkis bildungstheoretischer Konzeption versteht Paul Heimann (erstmals 1962) seine Didaktik als »Theorie und Lehre«. Für diese lerntheoretisch akzentuierte Didaktik sind die Methodenorganisation und die Methodenauswahl originär didaktische Aspekte, die bei der Planung von Unterricht eine ebenso wichtige Rolle spielen müssen wie die Auswahl der Inhalte.

Auf der Grundlage von Unterrichtsbeschreibungen entwickelten die Autoren sechs Strukturmomente, die prinzipiell jeden Unterricht kennzeichnen: zwei Bedingungsfelder (anthropogene und soziokulturelle Bedingungen des Unterrichts) und vier Entscheidungsfelder (Intentionen, Inhalte, Methoden, Medien). Für diese sechs Strukturmomente gelten insgesamt drei Prinzipien: Variabilität, Überprüfbarkeit und Interdependenz, und zwar sowohl beim praktischen Unterricht als auch bei der theoretischen Klärung. Durch das Prinzip der Interdependenz, also der wechselseitigen Beeinflussung, wird auch der »Primat der Didaktik« aufgegeben. Methodenfragen erhalten ein wesentlich größeres Gewicht als in der bildungstheoretischen Didaktik.

Seit Beginn der Diskussion um die Lerntheoretische Didaktik gab es heftige Kritik an der vermeintlich technologischen Sichtweise von Unterricht und dem Ausblenden von ideologiekritischen Fragen nach dem Ziel, dem Nutzen und den Nutznießern des

Unterrichts. Gerade hier hat im Laufe der Jahrzehnte die lerntheoretische Konzeption eine entscheidende Erweiterung bzw. Neuorientierung erfahren. Im Anschluss an sozialpsychologische und sprachtheoretische Untersuchungen erweiterte Wolfgang Schulz (1981), mittlerweile Schulpädagoge an der Universität Hamburg, die Strukturmomente des Berliner Modells mit einem emanzipatorischen Ansatz: Erziehung ist für ihn ein Dialog zwischen potenziell handlungsfähigen Subjekten, nicht als Unterwerfung eines Unterrichts- und Erziehungsobjektes unter die Absichten des Lehrers und Erziehers. Er verbindet die engagierte Parteinahme für die Schüler/innen mit globalen Intentionen, die Unterricht haben soll. Die drei zentralen Begriffe dafür sind Kompetenz, Autonomie und Solidarität. Schulz benennt das Berliner Modell in »Hamburger Modell« um und nennt es nun »Lehrtheoretische Didaktik«.

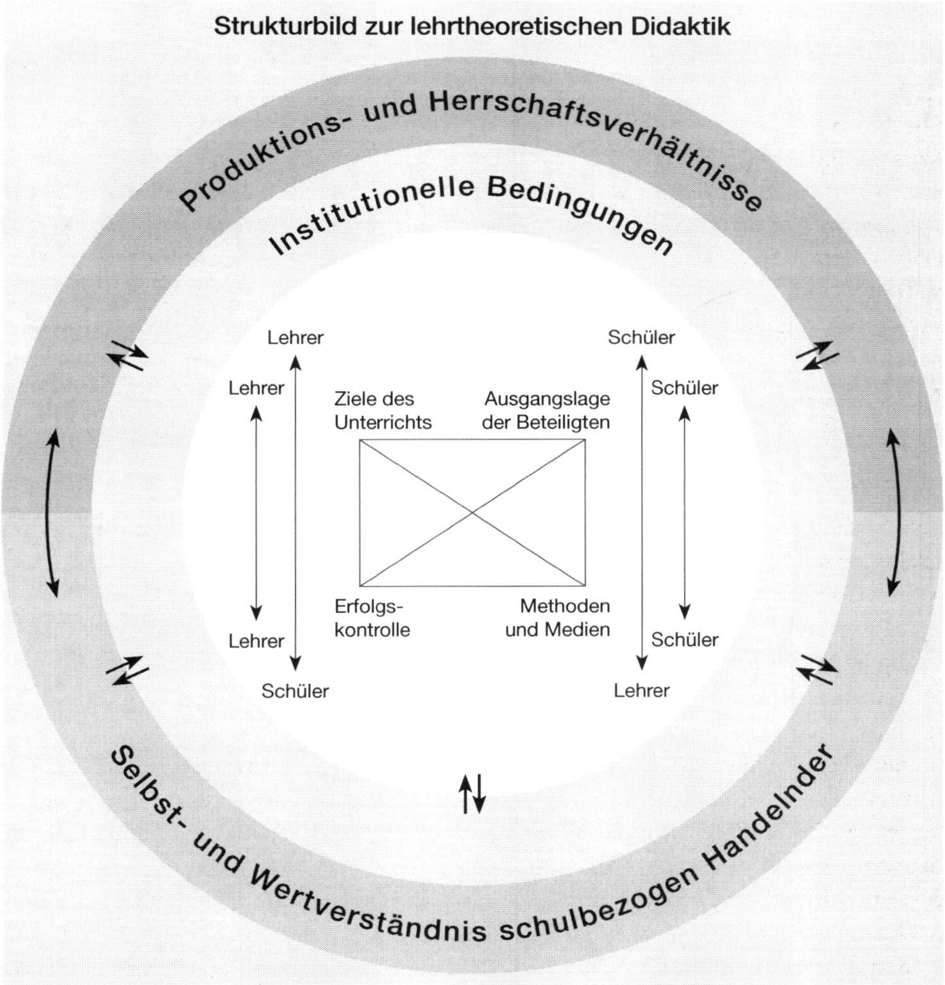

Abb. 9: Handlungsmomente didaktischen Planens in ihrem Implikationszusammenhang (nach Schulz, in Gudjons/Winkel 2006, S. 40)

Insgesamt lassen sich gegenwärtig folgende Trends in der didaktischen Diskussion ausmachen:

1. Die beiden mit Abstand wichtigsten didaktischen Entwürfe »Bildungstheoretische Didaktik/Kritisch-konstruktive Didaktik« und »Lerntheoretische Didaktik/Lehrtheoretische Didaktik« haben sich aufeinander zubewegt (s. o.).
2. Die Auseinandersetzungen über didaktische Modelle haben bislang kaum zu Rückkopplungen mit der pädagogischen Praxis in den Schulen geführt.
3. Insgesamt befindet sich die didaktische Diskussion gegenwärtig in eher ruhigem Fahrwasser.

Empirische Unterrichtsforschung

In den letzten Jahrzehnten wurde von verschiedener Seite kritisiert, dass sowohl die Allgemeine Didaktik wie auch die Fachdidaktiken bislang vor allem Fragen nach den Bildungsinhalten, nach den zu wählenden Organisationsformen, Methoden und Medien von Unterricht beantwortet, sich aber viel zu wenig darum gekümmert hätten, was wirklich jeden Tag im Unterricht unserer Schulen abläuft. In diesem Kontext wurden verstärkt Studien im Rahmen einer deskriptiven Unterrichtsforschung in Angriff genommen. Dabei spielten und spielen zum Beispiel folgende Fragen eine Rolle:

- Welche Unterrichtsformen oder Medien haben welche Effekte oder Wirkungen?
- Wie erleben Schüler/innen und Lehrer/innen den Unterricht?
- Welche sprachlichen, nicht sprachlichen und kulturellen Handlungsmuster treten im Unterricht auf?
- Wie können beobachtete Lernprozesse modelliert werden?

Viele ganz unterschiedliche Forschungen zum Unterricht haben immer wieder drei Grundeinsichten belegt (vgl. Terhart 1999):

1. Jede Schülerin und jeder Schüler braucht eigene Lernwege. Lernen ist immer ein aktiver Konstruktionsprozess. Man kann Lernen zwar versuchen anzustoßen, aber nicht präzise steuern. Als Konsequenz gilt: Unterschiedliche Lerner brauchen unterschiedliche Lernumgebungen, Anreize und Handlungsformen.
2. Jeder Weg zur Autonomie führt über die Anleitung. Selbststeuerung und Fremdsteuerung schließen einander nicht aus, sondern stehen in einem dialektischen Verhältnis zueinander. Gelingende Lernprozesse brauchen ein angemessenes Verhältnis beider Pole, ohne dabei das Ziel einer möglichst hohen Selbststeuerung aus den Augen zu verlieren.
3. Jegliche Lernziele und Lernmethoden müssen auf die Voraussetzungen der Schüler/innen abgestimmt werden. Das bedeutet auch, dass sie »Zonen der nächsten Entwicklung« (Wygotsky 1934/2002) eröffnen müssen und anschließbar für die Schüler/innen sind. Es kommt auf einen situativ und interindividuell zu erstellen-

den Mix von Fordern und Fördern an, der sowohl Unterforderungen wie Überforderungen vermeidet.

Für alle drei Maximen spielt die Diagnosefähigkeit der Lehrer/innen eine zentrale Rolle. Deutliche Indizien belegen, dass deutsche Lehrer/innen, im Unterschied zu ihren Kolleginnen in anderen Ländern, hier gravierende Defizite haben. Offenbar gehört eine fundierte Diagnose von Lernvoraussetzungen, Lernkompetenzen und Lernleistungen hierzulande noch immer zum eher unterentwickelten Handwerkszeug der professionellen Lehrer/innen.

Zum Weiterlesen

Gudjons, H./Winkel, R. (Hrsg.) (2006): Didaktische Theorien. 12. Auflage. Hamburg: Bergmann + Helbig.

Kaiser, A./Kaiser, R. (2001): Studienbuch Pädagogik. Grund- und Prüfungswissen. 10., überarb. Auflage. Berlin: Cornelsen Scriptor.

4.3 Lernpsychologische Grundlagen

Um besser zu verstehen, wie wir Arbeitsprozesse strukturieren sollten, ist es nützlich zu wissen, wie unser Gehirn Informationen verarbeitet und speichert. In den letzten Jahrzehnten wurden in der Neurobiologie zahlreiche neue Kenntnisse über Lernprozesse gewonnen. Im Folgenden möchten wir einige dieser Erkenntnisse, allerdings in vereinfachter Form, darstellen. Über das Lernen kann man drei grundsätzliche Aussagen machen:

1. Lernen ist ein aktiver Prozess. In seinem Verlauf spielen sich Veränderungen im Gehirn des Lernenden ab (vgl. Spitzer 2006, S. 4).
2. Lernen führt zu relativ stabilen Veränderungen im Verhalten oder im Verhaltenspotenzial (als sichtbares/beobachtbares Indiz für das Lernen) und baut auf Erfahrungen auf (Zimbardo 1995, S. 263).
3. Lernen findet immer statt. In Anlehnung an Watzlawick (2000) kann man also sagen: »Man kann nicht nicht lernen.«

Zum Zeitpunkt der Geburt ist ein großer Teil des menschlichen Gehirns ausgebildet. Schon jetzt verfügt der Mensch über alle Neuronen (= Nervenzellen). Deren Zahl kann im Laufe des Lebens nicht zu-, sondern höchstens abnehmen. Was sich jedoch verändert, ist die Zahl der Verbindungen zwischen den Neuronen sowie die Dicke dieser Faserverbindungen. Mit jedem Sinneseindruck und jeder Erfahrung wird an dem Netz geknüpft, das die Neuronen verbindet. Nervenbahnen, die häufig genutzt werden, sind dicker. Das, was an Dicke zunimmt, nennt man Myelinschicht. Myelinisierte Nervenfasern leiten Aktionspotenziale wesentlich schneller weiter, das heißt Informationen können schneller verarbeitet werden. Die Leistungsfähigkeit des Gehirns nimmt im Laufe seiner Entwicklung zu.

Fast alle Wissenschaftler sind sich darin einig, dass es drei Hauptbereiche im menschlichen Gehirn gibt: das Stammhirn, das limbische System und die Großhirnrinde (Neokortex). Sie haben unterschiedliche Aufgaben. Das Stammhirn ist der Sitz der Reflexe und Instinkte. Das limbische System ist zuständig für Gefühle und Triebe. In der Großhirnrinde finden die höheren geistigen Funktionen wie Denken und Problemlösen statt.

Neuere Forschungen lassen vermuten, dass die Funktionsbereiche des Gehirns nicht getrennt voneinander agieren, sondern im Gegenteil permanent interagieren, also eng zusammenarbeiten. Das heißt zum Beispiel, dass unsere bewussten Gedanken vom limbischen System beeinflusst werden. Für das Thema Lernen bedeutet dies: Es gibt kein Denken ohne Gefühle. Emotionen sind also mit Denkprozessen verknüpft. Zum anderen bedeutet dies auch: Je intensiver wir uns mit etwas beschäftigen, desto mehr Hirnareale sind aktiv. Das vergrößert die Verarbeitungstiefe, das heißt, es werden mehr Spuren im Gedächtnis hinterlassen.

Grundsätzlich werden im Gehirn Informationen auf zwei verschiedene Arten übermittelt: einmal über chemische Botenstoffe, sogenannte Neurotransmitter wie Adrenalin, Serotonin oder Dopamin, und zum anderen über elektrische Impulse. Unser Gehirn vibriert permanent, 24 Stunden ohne Pause, allerdings nicht immer in der gleichen Frequenz. Die unterschiedlichen Gehirnwellenbereiche lassen sich mit einem Elektroenzephalogramm (EEG) messen. Für das Thema Lernen sind diese Wellen deshalb interessant, weil manche das Aufnehmen von Informationen erleichtern, andere es eher unmöglich machen.

Es werden vier Gehirnwellenbereiche unterschieden: Alpha, Beta, Theta und Delta. Wenn man die Augen schließt und jedes intensive Denken oder Konzentrieren vermeidet, sind die Alphawellen (8 bis 13 Hertz) normalerweise recht stark. Im oberen Bereich von Alpha sind Sie gelassen aufmerksam, im unteren eher in der Meditation. Im entspannten Wachzustand kann man besonders gut lernen.

Betawellen (13 bis über 100 Hertz) gehen mit bewusster Aufmerksamkeit und analytischer, aktionsbereiter Wachheit einher. Dieser Zustand gilt als der normale, bewusste Rhythmus des Gehirns. Hier sind Sie konzentriert, haben Zugang zu Logik und Problemlösungen. Je höher die Frequenz ist, desto eher fühlen Sie sich gestresst oder unwohl. Steigt sie deutlich über 30 Hertz, schieben sich Angst- und Fluchtreaktionen in den Vordergrund. Die meisten Menschen haben einen sehr hohen Anteil an Betawellen, und genau das macht effektives Lernen so schwer.

In Zuständen tiefer Entspannung, Schlaf und intensiver Meditation treten Thetawellen (4 bis 8 Hertz) verstärkt auf. Der Theta-Zustand ist ein Bereich, in dem wir mehr oder weniger verschlüsselt unser Unbewusstes erleben. Oft haben wir gerade in diesem Zustand bzw. im Moment des Aufwachens Aha-Erlebnisse oder plötzliche Erkenntnisse. Wenn wir uns im traumlosen Tiefschlaf und in tiefsten Meditationszuständen, befinden schwingt das Gehirn im langsamsten Rhythmus, den Deltawellen.

Für unser Thema Lernen bedeutet dies: Am besten lernt man, wenn man entspannt ist.

Speichern von Informationen

Unser Gehirn verarbeitet eine Fülle von Reizen und Informationen, aber nur ein Bruchteil davon wird langfristig gespeichert (Vester 2009). Noch immer arbeitet die Lernpsychologie/Neurobiologie mit dem Dreispeichermodell als Erklärungsbild: Sensorischer Speicher (Ultrakurzzeitgedächtnis), Kurzzeitspeicher und Langzeitspeicher. Einige neuere Erkenntnisse widersprechen der strikten Trennbarkeit der Speicher, es gibt aber noch kein anderes schlüssiges Erklärungsmodell für die Speicherprozesse im Gehirn.

Der Sensorische Speicher, auch Ultrakurzzeitgedächtnis genannt, speichert eine große Informationsmenge für sehr kurze Zeit. Diese Informationen sind nicht bewusst. Treten innerhalb dieser Informationen wichtige oder bekannte Dinge auf, wird die Aufmerksamkeit darauf gerichtet. Ein Beispiel zur Veranschaulichung – sicher kennen Sie folgende Situation: Sie unterhalten sich im Café mit Ihrem Gegenüber. An den Nachbartischen sitzen ebenfalls Menschen, die sich unterhalten. Dies nehmen Sie als Geräuschkulisse wahr, hören aber nicht, was genau gesprochen wird. Plötzlich hören Sie am Nebentisch den Namen Ihres Urlaubsziels. Und schon richtet sich Ihre Aufmerksamkeit auf das Gespräch am Nebentisch und Sie hören plötzlich mit.

Im Kurzzeitspeicher werden Informationen, wie der Name schon sagt, nur während eines kurzen Zeitraums gespeichert. Der Speicher kann nur eine bestimmte Informationsmenge aufnehmen. Die Größe der speicherbaren Informationseinheiten ist allerdings vom Vorwissen abhängig. Unbekannte Informationen benötigen mehr Speicherplatz als bekannte. Manche Informationen werden dauerhaft behalten. Es gibt verschiedene Prinzipien, nach denen eine Information in den Langzeitspeicher übernommen wird:

- *Wiederholung:* Die optimale Zeit für eine Wiederholung ist 10 Minuten nach der Lernperiode. Eine weitere Wiederholungsphase sollte sich 24 Stunden später anschließen.
- *Subjektive Bedeutsamkeit:* Informationen, die uns besonders interessieren oder mit Positivem verknüpft sind, können wir uns sehr gut merken (auch wenn sie objektiv betrachtet nicht sehr bedeutsam sind).
- *Primacy-Effekt:* In einem Experiment wurde festgestellt, dass von einer Reihe von Aussagen die erstgenannten am besten behalten wurden. Sie kennen sicher auch das Phänomen, dass Sie sich in einer Vokabelliste die ersten Vokabeln am besten merken können.

Die Speicherung der Informationen erfolgt sehr selektiv. Versuchen Sie sich doch einmal daran zu erinnern, was Sie vor genau einer Woche anhatten. Und was trugen Sie bei Ihrer Abiturfeier oder dem Abschlussball der Tanzstunde? Wahrscheinlich können Sie sich eher an Ihre Kleidung bei der Feier erinnern, obwohl das Ereignis zeitlich weiter zurückliegt. Informationen, die mit besonderen Emotionen verknüpft sind, werden also eher gespeichert.

Pausen

Auf eine Phase des bewussten Lernens folgt am besten eine Pause. In der sogenannten Nachwirkzeit ist das Gehirn noch – für uns unbewusst – mit der Verarbeitung der Informationen beschäftigt. Werden in dieser Zeit neue Informationen hinzugefügt, so kann weder das zuvor Gelernte eingeprägt werden (rückwirkende Hemmung) noch wird die neue Information behalten (vorauswirkende Lernhemmung).

Die unterschiedlichen Lerntypen

Bei jedem Menschen sind die Eingangskanäle der sinnlichen Wahrnehmung (Sehen, Hören, Fühlen) unterschiedlich ausgebildet. Das heißt, dass bei manchen Personen die Nervenbahnen beispielsweise von den optischen Eingangskanälen zum Großhirn und zum limbischen System (Sie erinnern sich, das war die Schaltzentrale der Gefühle) besonders stark ausgebildet und gut verknüpft sind. Visuelle Eindrücke werden dann besser und schneller verarbeitet. Diese Menschen zählt man zum visuellen Lerntyp. Es gibt auch akustische oder haptische Lerntypen. In der Wechselwirkung mit anderen Faktoren ergibt sich somit eine Vielzahl unterschiedlicher Lerntypen. Es ist gut herauszufinden, zu welchem Lerntyp man gehört und welche Lernstrategien die individuell erfolgreichen sind.

Zum Weiterlesen

Abele, U./Boeck, C./Bovet, G. et al. (2008): Leitfaden Schulpraxis. Pädagogik und Psychologie für den Lehrberuf. 5., überarb. Auflage. Berlin: Cornelsen Scriptor.

Spitzer, M. (2006): Lernen. Gehirnforschung und die Schule des Lebens. Heidelberg/Berlin: Spektrum Akademischer Verlag.

Watzlawick, P. et al. (2000): Menschliche Kommunikation. Formen, Störungen, Paradoxien. Bern: Huber.

4.4 Geschlechtsspezifische Aspekte von Unterricht, Schule und Lehrerhandeln

Bisher war in diesem Buch immer pauschal von »Schüler/innen« die Rede – damit waren also immer beide Geschlechter gemeint. Nationale wie internationale schulpädagogische und fachdidaktische Forschungen allerdings haben deutlich gezeigt, dass diese Pauschalierung häufig unangebracht ist. Um es anders zu sagen: Mädchen und Jungen erleben Schule insgesamt, einzelne Fächer, ihre Mitschüler/innen, Lehrer/innen und sich selbst häufig ganz unterschiedlich. Man kann sogar so weit gehen zu behaupten, dass sie in bestimmten Altersstufen in unterschiedlichen soziokulturellen Welten mit spezifischen Interessen, Normen und Werten leben. Und dies ist für Sie als Quereinsteiger/in von besonderer Bedeutung, weil viele von Ihnen in klassischen Jungenfächern (Physik, Chemie, Technik, Maschinenbau) unterrichten.

In den vergangenen zehn Jahren, vor allem seit der Diskussion um die Ergebnisse der PISA-Studie (Stanat/Kunter 2001) und der 14. Shell-Jugendstudie (Albert/Hurrelmann 2002), hat die öffentliche Diskussion um die Benachteiligung von Mädchen und/oder Jungen in der Schule eine neue Färbung bekommen (vgl. zum Folgenden Böhmann 2003). Es mehren sich Stimmen, die sagen, die wirklich Benachteiligten in Schule und Elternhaus seien die Jungen. So ist die Rede von den »Prügelknaben«, der »Risikogruppe« oder den »armen Jungs«. Nicht mehr das katholische Arbeitermädchen vom Lande wie in den 1960er-Jahren, nicht mehr die im Unterricht unterdrückten Mädchen sind gegenwärtig offenbar die Benachteiligten der Bildungspolitik und der schulischen Praxis. Jetzt sind die Jungen die Bildungsverlierer: Ihnen werden Themenhefte von mehr oder weniger wissenschaftlichen Zeitschriften gewidmet, und für ihre Eltern gibt es vielfältige Ratgeberliteratur.

Einerseits ist diese neue gesellschaftliche Debatte natürlich Effekt unserer Mediendemokratie, die stets auf der Suche nach möglichen Säuen ist, die durchs Dorf getrieben werden können; andererseits lohnt es sich, tiefer und zugleich differenzierter zu fragen, wie Mädchen und Jungen Schule erleben und welche Faktoren möglicherweise dazu führen, dass gerade Jungen in der Schule Probleme haben. Das heißt natürlich auch, danach zu fragen, welche Möglichkeiten Schule und Bildungspolitik haben, diese Probleme konstruktiv zu bearbeiten.

Was weiß die Sozialisations- und die Unterrichtsforschung?

Mädchen und Jungen unterscheiden sich fast nicht hinsichtlich ihrer kognitiven Voraussetzungen und ihrer Persönlichkeitsprofile. Als psychologisch gesichert gilt, dass nur etwa ein bis fünf Prozent aller Unterschiede zwischen Mädchen und Jungen mit dem Faktor »biologisches Geschlecht« zu erklären sind. Anders gesagt: Was wir unter Geschlechtlichkeit verstehen, ist fast ausnahmslos durch die soziale Umwelt vermittelt. Die uns selbstverständlich erscheinende Zweigeschlechtlichkeit ist eine sozialkulturelle Konstruktion. Wir haben kein Geschlecht, sondern stellen es in all unseren Handlungen erst her (»doing gender«).

Dies macht erklärbar, warum es relativ große Differenzen in der familialen, schulischen oder freizeitbezogenen Sozialisation von Mädchen und Jungen gibt. Auch die Geschlechterstereotype sind relativ stabil: Weiblichkeit ist noch immer gekoppelt an Emotionalität und Passivität, Männlichkeit an Rationalität und Aktivität. In der Schule gelten Naturwissenschaften und Technik als Domäne der Jungen, Sprachen und musische Fächer als Domäne der Mädchen.

Wenn man den Blick auf misslingende Sozialisation richtet, wird es drastisch: Knapp drei Viertel der Patienten an den sozialpädiatrischen Zentren in Deutschland sind Jungen. Sie leiden an Sprach- oder motorischen Störungen, sind Bettnässer, fallen durch aggressives Verhalten und Konzentrationsmangel auf. Vom Aufmerksamkeitsdefizitsyndrom (ADS) sind Jungen wesentlich häufiger betroffen als Mädchen. Viele von ihnen sind Schulkinder, denen aufgrund ihrer Leistungen, meist gekoppelt mit Verhaltensauffälligkeiten, die Zuweisung in eine Förderschule bevorsteht. Rund 75 Prozent der Kinder, die eine Grundschulförderklasse besuchen, sind Jungen. Sie werden weit öfter vom Schulbesuch zurückgestellt, bleiben im Vergleich zu Mädchen doppelt so oft sitzen und werden sehr viel häufiger als geistig behindert eingestuft als Mädchen. Der Jungenanteil in Förderschulen liegt insgesamt bei über 60 Prozent. Dabei machen Jungen in Förderschulen für Verhaltensauffällige 79 Prozent, in Sonderschulen für Lernbehinderte 60 Prozent aus. Ähnliches gilt für den Besuch von Erziehungsberatungsstellen, die mehr als doppelt so häufig aufgrund von Belangen von Jungen aufgesucht werden. Jungen sind wesentlich häufiger Täter und Opfer, wenn es um jugendliche Gewalt geht. Der Jugendstrafvollzug beherbergt zu 97,5 Prozent männliche Delinquenten. Im Unterricht werden vor allem Jungen als störendes Element wahrgenommen – und zwar von Lehrer/innen wie auch von Mitschüler/innen. Zusammengefasst: Wenn Kinder und Jugendliche Leistungsversagen oder Aggressivität zeigen, sind Jungen deutlich überrepräsentiert.

Auch bei den Bildungsabschlüssen hat sich das Blatt gewendet: Hier liegen die Mädchen vorne. Es erreichen mehr Mädchen als Jungen das Abitur, und mehr Jungen müssen sich mit dem Hauptschulabschluss begnügen. Die Schulvergleichsstudie PISA (Stanat/Kunter 2001) hat eindrücklich gezeigt: Die Leistungen von 15-jährigen Mädchen im Bereich Lesekompetenz sind deutlich besser als die der Jungen – und zwar weltweit. Die sogenannte Risikogruppe extrem schlechter Leser besteht zu zwei Dritteln aus Jungen. Nur bei einigen Naturwissenschaften und in Mathematik schneiden die Jungen etwas besser ab. Und was vielleicht noch wichtiger ist: Mädchen lesen wesentlich lieber als Jungen.

Beim Einstieg in den Beruf hört der Vorsprung der Mädchen auf: Ihnen stehen weniger Berufe zur Auswahl, und diese Berufe sind häufig mit geringeren Qualifikationen und auch Aufstiegsmöglichkeiten verbunden. Mädchen (und nur sie) planen schon sehr früh eine berufliche Drei-Phasen-Biografie: Berufseinstieg, Elternzeit, Wiedereinstieg auf Teilzeitbasis. Diese Planung wird dann häufig, gerade im Falle der

Familiengründung, zur Wirklichkeit: Bundesweit nehmen aktuell ca. 20 Prozent aller Väter Elternzeit, die meisten allerdings nur für zwei Monate.

Jungen und Mädchen im Unterricht

Die koedukative Schule hat nach Durchsicht der bislang vorliegenden nationalen und internationalen Studien nicht zur beabsichtigten Gleichstellung von Mädchen und Jungen geführt. Unterschiede zwischen Mädchen und Jungen sind trotz organisatorisch und curricular gleicher Anforderungen in folgenden Bereichen belegt:

- Kommunikationsstile
- Schriftspracherwerb
- Selbstdarstellung in freien Texten
- Interesse an Naturwissenschaften und Technik
- Wahlverhalten in Wahlpflichtfächern und Leistungskursen
- Schulerfolg
- Lesekompetenz
- Leistungsverhalten
- schulisches Selbstvertrauen
- Interaktionsstile
- Aufmerksamkeitsverteilung der Lehrkräfte
- soziale Kompetenz und Wahrnehmung sozialer Zusammenhänge
- sozialräumliche Aneignung und Raumnahme-Verhalten

Unterrichtskommunikation verläuft ebenso wie außerunterrichtliche Kommunikation häufig entlang der biologischen Geschlechtergrenzen: Die Schulforschung spricht von einem *dominant-konkurrierenden* Interaktionsstil vieler Jungen und einem *kooperativ-integrativen* Interaktionsstil vieler Mädchen. Studien haben in den letzten 20 Jahren Anzeichen dafür gefunden, dass Mädchen im Unterricht in verschiedener Weise benachteiligt werden: Jungen bekommen im Unterricht mehr positive Aufmerksamkeit (Lob, Bestärkung) und negative Aufmerksamkeit (Ermahnung, Strafe) als Mädchen. Eine annähernd gleiche Verteilung der Aufmerksamkeit wird von vielen Schüler/innen, aber auch von den Lehrer/innen als Bevorzugung der Mädchen erlebt. Die Gruppe der Mädchen ist mehr auf Kooperation, die der Jungen eher auf Konkurrenz hin orientiert. Mädchen werden häufig als »sozialer Kitt« benutzt, das heißt, sie werden zum Beispiel zwischen zwei störende Jungen als Puffer platziert. Verhaltensauffälligkeiten zeigen zum großen Teil Jungen.

Für Lehrer/innen ist die Aufrechterhaltung der Unterrichtsdisziplin ein zentraler Fixpunkt ihrer Unterrichtsplanung und -durchführung. Insofern ist es nachvollziehbar, dass sie einerseits den Unterricht thematisch so ausrichten, dass die potenziellen Störer (fast ausnahmslos männlich) nicht provoziert werden, andererseits ihre Aufmerksamkeit während des Unterrichts vor allem dieser Gruppe zuwenden, um sie gegebenenfalls rasch zu ermahnen oder zu bestrafen.

Für Jungen ist es selbstverständlicher, über Schule negativ zu urteilen: Die Lehrer/innen sind doof, die Inhalte Schwachsinn, sich am Unterricht zu beteiligen oder gar zu erkennen zu geben, dass man etwas nicht verstanden hat, ist uncool. Im Unterricht engagierte Jungen gelten schnell als Streber oder Muttersöhnchen, solche mit stärkeren femininen Anteilen häufig als defizitär, als Memmen oder einfach als »schwul«. Und auch die Lehrerinnen und Lehrer sind in dieser Interaktion nicht unbeteiligt: Sie erwarten von Mädchen eher Anpassung, Kooperation, Unauffälligkeit, Fleiß, Ordentlichkeit, Disziplin und auch oft eine geringere Begabung, von Jungen wird eher Begabung, Faulheit, weniger Disziplin und mehr störendes Verhalten erwartet.

Ein Blick ins Innenleben von Schülerinnen zeigt: Obwohl die Leistungen der Mädchen in vielen Bereichen besser sind als die von Jungen, findet gerade bei ihnen in der Pubertät ein schleichender Verlust von Selbstvertrauen statt. Wenn Jungen gute Noten bekommen, interpretieren sie das häufig als Bestätigung ihrer Intelligenz. Mädchen betrachten das eher als Mischung aus Fleiß und Glück. Wenn es schlechte Noten gibt, hatten die Jungen eben keine Lust zu lernen, die Mädchen dagegen fühlen sich für das Fach oder Thema eher unbegabt. Mädchen scheinen dabei nicht einfach ein negativeres Selbstkonzept zu haben, sondern ein realistischeres.

All dies zeigt, dass allein die Klage, »die Jungen« seien nun benachteiligt und primär zu fördern, zu kurz greift.

Warum machen viele Jungen in der Schule Probleme?

Theorien zur männlichen Sozialisation und zur Erklärung problematischen Verhaltens von Jungen legen unterschiedliche Schwerpunkte. Meiner Ansicht nach muss heute von einem multikausalen Sozialisations- und Erklärungsmodell ausgegangen werden, das biologische, sozialisationstheoretische und sozialkonstruktivistische Aspekte integriert. Meine Vermutung ist, dass die Überproportionalität der Jungen bei vielem, was wir in der Schule als problematisch und veränderungsbedürftig betrachten, in Verbindung steht mit zwei Entwicklungen, einerseits auf der Ebene der Geschlechterrollen in unserer Gesellschaft, andererseits auf der Ebene des Systems Schule.

Während das Reden darüber, wie gute, richtige, echte Jungen oder Männer zu sein haben, sich in den vergangenen Jahrzehnten verändert zu haben scheint, sind – quasi auf der Tiefenebene – die Geschlechterrollenstereotype noch immer so fest in all unserem Handeln verankert, dass Dinge wie körperliche Gewalt, Auflehnung gegen Hierarchien, Durchsetzungsfähigkeit oder auch die Höherbewertung des eigenen Geschlechts eher mit Männlichkeit verbunden sind. Im Unterschied zu Veränderungstendenzen in der weiblichen Rolle (gute Frauen müssen heute nicht nur eine gute Mutter, sondern auch beruflich erfolgreich und Beziehungsmanagerin in der Familie oder der Partnerschaft sein) hat sich die männliche Rolle kaum auf die weibliche zubewegt. Jungen, die einmal Männer werden wollen, stehen ratlos und voller Angst in diesem Spannungsfeld und suchen nach Orientierung.

Damit wäre die zweite Entwicklung benannt, die Frage nämlich, welche Orientierungen das Sozialisationsfeld Schule bietet. Meine Vermutung ist, dass Schule insgesamt, das heißt vor allem die Lehrer/innen, zum großen Teil mit verständlicher Abwehr gegenüber dem für sie häufig irritierenden oder gar unakzeptablen Verhalten von Jungen reagieren. Jungen als Zielgruppe besonderer Förderung zu betrachten ist noch wenig verbreitet. Und auch viele männliche Lehrer haben (noch?) große Schwierigkeiten, ihr eigenes Handeln unter dem Gender-Aspekt zu reflektieren und den Jungen Formen von Männlichkeit vorzuleben, die eine Alternative zum gängigen Rollenklischee bieten.

Förderung von Mädchen und Jungen – Perspektiven für Schule und Unterricht

Nimmt man die besorgniserregenden Ergebnisse von Schulleistungsstudien (Baumert et al. 2001) und Unterrichtsforschung zur Hand, so muss klar sein, dass wir an einer gezielten Förderung auch für Jungen in der Schule nicht vorbeikommen. Die Gesellschaft kann es sich nicht leisten, so viele Jugendliche mit so wenigen kognitiven und sozialen Kompetenzen ins Leben zu entlassen. Wer hier den Versuch vermutet, Mädchenförderung, parteiliche Mädchenarbeit und feministische Forschung einzuschränken oder gar abschaffen zu wollen, macht es sich zu leicht. Alle gesellschaftlichen Institutionen, die sich mit Bildung und Erziehung befassen, müssen Jungen *und* Mädchen in ihren Gemeinsamkeiten und ihrer Unterschiedlichkeit fördern. Es geht also darum, das eine zu tun, ohne das andere zu lassen.

Das Konzept dafür lautet »Reflexive Koedukation«: Ziele, Inhalte, Methoden und Unterrichtsmedien (z. B. Schulbücher) müssen daraufhin abgeklopft werden, welche Implikationen und Auswirkungen sie auf das Lernen von unterschiedlichen Mädchen und unterschiedlichen Jungen haben. Der ganz normale koedukative Unterricht müsste mehr als bisher die unterschiedlichen Zugänge, Interessen und Erfahrungen von Mädchen und Jungen einerseits und zwischen den einzelnen Mädchen und den einzelnen Jungen andererseits sichtbar und bearbeitbar machen. Möglichkeiten dazu gibt es in allen Schulstufen, Fächern oder Lernbereichen.

Darüber hinaus könnte ein punktuell geschlechtergetrennter Unterricht zusätzliche Chancen bieten. Zahlreiche Versuche in den letzten 20 Jahren zeigen: Getrennter Unterricht in naturwissenschaftlichen und technischen Fächern vermittelt nicht nur Mädchen mehr Kompetenzen und lässt auch berufliche Interessen entstehen. Auch Jungen profitieren von diesen Phasen: Sie müssen sich nicht blamieren, wenn sie mal etwas nicht wissen. Sie können die coole Macker-Verkleidung mal draußen an der Garderobe hängen lassen. Sie spüren, dass es Lernerfahrungen unter ihresgleichen gibt, die nicht davon abhängig sind, ob sie damit die Gunst der Mädchen erringen oder Stärke zeigen.

Eine spannende Frage wird sein, ob die Ergebnisse der bisherigen Reformversuche in »Jungenfächern« auch auf andere Fächer übertragen werden können, vor allem auf solche, die traditionell als typische »Mädchenfächer« gelten: Fremdsprachen, Biologie, Hauswirtschaftslehre, vor allem aber Deutsch. Die PISA-Ergebnisse im Bereich der Lesekompetenz, aber auch im Bereich der Lesemotivation verlangen geradezu danach, neue Wege zu gehen. Dazu sind alle gefordert: Lehrer/innen, Schulverwaltung und Bildungspolitik.

Zum Weiterlesen

Böhmann, M. (2003): Jungen in der Schule – ein Problemfall? Die neue Diskussion um die Jungen. In: Pädagogik 55, H. 10, S. 32–35.

Faulstich-Wieland, H. (2008): Sozialisation und Geschlecht. In: Hurrelmann, K./Grundmann, M./Walper, S. (Hrsg.): Handbuch Sozialisationsforschung. 7., vollst. überarb. Auflage. Weinheim/Basel: Beltz, S. 240–254.

Kreienbaum, A. M. (Hrsg.) (1999): Schule lebendig gestalten. Reflexive Koedukation in Theorie und Praxis. Bielefeld: Kleine.

Matzner, M./Tischner, W. (Hrsg.) (2008): Handbuch Jungen-Pädagogik. Weinheim/Basel: Beltz.

Matzner, M./Wyrobnik, I. (Hrsg.) (2010): Handbuch Mädchen-Pädagogik. Weinheim/Basel: Beltz.

Schnack, D./Neutzling, R. (2001): Kleine Helden in Not. Jungen auf der Suche nach Männlichkeit. 2. Auflage. Reinbek bei Hamburg: Rowohlt.

Stanat, P./Kunter, M. (2001): Geschlechterunterschiede in Basiskompetenzen. In: Baumert, J. et al. (Hrsg.): PISA 2000. Basiskompetenzen von Schülerinnen und Schülern im internationalen Vergleich. Opladen: Leske + Budrich, S. 249–269.

Trautner, H. M. (2002): Entwicklung der Geschlechtsidentität. In: Oerter, R./Montada, L. (Hrsg.): Entwicklungspsychologie. 5. Auflage. Weinheim: Psychologie Verlags Union, S. 648–674.

5. Konkrete Hilfen für den Schulalltag

5.1 Hospitieren und Unterricht beobachten

Im Rahmen Ihres Referendariats oder anderer Qualifizierungsmaßnahmen für Quereinsteiger/innen werden Sie auch Unterrichtshospitationen durchführen und damit Unterricht beobachten. Die gezielte Beobachtung von Unterricht ist ein wichtiger Schritt zur Planung, Durchführung und Auswertung von Unterricht und zur Entwicklung Ihrer pädagogischen Professionalität.

Wenn Sie zum ersten Mal als Lehrer/in in eine Schule kommen, bemerken Sie auf der einen Seite sicher bekannte Dinge, die Sie von Ihrer eigenen Schulzeit her kennen: den Lärm auf dem Schulhof und den Gängen, die leisen Stimmen aus den einzelnen Klassenzimmern, den Geruch des Fußbodens, bestimmte Arbeitsanweisungen der Mentorin/des Mentors im Unterricht, das Ermahnen und Loben, die Erarbeitung von Unterrichtsinhalten im lehrerzentrierten Unterrichtsgespräch. Andere Aspekte drängen sich nun in Ihre Wahrnehmung, die Ihnen bislang mehr oder weniger unbekannt waren: die konzentrierte Hektik im Lehrerzimmer, das Aufgabenfeld der Rektorin/des Rektors, die alten Bücher und Ordner in der Lehrerhandbibliothek, der Kontakt mit Eltern.

Sie werden in jedem Augenblick Ihrer Qualifikationsmaßnahme viele unterschiedliche Wahrnehmungen gleichzeitig machen und doch bestimmte Wahrnehmungen in den Fokus, andere in den Hintergrund rücken, wieder andere gänzlich ausblenden. Dieses gezielte Wahrnehmen lässt sich als Beobachten bezeichnen. Jedes Beobachten richtet sich auf ein Thema und ist verbunden mit einer subjektiven Theorie. Ein Beispiel: Sie beobachten im Schulhaus, dass einige Schüler/innen Abfall auf den Boden werfen, obwohl es an vielen Stellen Abfalleimer gibt. Ihre subjektive Theorie könnte nun lauten: »Die Schüler/innen dieser Schule haben keine positive Grundstimmung zu ihrer Schule«, oder vielleicht auch: »Die Lehrer/innen dieser Schule sind inkonsequent und kein gutes Vorbild.« Je nachdem, welche weiteren Beobachtungen Sie machen, wird sich Ihre subjektive Theorie, die sowohl implizit (d. h. unausgesprochen, unbewusst) als auch explizit (d. h. ausgesprochen, bewusst) vorhanden sein kann, verändern. Möglicherweise lassen Sie auch im Rahmen des Referendariats oder Ihrer Dienstzeit bestimmte subjektive Theorien gänzlich fallen.

Das Beobachten von sozialen Vorgängen ist nicht nur ein wichtiger Bereich Ihrer Vorbereitung auf den Lehrerberuf, sondern auch ein Strukturelement jedes pädagogischen Prozesses. Ohne gezieltes Beobachten sind keine diagnostischen oder bewertenden Einschätzungen möglich, ohne begründete Bewertung gibt es keine Rechtfertigung für die Vielzahl an größeren oder kleineren Entscheidungen – Lob, Ermahnung, Noten, Versetzung –, die von Lehrer/innen getroffen werden.

In aller Regel wird es im Laufe Ihres Referendariats nicht dabei bleiben, bestimmte Interaktionen oder Prozesse wahrzunehmen und zu beobachten. Sie werden, zum Beispiel in der Nachbesprechung einer Stunde, das Verhalten der Lehrerin/des Lehrers oder eines Schülers auch möglichst neutral beschreiben müssen, um auf dieser Grundlage und unter Einbeziehung Ihrer subjektiven Theorien sowie externer Quellen (Auskunft der Mentorin/des Mentors oder der Schulleitung, Beobachtungen und Einschätzungen der anderen Referendarinnen, Referendare oder Lehrbeauftragten) mögliche Analysen und Interpretationen vorzunehmen.

Die Rahmenbedingungen von Schule erkunden

Schule und Unterricht sind eingebettet in konkrete räumliche, soziale, kulturelle und politische Zusammenhänge, die für die meisten Schüler/innen und Lehrer/innen, die schon lange an dieser Schule sind, völlig selbstverständlich und normal sind, die aber jemand von außen zuweilen viel bewusster wahrnehmen und analysieren kann. Insofern kann es für Sie als von außen Kommende/r gerade von Vorteil sein, folgende Aspekte unter die Lupe zu nehmen:

- Art und Profil der Schule
- Einzugsgebiet der Schule
- Schulgebäude
- Geschichte der Schule
- außerunterrichtliche Aktivitäten
- innerschulische Organisation, Abläufe und Zuständigkeiten
- Schulleben, Community
- Lehrpläne
- Schulbücher
- Freizeitaktivitäten der Schüler/innen
- Elternarbeit
- Pausenhof
- Schulwege der Schüler/innen

Dabei können Sie sehr unterschiedlich vorgehen: Die Forschungsmethodologie unterscheidet insbesondere

- *die teilnehmende vs. nicht-teilnehmende Beobachtung:* Bei der teilnehmenden Beobachtung sind Sie in die soziale Interaktion eingebunden, zum Beispiel als Referendar/in beim Unterrichten. Bei der nicht teilnehmenden Beobachtung dient die Teilnahme ausschließlich dem Beobachten. Insofern zählt man alle Möglichkeiten der audiovisuellen Aufzeichnung von Prozessen und auch von Unterricht (durch Video, Film, Tonband) zu den nicht-teilnehmenden Beobachtungen.
- *die offene vs. verdeckte Beobachtung:* Wenn offen beobachtet wird, wissen die beobachteten Personen, dass sie beobachtet werden, und kennen die Absicht oder Funktion des Beobachters. Bei einer verdeckten Beobachtung gilt das nicht. Für

die Entscheidung, ob Sie eine offene oder eine verdeckte Beobachtungsform wählen, spielen immer normativ-ethische und forschungspraktische Aspekte eine Rolle. Es kann zum Beispiel sehr nützlich sein, wenn Sie in einer Stunde nur eine Schülerin oder einen Schüler gezielt und fortwährend beobachten, ohne dass dieser davon weiß. Die Ergebnisse der Beobachtung sind hier oft authentischer. Andererseits sind auch immer die Persönlichkeitsrechte der beobachteten Personen zu wahren.

- *quantitative vs. qualitative Beobachtung:* Bei der quantitativen oder strukturierten Beobachtung geht es darum, nach einem zuvor relativ klar festgelegten Kategoriensystem (Beobachtungsbogen; Strichliste oder Ähnliches) vorzugehen. Die Testgütekriterien der Pädagogischen Psychologie sollten angestrebt werden, Ihre Ergebnisse sollten also unabhängig von Ihrer Person sein (»Objektivität«), möglichst fehlerfrei zustande gekommen sein und im Idealfall bei Wiederholung zu denselben Ergebnissen führen (»Reliabilität«) und schließlich das messen, was gemessen werden soll (»Validität«). Qualitative Beobachtungen sind ebenfalls planmäßig, ihre Dokumentation erfolgt jedoch in freier Form. Sie dienen in der Wissenschaft vor allem der ersten Erkundung und Abklärung eines Forschungsfeldes und der Entwicklung und Bildung vorläufiger Hypothesen.
- *die Fremd- vs. Selbstbeobachtung:* Bei der Fremdbeobachtung beobachten Sie andere Personen in sozialen Prozessen, bei der Selbstbeobachtung beobachten Sie sich selbst während und nach der Interaktion.

In Ihrem Referendariat oder Ihrer Qualifizierungsmaßnahme werden Sie überwiegend mit teilnehmenden, offenen und unstrukturierten Fremdbeobachtungen arbeiten. Darüber hinaus wird es sicher immer wieder Situationen geben, in denen auch nicht-teilnehmende, verdeckte Beobachtungen sinnvoll sind. Vor allem wenn Sie selbst unterrichten, werden Sie mit sehr intensiven Selbstbeobachtungen konfrontiert sein.

Unterricht beobachten

Ein Teil Ihres Referendariats wird davon geprägt sein, dem Unterricht beizuwohnen und ihn zu beobachten. Da Unterricht hochkomplex ist, strömen bei der Beobachtung eine Unmenge von Informationen und Eindrücken auf Sie ein. Ein Beispiel: In einem Moment des Unterrichts gibt die Lehrerin vor der Tafel eine Arbeitsanweisung zur bevorstehenden Partnerarbeit, während Jessica von hinten links leise sagt: »Hab ich nicht verstanden!«, die erste Bankreihe mit Simone, Volkan, Ayse und Burim schon mit der Arbeit beginnt (weil sie gewusst oder geahnt haben, was kommt) und hinten rechts zwei Schüler damit beschäftigt sind, imaginäre Schiffe zu versenken. Der Verlauf und das Ergebnis dieser kurzen Phase des Unterrichts während der Arbeitsanweisung der Lehrerin, diese sogenannte »Gelenkstelle«, kann maßgeblich über Verlauf und Ergebnis der kommenden Partnerarbeit entscheiden, kann entscheiden, ob die Mehrheit der Schüler/innen das Lernziel dieser Stunde erreicht oder aber nicht. Dabei haben wir bei dieser Momentaufnahme noch gar nicht alle Schüler/innen und alle weiteren Unterprozesse des Unterrichts, schon gar nicht die Rahmenbedingungen von Unterricht berücksichtigt.

Wer also als Quereinsteiger/in mit Gewinn an diesem hochkomplexen Geschehen teilnehmen will, muss einerseits Aspekte oder Bereiche auswählen, die beobachtet werden sollen, andererseits Methoden zur Beobachtung anwenden können und schließlich über Begriffe und Konzepte verfügen, um diese Beobachtungen zu analysieren und zu interpretieren.

Der wichtigste Erkundungs- und Beobachtungsbereich wird in Ihrem Schulpraktikum auf jeden Fall der Unterricht sein. Was können Sie im Unterricht alles beobachten? Hier eine Übersicht über mögliche Beobachtungsfelder:

Beobachtungsperspektive Lehrerhandeln

Präsentieren von Inhalten

- In welchen Schritten wird der Inhalt von der Lehrkraft dargeboten?
- Welche Hilfsmittel benutzt sie?
- Werden Sachverhalte altersangemessen erklärt?

Lehrersprache

- Wie sind die Gesprächsanteile zwischen Lehrkraft und Schüler/innen verteilt?
- Wie schnell bzw. langsam spricht die Lehrkraft?
- Wie laut bzw. leise spricht die Lehrkraft?
- Wie deutlich bzw. undeutlich spricht die Lehrkraft?
- Ist die Lehrersprache variantenreich?
- Setzt die Lehrkraft die Sprache funktional ein?
- Sind dialektale Einflüsse zu beobachten? In welchen Situationen?
- Auf welchen Sprachebenen spielt sich die Lehrersprache ab?
- Wie führt die Lehrkraft ein Unterrichtsgespräch?

Körpersprache: Mimik, Gestik, Proxemik

- Welche Impulse werden nonverbal gegeben?
- Wie ermahnt oder lobt die Lehrkraft mimisch und gestisch?
- Berücksichtigt die Lehrkraft die Distanzzonen bei ihrem proxemischen Verhalten?
- Wie bewegt sich die Lehrkraft im Raum? Gibt es bestimmte »Schwerpunkträume« im Raum?
- Wie intensiv gestaltet die Lehrkraft den Blickkontakt zu den Schüler/innen?

Steuerung durch Fragen, Impulse, Vermittlungshilfen

- Welche Fragen stellt die Lehrkraft?
- Welches kognitive Niveau wird bei den Fragen der Lehrkraft angesprochen?

- Welche Arbeitsanweisungen stellt die Lehrkraft?
- Welche Impulse gibt die Lehrkraft?
- Welche Vermittlungshilfen werden für alle, welche nur für Teile der Klasse gegeben?
- Welche gezielten Lernhilfen gibt die Lehrkraft?

Sozialformen, methodisches Vorgehen und Medieneinsatz

- In welchen Sozialformen findet der Unterricht statt?
- Wie wird der Übergang von einer Sozialform zur nächsten gestaltet?
- Welche Unterrichtsmethoden sind zu beobachten?
- Welche Sozialformen und Methoden werden häufig, welche kaum oder gar nicht gewählt?
- Wie wird der Übergang von einer Methode zur anderen gestaltet?
- Welche Medien werden in der Stunde eingesetzt?
- Welche Funktion übernehmen die eingesetzten Medien?
- Wie routiniert ist die Lehrkraft beim Einsatz der Medien?
- Sind Situationen erkennbar, in denen die Lehrkraft Schüler/innen im Lernprozess stört oder behindert?

Verhalten in Konfliktsituationen

- Welche potenziellen Konfliktsituationen nimmt die Lehrkraft wahr?
- Wie reagiert sie darauf?
- Was bewirkt die Lehrkraft mit ihrer Reaktion auf potenzielle Konfliktsituationen?
- Ändert sich im zeitlichen Verlauf die Reaktion auf Konflikte oder Unterrichtsstörungen?

Gerechtigkeit und Gleichbehandlung

- Behandelt die Lehrkraft die Schüler/innen eher gleich oder eher ungleich?
- Welche Schüler/innen werden gegebenenfalls bevorzugt oder benachteiligt?
- Behandelt die Lehrkraft Mädchen und Jungen gleich?
- Ruft die Lehrkraft gerecht auf?
- Lobt bzw. ermahnt die Lehrkraft gerecht?
- Sind Vorlieben und/oder Abneigungen der Lehrkraft für bestimmte Schülertypen oder Schüler/innen zu beobachten?

Lehrerpersönlichkeit

- Wo und wie zeigt sich im Unterricht Freundlichkeit und Hilfsbereitschaft der Lehrkraft?
- Wo und wie ist die Lehrkraft authentisch, wo nicht so sehr?
- Wo und wie fördert die Lehrkraft die Selbstständigkeit der Schüler/innen?
- Wo und wie wirkt die Lehrkraft überzeugend, wo nicht?

Beobachtungsperspektive Schülerhandeln

Mitarbeit bzw. Beteiligung im Unterricht

- Wie beteiligt sich die Klasse insgesamt am Unterricht?
- Welche Schüler/innen beteiligen sich wie häufig verbal am Unterricht?
- Bei welchen Schüler/innen kann vermutet werden, dass sie sich zwar innerlich, aber kaum äußerlich am Unterricht beteiligen?

Kontaktverhalten zur Lehrerin/zum Lehrer

- Wie und wann nehmen Schüler/innen Kontakt zur Lehrkraft auf?
- Welche möglichen Ursachen hat die Kontaktaufnahme jeweils?
- Wie reagiert die Lehrkraft auf die Kontaktaufnahmen der Schüler/innen?

Störendes Verhalten

- Welche Formen von Unterrichtsstörungen von Schüler/innen tauchen im Unterricht auf?
- Welche sind vermutlich beabsichtigt, welche nicht?
- Wie geht die Lehrkraft mit Unterrichtsstörungen um?

Konzentration und Arbeitsverhalten

- Worin zeigt sich konzentriertes Arbeitsverhalten?
- Worin zeigt sich fehlende Konzentration?
- Wann fällt es den Schüler/innen leicht, sich zu konzentrieren, wann nicht?
- Zeigen sich im Arbeitsverhalten und in der Konzentration Unterschiede je nach Sozialform oder Methode?

Lernprozesse

- Wann und wodurch sind Lernfortschritte beobachtbar?
- Welche beabsichtigten und welche unbeabsichtigten Lernprozesse sind zu beobachten?
- Wann und wodurch sind Lernschwierigkeiten beobachtbar?

Soziales Lernen/Kooperation in der Klasse

- Welche Verhaltensformen finden sich im Kooperationsverhalten der Schüler/innen untereinander?
- Sind diese Formen abhängig von der Sozialform bzw. der Methode?
- Welche Unterschiede im Sozialverhalten zwischen einzelnen Schüler/innen bzw. Gruppen von Schüler/innen sind beobachtbar?
- Gibt es spezifische Rollen in der Klasse: Anführer, Mitläufer, Außenseiter oder Ähnliches?
- Ist eine Gruppenbildung in der Klasse zu beobachten?
- Welche Rolle spielt das Geschlecht?

Beobachtungsperspektive Inhalt/Thema der Stunde

Fachwissenschaftliche Dimension

- Entspricht der dargebotene Inhalt dem aktuellen fachwissenschaftlichen Stand?
- Wie ist der Inhalt sachlich aufgebaut? Welche Bausteine oder Schichten sind zu erkennen?

Fachdidaktische Dimension

- Entsprechen der Verlauf der Stunde und die gewählten Methoden dem aktuellen fachdidaktischen Stand?
- Welche fachdidaktische Konzeption wird von der Lehrkraft verfolgt?
- Welche Lernziele werden angestrebt?
- Welche Lernziele werden in welchem Umfang bei welchen Schüler/innen realisiert?
- Wie wird das Erreichen der Ziele durch die Lehrkraft diagnostiziert?
- Wie reagiert die Lehrkraft auf mögliche Lernhindernisse aufseiten der Schüler/innen?

Inhalt und Lerngruppe

- Wie knüpfen die Inhalte der Stunde an den Vorerfahrungen der Schüler/innen an?
- Woraus kann auf die intrinsische und extrinsische Motivation der Schüler/innen geschlossen werden?

Insgesamt ist es sinnvoll, die Beobachtungsrichtung mehr oder weniger einzugrenzen, entweder thematisch oder zeitlich oder personell. Das heißt, Sie beobachten beispielsweise nur die inhaltlichen Lernprozesse zweier Schüler/innen vergleichend oder die Unterrichtsstörungen in der Phase des Unterrichtsgesprächs oder die Schülerkooperation an einem Gruppentisch. Häufig ist es sinnvoll, sich vor der Beobachtung möglichst konkrete Verhaltensformen zu überlegen, nach denen Sie Ausschau halten wollen und die Sie gezielt analysieren möchten, also zum Beispiel woran Sie innere oder äußere Beteiligung von Schüler/innen konkret festmachen.

Wie kann beobachtet werden? Beobachtungsmethoden

Wichtig für die Ergebnisse von Beobachtungen im Unterricht ist natürlich die Art und Weise der Beobachtung, das heißt die Beobachtungsmethode. Am sinnvollsten wäre hier, möglichst viele Beobachtungen mit einem detaillierten Wortprotokoll zu verbinden. Da dies aber aufgrund der Schnelligkeit und Komplexität des Unterrichtsprozesses nicht möglich ist, müssen Beobachtungsmethoden gewählt werden, die diese Komplexität reduzieren und den Fokus Ihrer Beobachtungen konzentrieren.

Bei der Beobachtung von Unterricht gibt es noch ein grundsätzliches Problem: Jede Aufzeichnung ist nicht nur beschreibend, sondern auch mehr oder weniger bewertend und auch persönlich gefärbt, zum Beispiel durch die notwendigerweise selektive Wahrnehmung. Dies sollte man bei allen Beobachtungen, vor allem dann, wenn diese zur Reflexion der gehaltenen Stunde herangezogen werden, im Hinterkopf haben. Manchmal ist es dann so wie bei Biografien: Sie sagen mehr über den Autor als über die beschriebene Person aus.

Bei den meisten nachfolgenden Formen der Beobachtung von Unterricht ist es hilfreich, einen Sitzplan mit allen Schülernamen der jeweiligen Klasse zur Hand zu haben. Diesen sollten Sie möglichst bald im Laufe Ihrer Hospitationen erstellen. Diese Sitzordnung sollte nach Möglichkeit auch vermerken, ob es sich bei den Kindern und Jugendlichen um Mädchen oder Jungen handelt, vielleicht auch, ob es Schüler/innen sind, die Deutsch als Muttersprache haben oder auf die dies nicht zutrifft. Das kann zum Beispiel durch bestimmte Zeichen kenntlich gemacht werden. Darüber hinaus sollten Sie möglichst bald die Namen der Schüler/innen in Ihrer Hospitationsklasse kennen, um beim lockeren Gespräch am Rande des Unterrichts, vor allem aber beim Unterrichten einen persönlicheren Zugang zu den Schüler/innen zu bekommen.

Als Beobachtungsmethoden stehen Ihnen folgende Möglichkeiten zur Verfügung:

Wortprotokoll

Die wörtliche Mitschrift wird nur in ganz kurzen zeitlichen Abschnitten zu realisieren sein. Dazu bieten sich vor allem der Einstieg, zentrale Arbeitsanweisungen oder Aufgaben, die Gelenkstellen, weitere besondere Stellen im Unterrichtsverlauf (z. B. eine Unterrichtsstörung, die Bearbeitung eines Lernhindernisses, ein wichtiger Teil eines Unterrichtsgesprächs) und der Schluss an.

Hier ein Beispiel für solch ein Wortprotokoll zu einer Gelenkstelle bzw. zu einem zentralen Arbeitsauftrag (Mathematik, 7. Klasse). Es geht darum, dass die Schüler/innen mit Karton Quader bauen sollten und nun eine Gruppenarbeit beginnen soll.

L.: So, jetzt passt mal auf. Du auch, Wolfgang! Also, das habt ihr ganz toll hingekriegt mit der Konstruktion der geometrischen Figur …
Zeynep: Frau Wolf, ich hab da was noch nicht kapiert! Bei mir stimmen die Karten gar nicht!
L.: Gleich, Zeynep …
Carsten: Was sollen wir machen, wenn wir fertig sind?
L.: Das will ich euch doch grade erklären! Also: Jetzt sollt ihr mit euren Quadern in eurer Tischgruppe eine Brücke bauen. Und zwar eine Brücke, die so groß ist, dass ein Quader unten durch passt.
Einige Sch. stöhnen.
L.: Ja, ich weiß, das ist nicht einfach. Probiert's einfach mal! Gibt es dazu Rückfragen? Ja, Mike?
Mike: Frau Wolf, darf ich mal auf die Toilette?

An diesem Beispiel wird klar, wie vielschichtig der Unterrichtsprozess ist und wie beschränkt selbst ein Wortprotokoll ist. Interessant wäre es zum Beispiel zu erfahren, in welcher Geschwindigkeit oder welcher Tonhöhe, mit welchem Gefühl die einzelnen

Dinge gesagt werden, wie das Gesagte nonverbal begleitet wird (z. B. durch Melden, durch Gesten, Mimik, Bewegung im Raum). Erfahrene Wortprotokollanten verwenden mitunter auch Transkriptionszeichen aus der linguistischen Gesprächsanalyse, also z. B.

.	kurze Pause
..	längere Pause
(3)	Pause in Sekunden
(ärgerlich)	Tonfall
Also	betonte Silben
(...)	unverständlich

So oder so – die rasende Geschwindigkeit, in der Unterricht vonstattengeht, ist nur beschränkt zu rekonstruieren.

Videoaufnahmen

Daher bietet sich gerade bei Hospitationen auch der Einsatz von Videoaufnahmen an. Diese bieten riesige Vorteile: Der Unterrichtsverlauf kann dadurch relativ gut dokumentiert werden, die sprachlichen bzw. körpersprachlichen Äußerungen der Lehrerin/des Lehrers und der Schüler/innen sind konserviert, und die Aufnahme kann zur Selbstreflexion genutzt werden.

Die meisten Studienseminare bieten die Möglichkeit, eine analoge oder digitale Videokamera auszuleihen und die Aufnahmen anzusehen oder auch zu überspielen. Wichtig ist natürlich, den Einsatz einer Kamera mit der Mentorin/dem Mentor und den Schüler/innen abzuklären. In jedem Fall müssen die Eltern der Schüler/innen damit einverstanden sein, das heißt, es muss eine schriftliche Einverständniserklärung vorliegen.

Überlegen Sie sich vorher mit Ihrer Mentorin, Ihrem Lehrbeauftragten und in Ihrer Seminargruppe, welche Beobachtungsperspektive Sie mit der Kamera einnehmen wollen. Geht es vor allem darum, das Verhalten der Lehrkraft zu beobachten, so bietet sich ein Kamerastandort hinten im Klassenzimmer an. Geht es darum, einzelne Schüler/innen oder eine Tischgruppe näher unter die Lupe zu nehmen, hat das auch Auswirkungen auf den Kamerastandort. Wenn es Ihnen vor allem um die verbale Interaktion geht, empfiehlt es sich, mit einem externen und leistungsfähigen Mikrofon zu arbeiten. Ansonsten ist es nicht ausgeschlossen, dass das, was Sie eigentlich hören wollen, im allgemeinen Gemurmel verloren geht. Eine weitere Entscheidung, die Sie beim Videoeinsatz im Unterricht treffen müssen, ist die, ob die Kamera bedient werden soll, also auch Schwenks, Zooms oder ein Standortwechsel der Kamera möglich sind, oder ob sie aus einer gleichbleibenden Perspektive aufnimmt.

Als Grundregel für die Benutzung einer Videokamera im Unterricht gilt: Die Kamera sollte nicht mehr stören und beeinflussen als unbedingt nötig. Wer als Referendar noch nie mit diesem Medium gearbeitet hat, vermutet in aller Regel, die Existenz einer Videokamera im Unterricht verändere die Situation grundlegend. Meiner Erfahrung nach stimmt das allerdings nur bedingt. Nach einigen Unterrichtsstunden

»vergessen« die meisten Beteiligten, dass eine Kamera mitläuft, und verhalten sich relativ normal. Hier vielleicht noch ein Tipp: Überkleben Sie das Rotlicht Ihrer Kamera mit Papier oder etwas anderem, dann reagieren die Schüler/innen nur noch halb so stark auf eine laufende Kamera.

Problematisch ist immer wieder, dass das Medium Video »knallhart« sein kann. Sie werden sich vielleicht nach dem Ansehen Ihrer Stunde ernsthaft fragen, ob Sie das wirklich waren, ob Sie wirklich so sprechen und so vor der Klasse stehen. Das ist ganz normal. Deshalb sollten Reflexionen von Unterrichtsphasen oder ganzen Stunden mit Unterstützung der Videoaufnahmen nur mit Ihrer Zustimmung und wenn, dann in der gebotenen Sensibilität erfolgen. Wenn Sie Zweifel haben, ob Sie sich die Aufnahmen zumuten wollen oder ob Sie die Bänder mit Ihrem Betreuer gemeinsam ansehen möchten, entscheiden Sie sich besser dagegen. Am besten, Sie probieren es selbst aus. Die Bänder Ihrer eigenen Stunden können Sie ja dann zur Not auch nur sich selbst und später dann Ihren Enkeln zeigen.

Narratives Protokoll

Hier erzählen Sie mit eigenen Worten den Verlauf des Unterrichts bzw. bestimmter Phasen in einem deskriptiven Fließtext, gegebenenfalls auch mit eigenen Wertungen. Dies kann zum Beispiel so aussehen (Mathematik, 10. Klasse, Thema: Übungsstunde zu linearen Gleichungssystemen):

Zu Beginn der Stunde begrüßte die Lehrerin die Klasse und legte eine Folie auf den Overhead-Projektor, auf der drei verschiedene Gleichungssysteme aufgeführt waren. Die Schüler/innen äußerten sich zu den Gleichungssystemen. Sie stellten die Vermutung auf, dass sie die drei Verfahren zum Lösen des Gleichungssystems anwenden sollen. Die Lehrerin teilte bunte Zettel aus, auf der jeweils ein Gleichungssystem von der Folie aufgeschrieben stand. Sie stellte den Arbeitsauftrag, dass die Schüler/innen sich in arbeitsteiligen Gruppen zusammenfinden sollten, um in 15-minütiger Gruppenarbeit das Gleichungssystem auf alle drei Arten »Gleichsetzungsverfahren«, »Additionsverfahren« und »Einsetzungsverfahren« zu lösen. Bei der Gruppenarbeit beteiligten sich einige Schüler/innen sehr stark, andere kaum. Besonders in der Gruppe »Rot« gab es Konflikte um den richtigen Lösungsweg. Ein Teil der Gruppe spaltete sich daraufhin ab. Nach der Gruppenarbeitsphase präsentierten die einzelnen Gruppen ihre Ergebnisse. Die Lehrerin klärte zum Schluss noch entstandene Rückfragen am Beispiel einer Aufgabe an der Tafel und stellte die Hausaufgabe, die Aufgabe im Buch auf Seite 39, Nummer 7 zu bearbeiten.

Strichlisten

Hier tragen Sie in quantitativer Hinsicht Ihre Beobachtungen ein, Sie zählen also zum Beispiel, welche Schüler/innen wie oft drangenommen werden, sich wie oft melden oder richtige bzw. falsche Beiträge liefern oder wie häufig die Lehrkraft Wissensfragen, Transferfragen, offene Fragen oder geschlossene Fragen stellt. Zusätzlich können in einer weiteren Spalte eigene Anmerkungen notiert werden. Hier ein mögliches Beispiel für eine Strichliste (Mathematik, 9. Klasse):

Unterrichtszeit	Phase	Mädchen gemeldet	Mädchen drangekommen	Jungen gemeldet	Jungen drangekommen
00' bis 05'	Einstieg	/////	//	//////////	///
05' bis 15'	Erarbeitung der Formel	//////	/	///////	///
15' bis 20'	Hefteintrag				
20' bis 35'	Übung in Einzelarbeit				
35' bis 40'	Transfer	//////////	//	///////	//////
40' bis 45'	Stellung der Hausaufgabe				
Summe		*21*	5	*24*	*12*
Schüler in der Klasse		*Mädchen: 12*		*Jungen: 14*	

Abb. 10: Beispiel für eine Strichliste

Chronologisches Protokoll

Hier schreiben Sie simultan zum Unterrichtsgeschehen wichtige Beobachtungen in zeitlicher Abfolge auf, zum Beispiel:

Zeit	Lehrer-Schüler-Interaktion	Kommentar

In der Kommentarspalte können Sie auch mit bestimmten Zeichen arbeiten, zum Beispiel:

+ = überzeugende Unterrichtsphase
– = wenig überzeugende Unterrichtsphase
? = verstehe ich nicht
! = sehr wichtig

Oder mit Ergänzung der Phasierung des Unterrichts:

Zeit	Phase	Lehrer-Schüler-Interaktion	Kommentar

Möglich ist auch, den Protokollbogen weiter zu differenzieren, zum Beispiel so:

Zeit	Phase	Lehrer-Schüler-Interaktion	Sozial-form	Arbeits-form	Medien	Kommentar

Oder so:

Zeit	Phase	Lehrerhandeln	Schülerhandeln	Sozialform/ Medien	Kommentar

Je nach Klassenstufe, Unterrichtsform, Fach oder Beobachtungsziel kann es sinnvoll sein, die eine oder andere Form bei der Beobachtung einzusetzen. Am besten, Sie versuchen es mit unterschiedlichen Formen im Verlauf Ihrer Hospitationen.

Systematische Beobachtung

Einzelbeobachtung einer Schülerin/eines Schülers

Neben der chronologischen Beobachtung des gesamten Unterrichtsgeschehens gibt es vielfältige Formen der systematischen Schwerpunktbeobachtung. Eine dieser Möglichkeiten ist die strukturierte Einzelbeobachtung einer Schülerin bzw. eines Schülers. Dies hat mehrere Vorteile: Sie achten nicht nur auf eine Schülerin oder einen Schüler, wenn er sich besonders beteiligt oder anders auffällt, zum Beispiel auch durch Störungen des Unterrichts, sondern verfolgen sein Lern- und Arbeitsverhalten kontinuierlich über längere Zeit und kommen dadurch zu Beobachtungsergebnissen, die über diesen Schüler in dieser Stunde mehr aussagen. Dies kann zum Beispiel so aussehen:

Zeit	Phase	Mitarbeit im Plenumsunterricht	innere Beteiligung	Interaktion mit Mitschülern	Unterrichtsstörungen
00'	Einstieg	meldet sich mehrfach, kommt nicht dran	sehr aufmerksam	schwätzt nebenher mit B	
05'	Vorlesen		sehr aufmerksam		
10'	Erarbeitung	meldet sich nicht	abgelenkt, schaut mehrfach zum Fenster	schwätzt ab und zu mit C	wird von L. einmal nonverbal ermahnt

Zeit	Phase	Mitarbeit im Plenumsunterricht	innere Beteiligung	Interaktion mit Mitschülern	Unterrichtsstörungen
25'	Vertiefung/ Partnerarbeit		sehr aufmerksam	arbeitet mit B sehr engagiert an den Aufgaben	
40'	Präsentation	stellt die Ergebnisse der PA sehr gut vor	sehr engagiert		

Abb. 11: Beispiel für eine systematische Einzelbeobachtung

Eine noch systematischere und weniger chronologische Beobachtungsmöglichkeit bietet der teilformalisierte Protokollbogen für die Unterrichtsbeobachtung (Kopiervorlage 3, vgl. S. 218 f.).

Gezielte Beobachtung einzelner Gruppen von Schüler/innen

Bei der Unterrichtsbeobachtung kann man auch eine oder mehrere Gruppen von Schüler/innen gezielter unter die Lupe nehmen, zum Beispiel Jungen und Mädchen oder zwei Gruppentische oder einige leistungsstärkere bzw. leistungsschwächere Schüler/innen.

Zeit/Unterrichtsphase	Beteiligung von Mädchen	Beteiligung von Jungen	Kommentar

Zeit/Unterrichtsphase	Beteiligung von leistungsstärkeren Schüler/innen	Beteiligung von leistungsschwächeren Schüler/innen	Kommentar

Oder man beobachtet das Unterrichtsgeschehen unter einem besonderen Aspekt, zum Beispiel inwieweit Lernziele erreicht bzw. nicht erreicht werden oder wo und wie Störungen des Unterrichts auftauchen und wie die Lehrkraft damit umgeht.

Schule erkunden durch Befragung und Interview

Quer zu diesen Möglichkeiten der Unterrichtsbeobachtung liegen Erkundungsformen wie die Befragung, das Interview oder das Soziogramm. Eine Befragung ist ein eher unstrukturiertes, aber dennoch zielführendes Gespräch mit »Expertinnen und Experten« der jeweiligen Schule. So kann man die Mentorin/den Mentor zu seiner Klasse befragen, die Rektorin/den Rektor zu seiner Schule oder auch Schüler/innen zu ihrem Freizeitverhalten.

Ein Interview ist noch strukturierter als die Befragung und fragt bestimmte Informationen oder Einschätzungen gezielt ab. Sie wollen zum Beispiel von Ihrer Mentorin/Ihrem Mentor wissen, wie die einzelnen Schüler/innen im Fach Musik notenmäßig stehen, oder Sie interviewen die Schüler/innen selbst zu ihrem Leseverhalten in der Freizeit oder die Rektorin/den Rektor zu den schulrechtlichen Aspekten der Elternarbeit an der Schule.

Ich habe beobachtet – was nun?

Nachdem Sie viel Zeit und Energie dabei investiert haben, Unterricht gezielt und strukturiert zu beobachten, stellt sich die Frage, was mit Ihren Notizen und Aufzeichnungen passiert. Der erste Schritt wäre, Ihre Beobachtungen und Aufzeichnungen noch einmal in Ruhe durchzugehen und sich einen Überblick zu verschaffen: Welche Aspekte waren jetzt für die Stunde zentral? Welche Tendenzen oder Hypothesen meine ich aus meinen Aufzeichnungen herauszulesen? Welche Belege stützen diese Vermutungen? Welche Gegenbelege lassen sich unter Umständen finden?

Wenn Sie beispielsweise Ihren Fokus auf die drei leistungsschwächsten Schüler/innen der Klasse 11b, Marco, Laura und Alexander, gerichtet haben, könnten Sie bereits im Unterricht, erst recht aber beim Durchlesen Ihrer Notizen die Hypothese aufstellen, der Unterricht habe diese drei Schüler/innen in einigen Phasen merklich überfordert. Sie lesen Ihre Mitschriften durch und stellen fest:

- Der Sachtext zum Einstieg wurde von mindestens zwei der drei Schüler/innen (Marco, Alexander) nicht leise gelesen, das heißt, sie haben sich mit anderen Dingen beschäftigt (Kramen im Ranzen, in die Luft starren, sich gegenseitig etwas erzählen).
- Am nachfolgenden Unterrichtsgespräch beteiligte sich nur Laura. Sie gab eine falsche Antwort auf eine relativ leichte Frage der Lehrerin. Einige andere Schüler/innen, darunter auch Marco, lachten sie aus.
- Zwei der drei Schüler/innen (Laura, Alexander) wurden mit dem Hefteintrag des Tafelanschriebs nicht fertig. Bei allen drei fehlten farbliche Markierungen und das Unterstreichen der Überschrift.
- In der Übungsphase hat Marco das Arbeitsblatt in Einzelarbeit sehr gut ohne Hilfe von Mitschüler/innen oder der Lehrerin bearbeitet. Alexander und Laura verstanden die meisten Arbeitsanweisungen nicht und schwätzten miteinander.
- Bei der Abschlussphase, in der die Ergebnisse des Arbeitsblattes verglichen wurden, meldete sich Marco mehrmals, die beiden anderen gar nicht. Marco kam einmal dran und gab die korrekte Lösung von Aufgabe 4 wieder.

Während Sie sich Ihre Aufzeichnungen durchlesen, bemerken Sie mit Erstaunen, dass es Dinge gibt, die Ihrer ursprünglichen These, alle drei seien merklich überfordert gewesen, entgegenstehen. Dies betrifft vor allem Marco: Obwohl er eigentlich den Eindruck von Überforderung macht (arbeitet kaum mit und schwätzt), hat sich in dieser

Stunde gezeigt, dass das nicht immer zutrifft: Er kann das durchaus nicht leichte Arbeitsblatt ohne externe Hilfe korrekt bearbeiten, ohne vorher den Sachtext aufmerksam gelesen zu haben und ohne dem Unterrichtsgespräch aufmerksam gefolgt zu sein. Sie kommen zu der Vermutung, dass Alexander und Laura *über*fordert, Marco aber womöglich in bestimmten Bereichen *unter*fordert sein könnte. Dies könnte auch erklären, warum er den Sachtext nicht gelesen hat oder Laura vor der Klasse auslacht. Dass er gerne zeigt, was er kann, darauf deutet seine Beteiligung in der letzten Unterrichtsphase hin.

Am besten ist, im Anschluss an eine Stunde die Beobachtungen mit Ihrer Mentorin oder Ihrem Lehrbeauftragten durchzugehen. Beide werden zu vielen Beobachtungen zusätzliche Hintergrundinformationen und Einschätzungen haben, bei anderen Beobachtungen aber vielleicht auch überrascht und dankbar sein. Beim Austausch Ihrer Beobachtungen in der Referendarsgruppe oder mit Ihrer Lehrbeauftragten werden Sie unter Umständen feststellen, dass ein und dieselbe Phase oder ein und dasselbe Schülerverhalten an einer bestimmten Stelle des Unterrichts durchaus unterschiedlich beobachtet wird:

- Zeugt das andauernde Melden und Reinrufen von Simone von großem Interesse oder von ihrem hohen Geltungsbedürfnis oder von beidem?
- Stört Thomas eher aus Überforderung oder aus Gründen der Unterforderung?
- War die Ermahnung der Lehrerin Svenja gegenüber dosiert oder übertrieben?

All dies zeigt, dass es kein neutrales, quasi »objektives Beobachten« von Unterricht geben kann. Jede Beobachtung ist von Prozessen zum Beispiel der Selektion, der Projektion und der Normierung begleitet und steht in Beziehung zu Ihrer subjektiven Theorie.

Wichtig bei Nachbesprechungen ist deshalb, genau zwischen Beobachtung bzw. Beschreibung einerseits und Analyse bzw. Interpretation andererseits zu unterscheiden und auch erst bei der möglichst genauen Beschreibung von Aspekten des Unterrichts zu bleiben. Das heißt auch, bestimmte Formulierungen eher zu verwenden als andere, zum Beispiel »Ich habe beobachtet, dass Sylvia sich kein einziges Mal gemeldet hat« statt »Warum hast du Sylvia nicht aufgerufen?«.

In einem zweiten Schritt kann dann nach möglichen Ursachen, Gründen oder Zielen eines bestimmten Handelns gefragt werden. Damit werden auch immer implizite oder explizite Theorien verbalisiert. Dabei sollten Sie im Gespräch möglichst professionell und sensibel mit Ihren Beobachtungen und Interpretationen umgehen.

Achtung: Beobachtungsfehler!

Jedes Beobachten ist subjektiv und damit an die individuellen Vorerfahrungen, Kenntnisse, Einstellungen und Absichten des Beobachtenden gekoppelt. Insofern muss man sich als Beobachter/in bewusst sein, welchen möglichen Beobachtungsfehlern man unterliegen könnte:

Häufig lässt man sich vom *ersten Eindruck* leiten (Primacy-Effekt). Denken Sie nur an eine typische Alltagssituation: Sie sind auf einer Party, und es kommt ein neuer Gast herein. Binnen weniger Augenblicke – es gibt psychologische Forschungen dazu, die von einer Schwelle von weit unter einer Sekunde sprechen – verfestigt sich bei Ihnen ein Bild über diesen Neuankömmling entlang der zentralen Einschätzungsachse sympathisch – unsympathisch. Sie werden merken, wie prägend dieser erste Eindruck ist, vielleicht sogar, wie viele Schwierigkeiten Sie haben und wie viel Partyzeit und gegebenenfalls Alkohol Sie benötigen, um diesen ersten Eindruck zu korrigieren. Dieser setzt sich so im Gedächtnis fest, dass Sie sich oft noch nach Jahren die Situation ganz genau vorstellen können, in der Sie einem anderen Menschen zum ersten Mal begegnet sind. Dieses Phänomen des ersten Eindrucks findet sich natürlich auch im Beobachten von Schule und Unterricht wieder. So haben Sie in Ihrer ersten Hospitationsstunde in der 9a Kevin als notorischen Störer erlebt. Die ganze Stunde war er damit beschäftigt, sich und andere vom konzentrierten Arbeiten und Lernen abzuhalten und darüber hinaus die Lehrerin dazu zu zwingen, ihm Aufmerksamkeit in Form von Ermahnungen und Bestrafungen entgegenzusetzen. Bei Ihnen ist nach dieser Stunde klar: Kevin ist ein Störer und schwieriger Schüler.

Ein anderer möglicher Beobachtungsfehler sind *Vorurteile und Voreinstellungen* (Rosenthal-Effekt). Angenommen, Sie waren noch nie in Heidelberg. Ihr Bild von Heidelberg ist eine Mischung aus Postkartenidylle, Schloss, Neckar, Alter Brücke, Lieblichkeit und Studentenromantik. Und dann kommen Sie eines Tages von Westen her nach Heidelberg, finden eine mehr oder minder normale deutsche Stadt, die natürlich auch ihre Schattenseiten hat, und sind irritiert, vielleicht auch enttäuscht. Nicht weil Heidelberg so hässlich ist, sondern weil Ihre Erwartungen so hoch und so anders waren. Im Beobachten von Unterricht läuft das ähnlich: Sie haben zum Beispiel von der Klassenlehrerin erfahren, dass Svenja aus der 9b hochbegabt ist. Da Sie selbst als Kind als hochbegabt galten, ist Ihnen diese Svenja, obwohl Sie sie noch nie gesehen oder erlebt haben, sympathisch. Sie fühlen sich ihr wesensverwandt und rechnen damit, dass Svenja besonders gute Leistungen im Unterricht zeigt.

Damit wären wir schon beim nächsten möglichen Beurteilungsfehler, dem *Globaleindruck* (Halo-Effekt). Dieser meint: Eine Eigenschaft oder ein Merkmal überstrahlt die gesamte Wahrnehmung und steuert die Beobachtung. Nehmen wir zum Beispiel eine Kollegin aus Ihrer Seminargruppe, nennen wir sie Mona, mit der Sie zusammen mit zwei anderen Quereinsteiger/innen ein Referat im didaktischen Kurs zum Thema »Didaktische Modelle im Physikunterricht« geplant und vorgetragen haben. Diese eine Kommilitonin Mona haben Sie als äußerst redegewandt und belesen kennengelernt, häufig war sie es, die die Gruppentreffen moderiert und zu einem guten Ende geführt hat. Und auch beim Halten des Referats im Kurs war Mona am ehesten in der Lage, schwierige Rückfragen aus dem Plenum zu beantworten. Für Sie drängt sich auf: Mona ist eine Kandidatin für ein Einser-Examen. Und das, obwohl Sie sie nur aus einem Studiensegment kennen. Ähnliches trifft man auch beim Beobachten von Unterricht: Sie haben Larissa aus der 8b in Ihren Musik-Hospitationsstunden als äußerst musikalisch interessierte und begabte Schülerin kennengelernt.

Nun sehen Sie sie in einer Kunststunde und schließen automatisch darauf, dass Larissa bei ihrer musischen Begabung auch in Kunst gute Leistungen zeigt.

Häufig ist auch der Beobachtungsfehler der *Fehlattribution*, bei der eigene Persönlichkeitsmerkmale oder gerade deren Gegenteil den beobachteten Personen zugeschrieben wird (Ähnlichkeits- bzw. Kontrast-Effekt). Sicher werden Ihnen Personen im Alltag erst einmal sympathischer sein, wenn Sie wissen, dass diese denselben Musikgeschmack haben oder dasselbe Hobby wie Sie. Im Referendariat wäre es möglich, dass Ihnen ein Schüler sehr sympathisch ist, weil er ebenso wie Sie Mitglied im örtlichen Reiterverein ist. Oder ein anderer Schüler ist Ihnen von vornherein eher unsympathisch, weil er Kleidung trägt, die Sie selbst nie gemocht haben.

Eine Fehlattribution liegt auch vor, wenn aus konkret beobachteten Verhaltensweisen auf Charaktereigenschaften geschlossen wird (Interferenz-Effekt). Schließlich neigt man auch beim Beobachten zu *logischen Fehlern* (Logical-error-Effekt). Hier wird ein von Ihnen beobachtetes Merkmal aufgrund von Alltagstheorien mit weiteren Eigenschaften verknüpft.

Damit sind die wichtigsten Klippen beim Beobachten von Unterricht genannt. Wichtig erscheint mir: Beobachtungsfehler lassen sich nie gänzlich vermeiden. Hilfreich ist es daher, sich Ihrer bewusst zu sein und zu fragen, ob man möglicherweise bei einer Beobachtung einem solchen Fehler unterlegen ist.

5.2 Unterricht planen

»Unterrichten, Erziehen, Beraten, Beurteilen, Innovieren« – so beschrieb vor mehr als 40 Jahren der Deutsche Bildungsrat (1970) die Aufgaben von Lehrer/innen. Dabei ist das Unterrichten wohl die wichtigste Tätigkeit, nicht nur quantitativ, inklusive Vor- und Nachbereitung, sondern auch qualitativ. Lehrer/innen sind Experten für Unterricht und Lernprozesse.

Jeder Unterricht wird von Lehrer/innen irgendwie geplant, mal längerfristig, mal sehr kurzfristig, mal relativ starr, mal sehr offen. Dabei gilt als Berufsweisheit: Schlecht geplanter Unterricht kann auch gelingen, gut geplanter Unterricht geht aber seltener schief.

Eine wichtige Aufgabe Ihres Referendariats bzw. Ihrer Qualifizierungsmaßnahme ist es, dass Sie schrittweise daran herangeführt werden, Unterricht »gut« zu planen. Was bedeutet das konkret? Sie sollen in der gebotenen Ausführlichkeit und Reflexionstiefe diejenigen Überlegungen darstellen, die bei der Planung einer Unterrichtsstunde bzw. einer längeren Sequenz oder Einheit für Sie handlungsleitend waren.

Wer berufserfahrene Lehrer/innen zu ihrer Unterrichtsplanung befragt oder diese dabei beobachtet, wird auf vielfältige Stile und Routinen treffen: Es gibt Kolleginnen und Kollegen, die nur mit kleinen Notizen ins Klassenzimmer kommen, vielleicht haben sie sich auf einer Karteikarte die wichtigsten Punkte zum Ablauf einer Stunde oder eines Schultages notiert. Andere Lehrer/innen wiederum haben ein gebundenes Buch im DIN-A4-Format, in das sie alle wichtigen Phasen der Stunde notieren, mögliche Vermittlungshilfen für Lernschwächere aufschreiben und auch zentrale Arbeitsanweisungen oder Impulse im Wortlaut vorformulieren. Es soll sogar Lehrer/innen geben, die gänzlich ohne schriftliche Unterlagen die Stunde bestreiten. Gleichgültig, wie viel zu der zu haltenden Stunde aufgeschrieben steht – alle Lehrer/innen müssen im Geiste mehr oder weniger intensiv ihren Unterricht planen.

Dabei fällt auf, dass erfahrene Lehrer/innen die verschiedenen Aspekte der Unterrichtsplanung, zum Beispiel die Analyse der Klassensituation, die Auswahl der Inhalte, die Bestimmung der Lernziele oder auch die Auswahl der Methoden, vernetzt in ihre Überlegungen mit einbeziehen, auf jeden Fall nicht in einer bestimmten Reihenfolge, wie es das nachfolgende Schema assoziieren könnte.

Die meisten Lehrer/innen tun dies, ähnlich wie das Unterrichten selbst, in einer sehr routinierten Art und Weise, die zu vergleichen ist mit dem Autofahren. Quasi simultan lenken sie, gleichen ihre Geschwindigkeit mit dem erlaubten Richtwert ab, schalten in den nächsten Gang, bremsen, halten nach Gefahrenpunkten Ausschau, versetzen sich in die Rolle des vor ihnen fahrenden Autos, unterhalten sich mit der Beifahrerin und beschäftigen die Kinder nebenher auf dem Rücksitz. Wer das Autofahren erst erlernen muss, braucht Hilfe und Unterstützung dabei, diese hochkomplexe Handlung in einzelne Tätigkeiten aufzugliedern und einerseits die Kompetenz in den einzelnen Bereichen zu steigern, andererseits aber auch aus den einzelnen Tätigkeiten ein gelingendes Ganzes zu schaffen.

Sie als relativer Neuling in diesem Berufsfeld, quasi als Fahrschüler, werden im Referendariat Teilkompetenzen erlernen und gleichzeitig an die komplexe Gesamthandlung der Unterrichtsplanung herangeführt.

Planungsarten

Unterrichtsplanung vollzieht sich auf verschiedenen Ebenen:

- Stoffverteilungspläne für Schulhalbjahre erstellen
- Unterrichtseinheiten planen
- Unterrichtswochen und -tage planen
- einzelne Unterrichtsstunden planen

Stoffverteilungspläne geben grob den Inhalt und die wichtigsten Lernziele und Arbeitsformen über einen längeren Zeitraum wieder. Sie sind das Raster für die Verteilung der einzelnen Themen und Projekte über das ganze Schuljahr. In der Regel müssen Lehrer/innen bei der Schulleitung jährliche bzw. halbjährliche Stoffverteilungspläne abgeben.

Unterrichtseinheiten gehen über mehrere Unterrichtsstunden, oft auch Wochen. Hier planen Sie schon etwas genauer, wann welches Thema ansteht, was die Schüler/innen wie und mit welchen Hilfsmitteln lernen sollen und welche fächerübergreifenden Bezüge Sie herstellen können. Oft werden im Kollegium diese fächerübergreifenden Aspekte gemeinsam vereinbart, auch aus organisatorischen Gründen. Falls das nicht der Fall ist, ergreifen Sie am besten selbst die Initiative und machen Vorschläge für eine Zusammenarbeit.

Notwendig ist auch, die einzelnen Unterrichtswochen und -tage vorzuplanen, um zum Beispiel zu vermeiden, dass sich besondere Termine der Klasse, Klassenarbeiten, der Museumsbesuch oder die Erkundung des mittelständischen Elektronik-Betriebs, überschneiden. Unterrichtsplanung ist auch endlich. Effizient planen heißt deshalb auch, sich je nach Woche und Tag unterschiedliche Schwerpunkte zu setzen und andere Fächer oder Verpflichtungen eher nebenher laufen zu lassen, um nicht in Arbeit zu ersticken. Und für die Schüler/innen ist der Wechsel von hoher Anspannung und Entspannung ebenso wichtig wie für Sie.

Für angehende Lehrer/innen ist es absolut notwendig, eine Unterrichtsplanung schriftlich zu fixieren, zum Beispiel in einer tabellarischen Form vorzugehen. Dabei, oder auch zur Erstellung von Arbeitsblättern, benutzen Sie am besten ein gängiges Textverarbeitungsprogramm. Dies hat zum Beispiel den Vorteil, dass man leicht einzelne Phasen oder Bausteine des geplanten Unterrichts verschieben und geringfügig ändern kann.

Bausteine der Unterrichtsplanung

Systematisch lassen sich folgende zwölf Bausteine der Unterrichtsplanung unterscheiden:

1. Klassensituation analysieren
2. Fachspezifische Lernvoraussetzungen analysieren
3. Sachanalyse
4. Didaktische Analyse – die begründete Auswahl der Lerninhalte
5. Lernziele formulieren
6. Unterrichtsphasen konzipieren
7. Methodeneinsatz wählen
8. Medien auswählen
9. Differenzierungsmöglichkeiten erkunden und planen
10. Eventualitäten mit einbeziehen
11. Lernzielkontrollen einbauen
12. Einen Verlaufsplan erstellen

Das heißt auch, dass es Ihnen bei Ihrer konkreten Unterrichtsplanung ähnlich ergehen wird wie erfahrenen Lehrer/innen. Sie gelangen beispielsweise bei Ihren Vorüberlegungen zu einer Stunde erst bei der Verlaufsplanung dahin, dass Ihre Inhalte den zeitlich begrenzten Rahmen sprengen.

1. Baustein: Klassensituation analysieren

Der erste Baustein zur Unterrichtsplanung ist die Analyse der Klassensituation, das heißt der äußeren und inneren Rahmenbedingungen für den geplanten Unterricht.

Nur wer seine Schüler/innen gut kennt, kann einen Unterricht planen, der ihrem Leistungsniveau, ihren Interessen und Bedürfnissen entspricht. Bereits während der Hospitationsphase haben Sie ständig die Klassensituation im Blick gehabt. Wahrscheinlich konnten Sie auch Ihre Mentorin/Ihren Mentor sowie die Schüler/innen selbst, vielleicht auch andere Lehrer/innen, die in der Klasse unterrichten, mehr oder weniger systematisch befragen. Einige Aspekte wollten Sie unbedingt wissen, andere haben Ihnen die Personen ungefragt beantwortet, auf wieder andere Dinge sind Sie vielleicht vor allem aufgrund konkreter Beobachtungen im Unterricht gestoßen.

Nun geht es darum, die Situation der Klasse insgesamt, der einzelnen Schülerinnen und Schüler und auch Ihre eigene Rolle in der Klasse zu reflektieren. Wichtige Aspekte sind im Folgenden aufgegliedert:

Situation der Klasse	Situation der Schule	Situation der Lehrerin/ des Lehrers
• Klasse/Kurs • Anzahl der Schüler/innen • Geschlecht • Alter • Entwicklungsstand (entwicklungspsychologisch begründet) • Schüler/innen mit Migrationshintergrund bzw. Zweitsprache Deutsch • Konfession • »Biografie« der Klasse • Sitzordnung • Klassenklima/Unterrichtskommunikation • Gruppenstruktur: Gruppenbildung, mögliche Anführer, Mitläufer, Außenseiter • verhaltensschwierige Schüler/innen • Ausstattung und Gestaltung des Klassenraums • allgemeine Arbeitshaltung und Lernmotivation • Ort der Stunde im Stundenplan der Klasse • benutzte Lehr- und Lernmittel (Schulbücher, Arbeitshefte …)	• Schulname • Schulart/Schulform • Schulprofil • besondere Schwerpunkte • besondere Angebote • Einzugsbereich • soziale Schichtung • Besonderheiten des Schulortes • sonstiges Schulangebot im Ort bzw. im Schulbezirk • Lehrerkollegium: Größe, Geschlechterverhältnis, Alter, Teilzeitkräfte, Referendar/innen • geltende Lehrpläne, Arbeitsvorgaben, Verordnungen, v. a. bzgl. der Zahl der Klassenarbeiten und der Benotung • spezielle Beschlusslagen der Fachkonferenzen • Ausstattung mit Lehr- und Lernmitteln	• Geschlecht • Alter • Biografie • Ausbildungsstand • Bezug zum Fach bzw. Thema • Motivation • besondere Interessen • Mitarbeit in Stufenteams o. Ä. • Sachkompetenz • Lehrstil • erzieherische Grundhaltungen • mögliche »Lieblingsschüler/innen« bzw. wenig geschätzte Schüler/innen • subjektive Theorien bezüglich des Erziehungsstils • subjektive Theorien bezüglich des Unterrichtsthemas

Abb. 12: Analyse der Klassensituation

Dieser Katalog ist nicht erschöpfend gemeint. Vielleicht sind für Ihre konkret zu planende Stunde einige Aspekte völlig irrelevant, während andere Aspekte hier gar nicht aufgeführt sind.

Um es an einem Beispiel zu illustrieren: Die *Analyse des Klassenklimas* bzw. der Unterrichtskommunikation kann für bestimmte Stunden zentral, für andere nicht so wichtig sein. Mit der Analyse der Unterrichtskommunikation wird deutlich, dass die Lehrerin bzw. der Lehrer Teil des kommunikativen Geschehens ist und so auch zur Lerngruppe gehört. Aus konstruktivistischer und phänomenologischer Sicht kann ein Lehrer seine Schüler/innen nicht als Objekte aus einer objektiven Beobachterperspektive beschreiben, sondern ist immer Teil eines situierten Prozesses. Wer hospitierend am Unterricht teilnimmt, bemerkt schnell, dass zwischen Lehrer/in und Schüler/innen eine spezifische Beziehungsstruktur besteht, die der Lehrkraft aber möglicherweise nicht bewusst ist oder die sie nicht offenlegen möchte. Animositäten oder Vorlieben, die ihr Verhältnis zu einzelnen Schüler/innen prägen, beeinflussen die Unterrichtskommunikation deutlich, aber im Unterrichtsentwurf möchte man sich hier – aus Sorge um eine negative Beurteilung – keine Blöße geben und lässt deshalb meist die eigene Person außen vor.

Häufig schreiben Referendarinnen und Referendare auch detaillierte Dinge in ihre Unterrichtsentwürfe, die wenig oder rein gar nichts mit der konkret zu planenden Stunde zu tun haben: Die *Infrastruktur eines Schulortes*, Verkehrsverbindungen oder die Beschreibung städtischer Mittelpunkte ist überflüssig, wenn es um ein Rechtschreibphänomen geht. Sofern es allerdings, beispielsweise in Mathematik, um das Schätzen und Messen von Längen geht, könnte an die Entfernungserfahrungen der Schüler/innen im großen Maßstab angeknüpft werden.

Um noch auf einen anderen wichtigen Bereich einzugehen: Immer wieder kann man in Unterrichtsentwürfen unter dem Kapitel »Analyse der Klassensituation« lesen, wie viele *»ausländische Schüler/innen«* oder »Ausländerkinder« in einer Klasse sind. Häufig wird dieser Punkt als Aspekt des Bereichs »Problemschüler/besondere Schüler« abgearbeitet. Wir empfehlen, in diesem Bereich der Tatsache Rechnung zu tragen, dass Deutschland seit vielen Jahrzehnten ein Einwanderungsland und die Schule in Deutschland eine ebensolche ist.

Die Begrifflichkeit »Ausländer« ist in diesem Zusammenhang unpräzise und zugleich diskriminierend. Unpräzise deshalb, weil allein die Nationalität der Schüler/innen ja im Hinblick auf den Unterricht nebensächlich ist und viel wichtiger die Frage der Muttersprache bzw. der bilingualen Sozialisation ist. Darüber hinaus haben ja viele Aussiedlerkinder und Kinder und Jugendliche aus Migrantenfamilien der zweiten oder dritten Generation die deutsche Staatsbürgerschaft. Diskriminierend ist der Begriff »Ausländer«, weil er den eingewanderten Menschen grundlegende Bürgerrechte aberkennt und sie auf den Status von Arbeitskräften herabstuft, die lediglich zum Arbeiten in Deutschland ansässig sind, aber nicht regulärer Teil der bundesdeutschen Gesellschaft mit vollen Bürgerrechten.

Insofern empfehlen wir dringend, in einem Unterkapitel unter dem Titel »Schüler/innen mit Migrationshintergrund« einerseits darzustellen, welche Schüler/innen welche Muttersprache haben (das ist für alle Unterrichtsgegenstände von Bedeutung, weil jeder Unterricht immer auch Sprachunterricht ist) und auf welchem Level sich ihre Kompetenzen in der Zweitsprache Deutsch, evtl. besonders im Hinblick auf das Unterrichtsthema, bewegen, und andererseits – aber nur, sofern es für die zu planende Stunde von Belang ist – die Nationalitäten der Schüler/innen zu nennen.

Darüber hinaus hat die Benennung von »Problemschüler/innen« in einem schriftlichen Entwurf Konsequenzen, denn Sie müssen dann präzisieren und belegen, inwiefern bzw. auf welchen Ebenen Sie das unterrichtliche Verhalten einer Schülerin oder eines Schülers als »problematisch« empfinden:

- *Verhalten:* Ist er aufsässig? Oder stört er permanent?
- *Arbeitsverhalten:* Ist er ständig abgelenkt oder träumt vor sich hin, sodass viele Arbeitsaufträge der Lehrerin/des Lehrers an ihm vorbeirauschen?
- *Sozialverhalten:* Ist sein Sozialverhalten problematisch? Kann er andere Meinungen nicht gelten lassen?
- *Lernverhalten:* Fehlen ihm basale (kognitive, sprachliche) Kompetenzen zur erfolgreichen Teilnahme am Unterricht?

So oder so: Wenn Sie in der Analyse bestimmte Schüler/innen als problematisch identifizieren, ist es unumgänglich, daraus in der Planung des Unterrichts Konsequenzen zu ziehen, damit auch sie die Lernziele zumindest ansatzweise erreichen können. Damit sind vor allem auch Fragen der inneren Differenzierung angesprochen.

2. Baustein: Fachspezifische Lernvoraussetzungen analysieren

Die Analyse der Lernvoraussetzungen ist als ein Baustein der Rahmenbedingungen zu sehen, bedarf aber gezielterer Reflexion. Denn: Jeder Unterricht vollzieht sich als Auseinandersetzung mit konkreten Inhalten. Insofern ist es unumgänglich, dass Sie mit Ihrem zu planenden Unterricht an den Lernvoraussetzungen der Schüler/innen anknüpfen. Dies bedeutet mitunter, genau hinzuschauen und zu eruieren, was die Schüler/innen bereits an Inhalten und Lernmethoden kennen und können. Zur Orientierung können folgende Analyse-Aspekte dienen:

Fachliche Lernvoraussetzungen

- allgemeiner Leistungsstand im jeweiligen Schulfach gemäß Lehrplan
- realer, beobachtbarer bzw. indirekt erschlossener Leistungsstand im jeweiligen Schulfach
- vorangegangener Unterricht
- fachspezifische Arbeitshaltung und Lernmotivation
- Vorwissen
- Streuung des Vorwissens: leistungsstarke vs. leistungsschwache Schüler/innen
- außerschulische Vorerfahrungen mit dem Thema
- Einschätzung der emotionalen Betroffenheit
- benutzte Lehrwerke im Unterricht des jeweiligen Faches

Methodische Lernvoraussetzungen

- Kenntnis bestimmter Unterrichtsformen und Methoden aus dem jeweiligen Fach
- Kenntnis bestimmter Unterrichtsformen und Methoden aus anderen Fächern
- Erfahrung mit bestimmten Unterrichtsformen und Methoden
- Akzeptanz bzw. Motivation im Umgang mit bestimmten Sozialformen und Methoden
- Streuung der methodischen Lernvoraussetzungen

3. Baustein: Sachanalyse

»Worum geht es überhaupt in meiner Stunde?« – eine scheinbar banale Frage, die aber, je mehr man sich mit ihr befasst, immer komplizierter werden kann. Aufgabe der Sachanalyse ist es, die sachliche Struktur des Unterrichtsgegenstandes, der Inhalte, offenzulegen. Unstrittig ist: Je gründlicher ein Unterrichtsgegenstand analysiert und erörtert wird, desto besser lässt er sich für den Unterricht didaktisch modellieren. Uneinigkeit besteht dagegen bei der Frage, ob der Gegenstand rein mit fachwissenschaftlichen Methoden unabhängig von fachdidaktischen Entscheidungen und Problemen analysiert werden kann.

Erkenntnistheoretisch muss die Antwort Nein lauten, denn eine interessenfreie, objektive wissenschaftliche Analyse eines Gegenstandes kann es nicht geben. Bei der Vorbereitung von Unterricht sind die didaktischen Interessen derartig stark, dass es Augenwischerei wäre, wenn man sie leugnen würde. Bereits die Auswahl eines Textes oder eines anderen Gegenstandes stellt eine zentrale didaktische Entscheidung dar. Die fachwissenschaftliche Beschäftigung mit dem Gegenstand ist dieser ersten didaktischen Entscheidung nachgeordnet und beeinflusst die Analyse, deren Ziel es ist, die im Gegenstand liegenden Bezüge für mögliche Lern- und Erkenntnisprozesse aufzudecken. Die Ergebnisse der fachlichen Analyse beeinflussen und modifizieren also wiederum didaktische Entscheidungen. Dieser spiralförmige Prozess ist im Kern didaktisch, da fachwissenschaftliche Befunde letztlich immer didaktischen Entscheidungen dienen: Man wird sich bei der Analyse nicht auf fachliche Details kaprizieren, die für die Stundenplanung abwegig wären. Dennoch hat die Sachanalyse ihren Wert.

Dass bestimmte Inhalte überhaupt im Unterricht behandelt werden, ist, Sie wissen das natürlich, keineswegs zufällig oder gottgegeben. Es stellt den Schlusspunkt einer Reihe von Entscheidungen der Lehr- bzw. Bildungsplankommissionen und der Lehrer/innen dar. Es gibt Inhalte, die deshalb im Unterricht behandelt werden, weil sie traditionelle Bildungsbausteine darstellen (z. B. Goethes »Faust« oder die Relativitätstheorie). Andere Inhalte sind der Aktualität geschuldet (z. B. Gentechnik, Atomenergie, der Klimawandel, Globalisierung u. Ä.). Wieder andere haben im Laufe der Geschichte eine gravierende Veränderung erfahren (z. B. Elektrotechnik, Maschinenbau) oder werden nur deshalb behandelt, weil sie in vielen Schulbüchern zu finden sind. Manche Inhalte sind verpflichtend, andere sind als Wahlpflichtinhalte gekennzeichnet, wieder andere Inhalte haben einen fakultativen Status, können also auch weggelassen werden.

Die Wissensforschung hat vielfach belegt, dass sich gegenwärtig das Wissen, das die Menschheit anhäuft, ca. alle zehn Jahre verdoppelt. Das heißt natürlich auch, dass jede Gesellschaft umso mehr auswählen muss, welche Inhalte Kindern, Jugendlichen und jungen Erwachsenen in allgemeinbildenden und beruflichen Schulen begegnen sollen.

Die Unterrichtsinhalte sind für Sie als Referendar/in in aller Regel aus guten Gründen nicht gänzlich frei zu wählen. In der Regel werden Sie entlang des Stoffverteilungsplanes Ihrer Mentorin/Ihres Mentors, der Struktur des Lehrbuchs, dem Curriculum des Lehrplans oder auch der Dynamik des Lernprozesses in der Klasse bestimmte Themen und Inhalte zugewiesen bekommen oder können darunter spezifische Unterthemen auswählen. Insofern ist zumindest der thematische Rahmen festgelegt. Häufig jedoch ist dieser Rahmen so groß und umfangreich, dass es schwierig oder gar unsinnig sein kann, dazu eine einzelne Stunde oder eine Unterrichtseinheit durchzuführen.

Wenn es bei der Planung einer Stunde oder Unterrichtseinheit darum geht, die Sachstruktur des Inhalts zu klären, so stehen Sie vor der Aufgabe, die inhaltliche Auswahl des Lehrplans quasi noch einmal nachzuvollziehen und sich klarzumachen, aus welchen einzelnen Bestandteilen ein Inhalt besteht, wie diese Bestandteile zusammenhängen und wie das Ganze mit anderen Inhalten verknüpft ist. Als Richtschnur könnte gelten: Sie müssen den ganzen Arm kennen, um eine Stunde zum kleinen Finger zu halten. Und dies nicht nur, um Schülerbeiträge einordnen zu können oder als richtig bzw. falsch zu werten, sondern vor allem, um Bezüge zwischen dem Ganzen und dem exemplarischen Thema zu sehen bzw. in der Planung und dem Unterrichtsgeschehen herzustellen.

Um über das Thema des Unterrichts möglichst umfassend Bescheid zu wissen, ist es in aller Regel notwendig, dass Sie sich aus verschiedenen Quellen informieren: Einerseits sollten Sie die einschlägige Fachliteratur kennen, andererseits aus allgemeinen Nachschlagewerken Überblickskenntnisse ziehen. Darüber hinaus bieten sich Lehrpläne, Schulbücher, vor allem aber das Internet als globale Bibliothek an.

Der Umfang dessen, was die Lehr- bzw. Bildungspläne Ihres Bundeslandes für die jeweiligen Klassenstufen als verpflichtenden Lernstoff vorgeben, unterscheidet sich zuweilen beträchtlich. Lehrplanrevisionen sind häufig nicht nur eine notwendige Antwort der gesamten Gesellschaft auf veränderte Lebenswelten und Anforderungen, sondern mitunter auch einfach Profiliergehabe einer Kultusbürokratie oder eines Kultusministers, der vor einer Landtagswahl steht. Lehrer/innen gehen, wenn man der schulpädagogischen Curriculumforschung glaubt, ohnehin recht nonchalant mit neuen Lehr- und Bildungsplänen um. Bis diese wirklich in der breiten Praxis umgesetzt werden, steht mitunter schon die nächste Lehrplanrevision an. Und das wissen diejenigen, die Lehrpläne erstellen, sehr genau – und die Lehrer/innen ebenfalls: Sie benutzen zur Unterrichtsvorbereitung vor allem eigene Unterrichtsmaterialien der letzten Jahre sowie das in der Klasse eingeführte Schulbuch (vgl. Becker 2003, S. 87).

Dennoch: Lehr- und Bildungspläne bieten einen unverzichtbaren und auch notwendigen Rahmen für Ihre Unterrichtsplanungen. Und neben der Auflistung von verpflichtenden Lehrinhalten findet man in ihnen auch zahlreiche Hinweise für eine effiziente und anregungsreiche Unterrichtsgestaltung. Alle Lehrpläne sehen auch einen mehr oder weniger großen Spielraum zur eigenen Schwerpunktsetzung vor.

Wie Lehrpläne leisten auch die Schulbücher wertvolle Unterstützung bei der Planung und Durchführung von Unterricht. Viele Lehrer/innen nehmen zur Unterrichtsplanung mehrere Schulbücher unterschiedlicher Verlage nebst Lehrerhandbüchern zur Hand und stellen sich so ihre Inhalte, Methoden und Lernmittel zusammen.

Dabei sollten Sie immer bedenken, dass allein die Tatsache, dass ein Inhalt, ein Text oder eine Aufgabe im Lehrplan oder in einem Schulbuch steht, noch kein Qualitätskriterium ist. Immer sollten Sie versuchen, die Anregungen aus anderen Quellen mit der konkreten Klassensituation vor Ort und dem aktuellen allgemein- bzw. fachdidaktischen Kenntnisstand in Beziehung zu bringen.

Ein Beispiel dazu aus der Deutschdidaktik, hier speziell der Rechtschreibdidaktik, das Ihnen womöglich aus Ihrer eigenen Schulzeit vertraut ist: Seit Jahrzehnten schon werden Schulbücher und Schülerarbeitshefte auf den Markt gebracht, die Übungsbausteine zur Unterscheidung von »ss« und »ß« beinhalten. Es gibt wahrscheinlich unzählige Sprachbuchseiten und Rechtschreibhilfen für Schüler/innen, bei denen diese entscheiden müssen, ob ein Wort mit »ss« oder »ß« geschrieben wird oder ob ein Wort mit »ss« oder »ß« richtig oder falsch geschrieben ist. Dasselbe Prinzip findet sich bei den allermeisten Rechtschreibphänomenen wieder. Und seit Generationen üben Lehrer/innen mit diesen Sprachbüchern und diesem Übungsmaterial und machen viel zu oft verwundert die Feststellung, dass sich die Rechtschreibleistung ihrer Schüler/innen bei einem Diktat im Anschluss an eine solche gezielte Übungseinheit zum Fehlerschwerpunkt kaum oder gar nicht verbessert hat – ja sogar, dass bei der Unterscheidung zwischen »ss« und »ß« mehr Fehler als vorher gemacht wurden.

Gibt es eine Erklärung für dieses Problem? Die Lernpsychologie spricht von »Interferenz« bzw. von der pro- und retroaktiven Ähnlichkeitshemmung. Als Erster hat diese der ungarische Psychologe Pál Ranschburg in den 1920er-Jahren beschrieben, berühmt geworden ist sie als »Ranschburg'sche Hemmung«. Der Begriff meint: Wenn zwei in zeitlicher Nachbarschaft gelernte Stoffe einander ähnlich sind, sind die Gedächtnisstörungen besonders stark. Der Effekt: Die Schüler/innen können sich nicht mehr genau erinnern, wann jetzt ein Wort so oder so geschrieben wird, sie werden unnötig verwirrt. Sie verwechseln dann die Schreibung eines Wortes, obwohl sie eigentlich vorher wussten, wie es geschrieben wird. Diese Ähnlichkeitshemmung greift in allen Fächern, nicht nur beim Rechtschreiben. Dennoch strotzen die meisten Sprachbücher nur so von verwirrenden und lernpsychologisch gesehen kontraproduktiven Übungsbausteinen.

Zusammengefasst: Ihre Aufgabe im Rahmen der Sachanalyse besteht darin, die vielfältigen Informationen und Quellen so zu ordnen, dass eine Sachstruktur sichtbar wird. Dies können Sie zum Beispiel in Form eines Fließtextes, mithilfe einer Mindmap oder einer Tabelle oder mithilfe von Stichpunkten angehen. Der letzte Schritt besteht dann darin, diese Sachstruktur schriftlich niederzulegen. Hilfreiche Fragen sind dabei:

- Welche Bedeutung hat der Inhalt in der Fachwissenschaft?
- Welches Teilgebiet vertritt er?
- Welche Teilgebiete sind gegebenenfalls beteiligt? Ist der Gegenstand interdisziplinärer Natur?
- Wie ist der Inhalt begrifflich zu fassen?
- Hat der Gegenstand verschiedene Sinn- oder Bedeutungsschichten?
- Wie komplex ist der Unterrichtsgegenstand?
- Aus welchen Bausteinen bzw. Schichten besteht das Thema?
- Welche Elemente, Klassen, Systeme, Begriffe, Formen, Probleme, Prinzipien, Gesetze, Techniken oder Methoden sind mit ihm verbunden?
- Wofür ist der Inhalt repräsentativ bzw. exemplarisch?
- Welche Transfermöglichkeiten sind impliziert?
- Welche fachlichen Schwierigkeiten und Probleme sind mit dem Inhalt verbunden?
- Welche Inhalte müssen vorausgehen?
- Welche Inhalte folgen üblicherweise bzw. sinnvollerweise? Inwieweit ist der Inhalt in ein Curriculum eingebunden?

4. Baustein: Didaktische Analyse – die begründete Auswahl der Lerninhalte

Wenn Sie sich nun über die Struktur des Themas klar geworden sind, zahlreiche Quellen herbeigezogen haben und sich einen Überblick verschafft haben, werden Sie bemerken, dass es unmöglich ist, all das in eine Unterrichtsstunde oder Unterrichtseinheit hineinzupacken. Es würde die Schüler/innen erschlagen, vielleicht sogar verhindern, dass relevante Lernprozesse stattfinden. Die Didaktische Analyse soll die Frage beantworten, warum sich *diese* Schülerinnen und Schüler mit *diesen* vermuteten Interessen, Erfahrungen und Handlungszielen ausgerechnet an *diesem* Unterrichtsinhalt und mit *diesen* Methoden zu den angestrebten Lernergebnissen kommen sollen.

Sie müssen daher eine begründete Auswahl der Unterrichtsinhalte vornehmen. Dieser Prozess der Auswahl ist eine der wichtigsten Aufgaben von Allgemeiner Didaktik und Fachdidaktik. In der Geschichte der Didaktik gab es schon viele Vorschläge, diese Auswahl durch Leitfragen zu unterstützen. Besonders bekannt geworden sind die Ansätze von Möller (1969), Robinsohn (1967) und Klafki (1958; vgl. zusammenfassend Böhmann/Schäfer-Munro 2008, S. 77 ff.).

Möller 1969	Robinsohn 1967	Klafki 1958
• Ist der Inhalt für ein bestimmtes Wissensgebiet bedeutsam? • Hat sich der Inhalt schon seit alters her bewährt? • Ist der Inhalt nützlich? • Ist der Inhalt für die Lernenden interessant?	• Hat der Gegenstand eine herausragende Bedeutung im Gefüge der Wissenschaft? • Leistet der Inhalt Wesentliches für das Weltverstehen? • Hat der Inhalt eine wichtige Bedeutung für spezifische Verwendungssituationen des privaten oder öffentlichen Lebens?	• Welchen größeren bzw. allgemeineren Sinn- oder Sachzusammenhang erschließt der Inhalt (Exemplarität/Repräsentativität)? • Welche Bedeutung hat der Inhalt für die Gegenwart der Schüler? • Worin liegt die Bedeutung des Inhalts für die Zukunft der Schüler? • Welches sind die besonderen Fälle, Phänomene, Situationen, Versuche, in oder an denen die Struktur des jeweiligen Inhaltes den Kindern dieser Bildungsstufe, dieser Klasse interessant, frag-würdig, zugänglich, begreiflich, »anschaulich« werden kann?

Abb. 13: Leitfragen zur Didaktischen Analyse

Neben begrifflichen oder konzeptionellen Unterschieden gibt es auch Parallelitäten: Alle drei Ansätze setzen bei der Auswahl der Inhalte

1. an der fachlichen Bedeutsamkeit,
2. an der aktuellen Bedeutsamkeit für die Schüler/innen und
3. an der antizipierten Bedeutsamkeit für die Zukunft der Schüler/innen an.

Fasst man bislang erschienene Kataloge zur Auswahl von Inhalten zusammen, erscheinen uns folgende Fragen als relevant für die Didaktische Analyse in allen Fächern und Schulstufen:

- Welche Rolle spielt der Inhalt in den Lehrplänen und Fachcurricula?
- Wie wird der Inhalt in Schulbüchern behandelt? Gibt es (z. B. in der Sekundarstufe) Unterschiede zwischen einzelnen Schularten oder Klassenstufen?
- Wie wird der Inhalt in der fachdidaktischen Literatur behandelt?
- Welche (vermutete oder zu belegende) gegenwärtige Bedeutung hat der Inhalt zurzeit im Bewusstsein der Schüler/innen?
- Existiert ein aktueller Anlass für die Behandlung des Themas?
- Welche (vermuteten oder zu belegenden) diesbezüglichen Vorkenntnisse haben die Schüler/innen?
- Gibt es dabei Unterschiede zwischen muttersprachlichen Schüler/innen und solchen mit Migrationshintergrund? Zwischen Mädchen und Jungen? Zwischen verschiedenen sozialen Schichten?
- Was ist den Schüler/innen am Thema vermutlich neu?

- Worin liegt die (vermutete oder zu belegende) Bedeutung des Themas für die Zukunft der Schüler/innen innerhalb der Schullaufbahn?
- Worin liegt die (vermutete oder zu belegende) Bedeutung des Themas für die Zukunft der Schüler/innen außerhalb der Schullaufbahn, das heißt zum Beispiel im zukünftigen Berufs- oder Familienleben?
- Hat das Thema neben seiner fachlichen Exemplarität auch eine unterrichtliche Exemplarität?
- Welche Transfermöglichkeiten innerhalb des Fachunterrichts bietet das Thema?
- Welche fächerübergreifenden Aspekte bietet das Thema?
- Legt die Struktur des Inhalts bestimmte Schrittfolgen oder Anregungen zur Strukturierung von Unterrichtsprozessen nahe?
- Welche vermuteten Lernschwierigkeiten bringt der Inhalt mit sich?
- An welchen Punkten können die Schüler/innen aktiv werden?
- Welche konkreten bzw. bildlichen Anschauungsmöglichkeiten bietet das Thema?
- Welche Lernhilfen (z. B. Vermittlungshilfen, Arbeitshilfen, Vorlagen) können bereitgestellt werden?
- Welche inhaltlichen Schwerpunkte können gesetzt werden?
- Welche Ergebnisse sollten bei der Auseinandersetzung mit dem Inhalt mindestens erreicht werden?
- Sind diese Ergebnisse überprüfbar? Durch Selbstkontrolle oder Fremdkontrolle?
- Welche Hilfen stehen mir zur Vorbereitung des Unterrichts zur Verfügung (z. B. Fachliteratur, Lehrerhandbücher, Internet, Kollegium …)?

Die didaktisch begründete Auswahl der Lerninhalte ist ein schwieriges Geschäft. Manchmal sind viele der Fragen leicht zu beantworten, häufiger aber verlangen sie eine eingehende Beschäftigung und analytisches Gespür.

5. Baustein: Lernziele formulieren

In direkter Verbindung mit der Sachanalyse und der Didaktischen Analyse, das heißt der Auswahl der Inhalte einer Unterrichtsstunde oder -einheit, steht die Formulierung von Lernzielen. Lernziele geben an, was Schüler/innen am Ende der Stunde oder Einheit mehr bzw. anders kennen, können, wissen oder tun sollten. Sie können sich auf Wissen, Verhalten oder Einstellungen beziehen. Lernziele geben also gewünschte Lernergebnisse an.

Dabei hat sich in der Didaktik mittlerweile durchgesetzt, zwischen »Lernziel« und »Lehrziel« zu differenzieren. Lehrziele werden von Lehrer/innen formuliert, Lernziele müssen die Schüler/innen sich erst zu eigen machen. Beide Begriffe beschreiben also den gleichen Sachverhalt aus unterschiedlichen Perspektiven. Man kann darüber streiten, ob diese Unterscheidung Sinn macht oder nicht. Wir sprechen im Folgenden der Einfachheit halber von Lernzielen.

Als Quereinsteiger/in werden Sie sich möglicherweise fragen, warum es wichtig ist, Lernziele ausdrücklich zu formulieren. Immerhin ist doch die mehr oder weniger intensive Auseinandersetzung mit einer mathematischen Formel, einem chemischen

Experiment, einer historischen Quelle, einem literarischen Text oder auch einem englischen Wortfeld Ziel des Unterrichts genug. Die Formulierung von Lernzielen hat dagegen gewichtige Vorteile: Sie lenken den Blick auf das gewünschte Ergebnis des Unterrichts und stellen Anforderungen an die Stufung und methodische Gestaltung des Unterrichts. Darüber hinaus ist es mittels Lernzielen möglich, den Erfolg bzw. Misserfolg des Unterrichts relativ präzise zu überprüfen. Zusätzlich verhindern sie, Schule nur als Selbstzweck, als reine Beschäftigung zu sehen.

Andererseits sind Lernziele und vor allem ihr Erreichen im Unterricht auch nicht alles. In konkreten Unterrichtssituationen müssen jeweils mehrere Ziele angestrebt und immer synchronisiert werden. Es gibt unzählige Stunden, in denen die Lernziele nicht erreicht oder gar keine aufgestellt wurden, die aber trotzdem sehr sinnvoll liefen und bei denen die Schüler/innen trotzdem Wichtiges gelernt haben.

Systematisch lassen sich zum einen verschiedene Bereiche von Lernzielen grob unterscheiden:

- *Wissen/Kenntnisse,* zum Beispiel im Fach Deutsch: Die Schüler/innen sollen zwei wichtige Merkmale einer Kurzgeschichte kennen.
- *Verhalten,* zum Beispiel im Fach Metalltechnik: Die Schüler/innen sollen ein quadratisches Metallstück feilen und abrunden können.
- *Einstellungen,* zum Beispiel im Fach Kunst: Die Schüler/innen sollen den Wert des Werkes von Picasso schätzen lernen.

Zum Zweiten lassen sich Lernziele auf unterschiedlichen Komplexizitätsgraden bzw. Schwierigkeitsstufen formulieren. Viele Jahre war zum Beispiel die Lernzieltaxonomie kognitiver Lernziele von Bloom (1972, im amerik. Original 1956) verbreitet. Sie reicht von einfachen zu immer komplexer werdenden Lernzielen:

- Kenntnisse
- Auswendig lernen (reproduzieren)
- Verstehen (in eigenen Worten wiedergeben)
- Anwendung (Anwendung zur Problemlösung)
- Analyse (Teilkomponenten und Beziehungen identifizieren)
- Synthese (Neukombination einzelner Teile)
- Evaluation (Bewertung)

Eine solche Komplexitätsskala lässt sich auch für den affektiven Bereich nach dem Grad der Verinnerlichung (Aufnehmen, Reagieren, Werten, Werte ordnen) oder für den psychomotorischen Bereich nach dem Grad der Koordination (Imitation, Manipulation, Präzision, Gliederung, Naturalisierung) formulieren.

Zum Dritten kann man ein Lernziel nach dem Grad der Zielgenauigkeit unterscheiden: Lernziele können sehr genau beschrieben sein (z. B. »Die Schüler/innen sollen mindestens drei Gründe für das Scheitern der Weimarer Republik nennen können«) oder eher allgemein formuliert sein (z. B. »Die Schüler/innen sollen einen Bewerbungsbrief verfassen können«).

In der Fachliteratur wird häufig zwischen Feinzielen, Grobzielen und Richtzielen unterschieden. *Feinziele* sind sehr konkret formuliert und beziehen sich auf spezielle Phasen oder Abschnitte einer Unterrichtsstunde. *Grobziele* oder Stundenziele besitzen ein mittleres Abstraktionsniveau und beziehen sich häufig auf eine ganze Stunde, eine Sequenz von mehreren Stunden oder eine längere Unterrichtseinheit. *Richtziele* sind auf einem hohen Abstraktionsniveau formuliert und geben die Richtung an, in die die jeweilige Stunde einzuordnen ist.

In enger Verbindung mit der Zielgenauigkeit eines Lernziels steht die Frage, wie konkret man die Zielerreichung beschreibt, wie man dies als Lehrer/in überprüfen kann und woran man beobachten kann, ob diese Lernziele auch wirklich erreicht wurden. Die Didaktik nennt diesen Prozess *Operationalisierung* von Lernzielen.

Ein Beispiel: Sie möchten Ihren Fokus darauf richten, was die Schüler/innen im Laufe einer Gesundheitswissenschafts-Doppelstunde in einer Berufsschulklasse zum Thema »Gesunde Ernährung« konkret lernen. Die Lernziele der Doppelstunde könnten sein:

- Die Schüler/innen sollen wissen, dass die meisten Menschen in Deutschland zu fett, zu süß und zu salzig essen.
- Die Schüler/innen sollen wichtige (individuelle und gesellschaftliche) Auswirkungen dieser ungesunden Ernährungsweise erläutern können.
- Sie sollen ihr eigenes Essverhalten mithilfe eines Arbeitsblattes grafisch darstellen.
- Sie sollen ihr eigenes Trinkverhalten anhand einer Tabelle einschätzen.
- Sie sollen mit einem Mitschüler ein kurzes Interview zu seinem Ernährungsverhalten anhand von Leitfragen führen und der Klasse darüber berichten.
- Sie sollen in Gruppenarbeit mithilfe eines Sachtextes ein Plakat zum Thema »Gesunde Ernährung« für eine Ausstellung im Schulfoyer entwerfen.
- Sie sollen motiviert werden, sich gesünder zu ernähren.

Bei der Formulierung von Lernzielen ist es wichtig, die Lernziele der Mentorin/des Mentors zu erkunden und danach zu fragen, wie das Erreichen bzw. Nichterreichen dieser Lernziele konkret zu beobachten ist. Ergebnis Ihrer Überlegungen könnte sein, die inhaltlichen Lernprozesse anhand folgender Lernziele, Kategorien bzw. Verhaltensweisen zu operationalisieren, das heißt anzugeben,

• wer dieses Ziel	*Die Schüler/innen der Klasse sollen*
• welchen Inhalts	*ihr eigenes Trinkverhalten*
• in welcher Lernzeit	*in zwanzig Minuten*
• unter welchen Lernbedingungen	*in Partnerarbeit in ihr Heft*
• nach welchem Gütemaßstab	*wahrheitsgemäß*
• in welcher Form erreichen soll.	*in Form eines Diagramms abbilden.*

Zur genauen Beobachtung nehmen wir uns das letzte der oben genannten Lernziele heraus und fragen, an welchen Verhaltensweisen beobachtet werden kann, ob die Schüler/innen motiviert wurden, sich gesünder zu ernähren. Wir werden sehen, dass dies gar nicht so einfach ist, gerade im Bereich der sozialen Dimension und der Einstellungsdimension sogar nahezu unmöglich.

Verhaltensweisen, die eher das Erreichen des Lernziels anzeigen	Verhaltensweisen, die eher das Nicht-Erreichen des Lernziels anzeigen
Die Schüler/innen kennen die wichtigsten Bausteine einer gesunden Ernährung.	Die Schüler/innen wissen nicht, was unter gesunder Ernährung zu verstehen ist.
Die Schüler/innen wissen, dass bei uns oft zu viel, zu fett und zu salzig gegessen wird.	Die Schüler/innen kennen die grundlegenden Fehler nicht, die in unserer Kultur beim Ernährungsverhalten gemacht werden.
Die Schüler/innen äußern Vorsätze über ihr eigenes gesundes bzw. gesünderes Ernährungsverhalten.	Die Schüler/innen äußern keinerlei Vorsätze über ihr eigenes gesundes bzw. gesünderes Ernährungsverhalten.
Die Schüler/innen bringen vermehrt gesunde Lebensmittel für die Pause (z. B. Vollkornbrot, Obst, Rohkost) und weniger ungesunde Lebensmittel in die Schule.	Die Schüler/innen ernähren sich in der Schule weiterhin ungesund.
Die Schüler/innen berichten von Änderungen in ihren häuslichen Essgewohnheiten hin zur gesunden Ernährung.	Die Schüler/innen berichten von keinerlei Veränderungen.

Abb. 14: Beobachtbare Verhaltensweisen pro und kontra Lernzielerreichung

Für das Referendariat bzw. die Qualifizierungsmaßnahme raten wir, im Allgemeinen pro Unterrichtsstunde ein oder zwei Grobziele sowie, soweit dies sinnvoll ist, Feinziele für jeweils unterschiedliche Phasen zu formulieren.

Während erfahrene Lehrer/innen bei den meisten Stunden recht präzise ihre Ziele nennen können bzw. wissen, was am Ende der Stunde oder der Unterrichtseinheit stehen soll, planen gerade unerfahrene Lehrer/innen und erst recht Referendar/innen ihre Stunden weniger von den Zielen, sondern von möglichen Methoden her. Dies ist häufig mit Problemen verbunden, weil einerseits für die Schüler/innen nicht offensichtlich wird, wozu sie jetzt dieses oder jenes im Unterricht machen. Andererseits verführt die methodengeleitete Planung dazu, möglichst viele unterschiedliche Methoden einzusetzen und dabei zu vergessen, worum es eigentlich im Unterricht geht.

Daher möchten wir Ihnen raten: Planen Sie immer von den Zielen her und bestimmen Sie erst ein mögliches Stundenziel sowie mehrere Feinziele, vor allem für die zentralen Phasen der geplanten Stunde. Dies schließt nicht aus, dass Sie im Laufe der Planung bei Ihren Zielen noch Präzisierungen oder Verallgemeinerungen vornehmen, neue Ziele mit hereinnehmen oder andere Ziele verwerfen.

6. Baustein: Unterrichtsphasen konzipieren

Nachdem Sie jetzt den Inhalt des Unterrichts für sich geklärt haben, eine didaktische Auswahl im Hinblick auf eine Klassenstufe und eine konkrete Klasse getroffen haben und sich schließlich zu einigen Lernzielen entschieden haben, geht es im nächsten

Schritt Ihrer Unterrichtsplanung darum, eine Grobstruktur und mögliche Phasen der Stunde zu entwerfen. Teilweise kann sich diese Phasierung aus der Sachstruktur ergeben, zum Beispiel wenn die Teilinhalte der Stunde aufeinander aufbauen. Teilweise legt die reale Klassensituation vor Ort, das heißt zum Beispiel bestimmte Rituale der Klassenlehrerin, einige Phasen fest.

Man kann bei der Wissensvermittlung grob zwischen folgenden Vorgehensarten unterscheiden:

- deduktives Vorgehen (vom Allgemeinen zum Besonderen) vs. induktives Vorgehen (vom Besonderen zum Allgemeinen)
- analytisch (ein Ganzes wird in seine Einzelteile zerlegt) vs. synthetisch (aus einzelnen Teilen wird ein Ganzes konstruiert)
- ganzheitlich (verschiedene Lernzugänge werden verknüpft) vs. elementenhaft (verschiedene Lernzugänge werden nacheinander abgearbeitet)

Jede Unterrichtsstunde besteht mehr oder weniger deutlich aus einer bestimmten Abfolge von Bausteinen. In der didaktischen Literatur wurden bis heute vor allem zwei Ansätze rezipiert. Johann Friedrich Herbart legte 1806 erstmals auf der Grundlage eines Unterrichtskonzeptes, das einen ständigen Wechsel von Vertiefung und Besinnung vorsah, ein Gliederungsschema für den Ablauf eines Denkaktes vor (»Formalstufen-Theorie«):

- Klarheit
- Assoziation
- System
- Methode

Heinrich Roth (1957) unterschied zum Beispiel folgende Lernstufen:

- die Stufe der Motivation
- die Stufe der Schwierigkeit
- die Stufe der Lösung
- die Stufe des Tuns oder Ausführens
- die Stufe des Behaltens oder Einübens
- die Stufe des Bereitstellens, der Übertragung und der Integration

Diese Konzepte sind eher systematisch als chronologisch zu verstehen. Zwar finden Unterrichtsstunden in vielen Unterrichtsfächern als Fünfschritt statt (Hinführung, Präsentation, Erarbeitung, Übung, Transfer). Dennoch gibt es zahlreiche Unterrichtskonzepte, vor allem die des offenen Unterrichts, bei denen die verschiedenen Zugangsweisen zum Unterrichtsgegenstand ineinandergreifen. Manfred Bönsch hat zu Letzterem 2001 eine flexible Artikulation des Unterrichts vorgeschlagen:

- Eingangsphase/Motivation
- Erarbeitungsphase
- Sicherungsphase

Für das Referendariat von Quereinsteiger/innen ist unseres Erachtens folgende Struktur der Unterrichtsphasen gut handhabbar:

Schritte der Hinführung zum Inhalt	Schritte der Begegnung mit dem Inhalt	Schritte der Erarbeitung des Inhalts	Schritte der Einübung eines Inhalts	Schritte des Transfers eines Inhalts
• Hinführung • Motivation • Einstieg • Einleitung • Problematisierung • Zielangabe • Anschauung	• Präsentation • Lehrervortrag • Erlesen eines Textes • Problemdarstellung • Stofferschließung	• Analyse • Vertiefung • Lösungssuche • Gespräch	• Übung • Training • Wiederholung	• Anwendung • Bewertung/ Evaluation • Verknüpfung mit einem neuen Thema

Abb. 15: Struktur von Unterrichtsphasen

Eine ganz wichtige Frage beim Konzipieren einer Abfolge von Unterrichtsphasen ist, in welchen Interaktionsweisen sich Schüler/innen und Lehrer/in mit dem Unterrichtsgegenstand beschäftigen. Die Didaktik nennt diese unterrichtsorganisatorischen Arten »Sozialformen«. Systematisch lassen sich vier grobe Sozialformen unterscheiden:

- Einzelarbeit
- Partnerarbeit
- Gruppenarbeit
- Plenumsarbeit

Jede dieser Sozialformen hat gewisse Stärken und Schwächen. Vor allem stehen die Sozialformen in mehr oder weniger enger Verknüpfung mit den Unterrichtsmodulen und dem konkreten Unterrichtsthema. So ist es wohl sinnvoll, für eine Phase, in der möglichst unterschiedliche Lösungen erarbeitet werden sollen, zur Partner- oder Gruppenarbeit zu greifen. Um als Lehrer/in zu kontrollieren, ob alle in der Klasse eine mathematische Formel selbstständig anwenden können, ist es sinnvoll, eine Einzelarbeit einzubauen.

Aus Sicht der lernpsychologischen Forschung sollte jeder Unterricht einerseits Aufmerksamkeitsspannen berücksichtigen, andererseits verschiedene Zugangskanäle ansprechen. Vor diesem Hintergrund ist es häufig sinnvoll, in jeder Unterrichtsstunde einen oder mehrere Sozialformenwechsel einzuplanen. Dies sollte aber auch in der Sache, das heißt im Thema des Unterrichts begründbar sein und Sinn machen. Nicht jeder Sozialformenwechsel ist schon an sich gut. Und nicht jede Sozialform ist an sich gut oder schlecht.

7. Baustein: Methodeneinsatz wählen

Jede unterrichtliche Auseinandersetzung mit einem Thema vollzieht sich in konkreten Unterrichtsformen, Techniken, Lehrweisen. Praktikablerweise spricht man von

Methoden, also von Wegen des Lehrens und Lernens. Unterrichtsmethoden haben immer

- einen Zielbezug,
- einen Inhaltsbezug und
- einen Personenbezug.

Die Allgemeine Didaktik und die verschiedenen Fachdidaktiken haben bis heute vielfältige Unterrichtsmethoden, das heißt Verfahrensschritte, Aktionsformen und Unterrichtsrezepte entwickelt, um Lehren und Lernen effektiver und humaner zu machen. Dennoch lässt sich konstatieren, dass das methodische Repertoire vieler Lehrer/innen offenbar relativ begrenzt ist. Die allgemeine und fachdidaktische Unterrichtsforschung hat mittlerweile deutlich gezeigt, dass bestimmte Unterrichtsmethoden sehr häufig, andere selten und wieder andere fast gar nicht gewählt werden. Insgesamt lässt sich in allen Schulstufen, aber mit unterschiedlicher Deutlichkeit, eine Priorität der lehrerdominanten Methoden feststellen, das heißt vor allem lehrerzentriertes Erarbeitungsgespräch, Lehrervortrag oder auch das Ausfüllen von Arbeitsblättern. Die verfolgten Ziele beziehen sich zum großen Teil auf die Vermittlung von Kenntnissen bzw. intellektuellen Aspekten (Analysieren, Interpretieren, Schlussfolgern). Häufig wird dies auch als »Verkopfung« des Unterrichts bezeichnet. Dabei spielt die Sozialform »Frontalunterricht« quantitativ und qualitativ die wichtigste Rolle, fast drei Viertel der Unterrichtszeit verläuft in dieser Form. Eine Studie hat diese Ergebnisse einmal als »methodische Monostruktur des Unterrichts« bezeichnet.

Das lässt die Vermutung zu, dass Schüler/innen an deutschen Schulen – im Unterschied zu einigen anderen Ländern – im Unterricht vor allem damit beschäftigt sind, am Platz sitzen zu bleiben, dem Lehrer zuzuhören, sich an einem Frage-Antwort-Spiel zu beteiligen, Arbeitsblätter auszufüllen, abzuschreiben und ansonsten nicht aufzufallen.

Methodisches Handeln des Lehrers kann systematisch am Grad der Lenkung unterschieden werden, wobei die hier genannten Beispiele nicht immer ganz trennscharf sind:

- *darbietende Methoden:* Lehrervortrag, Lehrerdemonstration …
- *anleitende/erarbeitende Methoden:* erarbeitendes Unterrichtsgespräch, Schüler-Demonstration, Diskussion, Lernzirkel …
- *anregende/entdeckende Methoden:* Experiment, Befragung …

Aufgabe von Unterricht müsste sein, die Schüler/innen schrittweise daran heranzuführen, ihr eigenes Lernen selbst zu steuern, das heißt von lehrerzentrierten Methoden immer mehr wegzukommen und schülerzentrierte Methoden und unterrichtliche Settings zu verwirklichen.

Zu jeder Phase und für jedes Feinziel des geplanten Unterrichts bieten sich in der Regel mehrere Methoden an. Ihre Aufgabe besteht nun darin, diese methodischen Möglichkeiten überblickend darzustellen. Der zweite Schritt besteht darin, diese Liste an möglichen Methoden nach bestimmten allgemeindidaktischen und fachdidaktischen Kriterien zu beurteilen, zum Beispiel:

- Gegenstandsbezug
- Zeitaufwand
- methodische Vorkenntnisse der Schüler/innen
- Vorerfahrung der Lehrkraft
- Zielangemessenheit
- Methodenangemessenheit
- Motivationsgehalt

Der dritte Schritt ist die gezielte Auswahl der jeweiligen Unterrichtsmethoden und deren Begründung im Hinblick auf das zu erreichende Stundenziel.

Ziele und Methoden sind miteinander verbunden. Für bestimmte Ziele sind bestimmte Methoden besser geeignet als andere. Alternativen sollten deshalb im Entwurf auch immer diskutiert werden. Dies hat zudem eine immunisierende Funktion: Wenn eine Mentorin oder ein Lehrbeauftragter Sie nach einer Stunde mit belehrendem Unterton fragt, warum Sie in einer bestimmten Phase nicht methodisch anders vorgegangen sind, können Sie darauf verweisen, dass Sie daran oder an andere Alternativen durchaus gedacht, diese aber aus bestimmten Gründen verworfen habe. Diese Argumentation lässt ihre methodische Kompetenz deutlich werden.

Je nach Unterrichtsfach und Klassenstufe bieten sich verschiedene Wege des Lehrens und Lernens an. Dabei ist es im Interesse eines nachhaltigen und erfolgreichen Lernens wichtig, mit möglichst verschiedenen Methoden im Unterricht zu arbeiten und gleichzeitig auch methodische Bezüge zwischen verschiedenen Fächern zu sehen und Synergien zu nutzen. Im Folgenden eine Methodenübersicht zu einzelnen Fächern, eher als Anregung denn als erschöpfender Katalog gedacht:

Biologie

- visuelle Informationen (Lehrfilme oder Dias) aufnehmen, analysieren und verarbeiten
- Sachtexte sinnentnehmend lesen
- naturwissenschaftliche Versuchsanordnungen konzeptionieren
- kleinere Versuche vorbereiten, aufbauen, durchführen und auswerten
- mikroskopieren

Erdkunde

- mit geografischen Karten rezeptiv und produktiv arbeiten
- Erkundungen durchführen und Beobachtungen dokumentieren
- Sachtexte sinnentnehmend lesen
- Tabellen und Schaubilder interpretieren

Fremdsprachen

- Vokabeln lernen
- mit einem Wörterbuch arbeiten
- verschiedene Texte sinnentnehmend lesen
- ein grammatisches Regelheft führen
- eine individuelle Lernkartei mit Vokabeln führen
- Hörverstehen trainieren
- die Lautschrift anwenden
- in konkreten Situationen adäquat sprachlich handeln
- Rollenspiel

Deutsch

- Texte sinnentnehmend lesen
- über literarische Texte sprechen
- Diskussionen führen
- unterschiedliche Texte schreiben und Textformen anwenden
- mit dem Duden umgehen
- sich Notizen machen
- Texte sinngestaltend lesen
- ein Referat vortragen
- Informationen gliedern und ordnen
- Rollenspiele durchführen
- Diktatformen

Geschichte

- historische Quellen (Texte und Bilder) sinnentnehmend lesen und analysieren
- Rollenspiele durchführen
- eine Zeitleiste anlegen
- Fakten visuell strukturieren
- Bezüge zwischen der Geschichte und der Gegenwart herstellen

Bildende Kunst

- verschiedene Darstellungstechniken kennen und anwenden
- die Wirkung von Farbe und Form analysieren
- eine Mediothek für jede Thematik einrichten, um das Thema dann künstlerisch zu bearbeiten

Mathematik

- mit Grundrechenarten umgehen
- Dinge ausmessen
- Maße und Maßeinheiten umrechnen
- Skizzen, Tabellen und Diagramme anfertigen
- Formeln herleiten

- geometrische Figuren berechnen und herstellen
- eigene Aufgaben generieren

Musik

- Noten lesen
- ein Instrument spielen
- singen
- über Musik sprechen
- Musik bewerten

Religion

- Bibeltexte sinnentnehmend lesen und verstehen
- über religiöse Fragen sprechen
- mit religiösen Bildern und Symbolen umgehen und diese interpretieren
- ein Bibliodrama durchführen
- musizieren

Technik

- technische Geräte untersuchen
- Materialien anhand ihrer Eigenschaften vergleichen
- grafische Darstellungen am Computer benutzen
- technische Geräte herstellen
- Sicherheitsbestimmungen beachten
- Fertigungsprozesse planen
- Fertigungsaufgaben durchführen

Bei der Planung des methodischen Ablaufs sollten Sie zusätzlich Ihr Augenmerk auf besonders sensible Phasen des Unterrichts lenken:

- den Einstieg,
- die Übergänge von einer Phase zur nächsten (sogenannte »Gelenkstellen«),
- die zentralen Arbeitsanweisungen und Impulse,
- die Gestaltung des Schlusses.

Unserer Erfahrung nach hat es sich gerade für weniger erfahrene Lehrer/innen bewährt, sich die geplanten Anweisungen, Aufgaben, Impulse oder Überleitungen im Wortlaut vorzuformulieren. Dies verhindert, dass Sie in der konkreten Unterrichtssituation aus Nervosität, Vergesslichkeit oder Zeitdruck zentrale Impulse unpräzise oder gar nicht geben. Zwei Beispiele hierzu:

- Mathematik, Klasse 7, es geht um geometrische Körper, Einstiegsphase: »Ihr seht hier vier geometrische Körper. Ich bin gespannt, ob ihr Eigenschaften nennen könnt, die alle Körper gemeinsam haben. Achtet dabei auf die Anzahl der Seiten, der Kanten und die Größe der Winkel.«

- Erdkunde, Klasse 10, Abschlussimpuls zum Transfer: »Ihr habt in dieser Stunde viele Daten zur Industriestruktur Japans von 1970 bis 2000 gesammelt. Ihr sollt nun zum Abschluss in Partnerarbeit die Frage bearbeiten: Welche Auswirkungen hatte wohl der Wirtschaftsboom Japans für eine ganz normale Familie auf dem Land bzw. in der Stadt? Dabei hilft es euch vielleicht, wenn ihr eine Tabelle anlegt.«

Wir empfehlen Ihnen, solche Formulierungen am besten in die spätere Strukturskizze mit hineinzunehmen oder aber sie auf Karteikarten zu notieren und dann im Unterricht zu benutzen.

In vielen Fällen haben Ihre Stunden im Laufe des Referendariats oder der Qualifizierungsmaßnahme eher den Charakter von Vorführstunden; sie gliedern sich nicht harmonisch in eine Unterrichtseinheit ein und werden nicht mit einem normalen, das heißt leistbaren Methoden- und Materialeinsatz betrieben. Die Krux von solchen Vorführstunden ist, dass man die Schüler/innen in einem modernen Unterricht möglichst lange und intensiv selbstgesteuert lernen lassen möchte, vorzugsweise in Einzel-, Partner-, Gruppen- oder Freiarbeit; Beurteiler/innen aber eine Lehrperson immer noch am liebsten danach beurteilen, wie sie frontale Phasen wie zum Beispiel ein Unterrichtsgespräch gestaltet. Die methodische Kompetenz einer Lehrperson dagegen wird in einem schülerzentrierten Unterricht vor allem durch die dargebotenen Materialien sowie die erworbenen Kompetenzen auf Schülerseite, aber auch am Anfang und Ende einer Stunde sowie an den Nahtstellen und Übergängen zwischen den Unterrichtsphasen deutlich.

Bei der Planung einzelner Methoden ist zu berücksichtigen, wie vertraut die Schüler/innen damit sind und wie gut sie die ihnen zugebilligte Autonomie produktiv nutzen können. Da die Fähigkeit zum selbstständigen Arbeiten nicht bei allen Schüler/innen gleich entwickelt ist, kann diesen Unterschieden mit arbeitsteiliger Gruppenarbeit und differenzierten Angeboten entsprochen werden.

8. Baustein: Medien auswählen

Nahezu alles, was den Lehrprozess der Lehrer/innen und den Lernprozess der Schüler/innen trägt und unterstützt, ist Lehrmittel oder Lernmittel, so zum Beispiel:

- das Schulbuch
- der Overhead-Projektor
- die Tafel
- das Arbeitsblatt
- der Film
- die Diareihe
- die Wandkarte
- die Kreide
- das Modell
- der Computer
- die Website
- die Lernsoftware
- das Whiteboard bzw. Smartboard
- reale Anschauungsobjekte

Medien sind in systematischer Hinsicht nach dem Grad der Abstraktion zu unterscheiden:

- *reale Ebene* – reale Anschauungsobjekte, zum Beispiel ein Tier, eine Maschine, ein physikalischer Hebel u. Ä.
- *ikonische (bildliche) Ebene* – Landkarte, Schaubild, Mindmap, Fotos u. Ä.
- *symbolische Ebene* – Sprache, Text, Formel u. Ä.

Bei der Überlegung, welche Medien Sie im Unterricht einsetzen, spielt einerseits die Zieldimension, andererseits die Methodenwahl eine wichtige Rolle. Der Medieneinsatz muss sich danach richten, welche Ziele Sie mit Ihrem Unterricht verfolgen und welche Methoden Sie anwenden. Die Auswahl des Mediums verläuft wie die Auswahl der Methoden entlang von bestimmten Kriterien, zum Beispiel:

- Verfügbarkeit
- Zeitaufwand
- Vorerfahrungen der Schüler/in
- Vorerfahrung der Lehrkraft
- Zieladäquatheit
- Methodenadäquatheit
- Motivationsgehalt
- Aktualität
- Authentizität im Verhältnis zu Ihrer Person

Wenn Sie Ihrer 6. Klasse beispielsweise den »Bienentanz«, das heißt das Übermitteln von Informationen zur Nahrungsfindung, näherbringen möchten, könnten Sie zum Beispiel

- gemeinsam einen Imker besuchen, ihn befragen und dort ein Modell eines Bienenstocks gemeinsam untersuchen,
- einen Film darüber zeigen,
- eine Diareihe zeigen,
- den Bienentanz selbst mithilfe von Bildern erklären,
- einen Sachtext im Biologiebuch durcharbeiten
- und einiges andere mehr.

Bestimmte Medien sind möglicherweise von vornherein ausgeschlossen, andere drängen sich auf, wieder andere müssen genau geprüft werden. Sieht man sich die Unterrichtswirklichkeit in den meisten Fächern an, so fällt auf, dass insbesondere drei Medien eine wichtige Rolle spielen: die Tafel, das Arbeitsblatt und der Overhead-Projektor.

Die Tafel

Die Tafel, das heißt die übliche Kreidetafel, steht wie kein anderes Medium im Mittelpunkt des Unterrichts. Und dies in systematischer und auch ganz konkreter Hinsicht: Fast alle Klassenzimmer sind mit einer größeren Kreidewandtafel ausgestattet, in den allermeisten Klassenzimmern richtet sich die Sitzordnung, gleichgültig ob es sich um Tischreihen, Gruppentische oder ein Hufeisen handelt, an der Tafel aus. Das Pult des Lehrers steht in der Regel etwas seitlich der Wandtafel, mit Blick in die Klasse, durch beide Gegenstände wird die Bühne des Unterrichts markiert.

Die Tafel hat zahlreiche Vorteile: Mit ihrer Hilfe kann ein Inhalt schrittweise erarbeitet werden, sie bietet Platz für Erklärungen, Erläuterungen oder schriftliche Arbeitsanweisungen, auf ihr kann man Ideen, Vermutungen oder auch Lösungsmöglichkeiten sammeln und präsentieren. Die Kreidetafel ist nahezu immer verfügbar, relativ einfach zu handhaben (eine gewisse Routine vorausgesetzt), und falsche oder nicht mehr aktuelle Anschriebe können sehr leicht gelöscht oder korrigiert werden. Zusätzlich können die Schüler/innen durch eigene Anschriebe an exponierter Stelle mit ins Unterrichtsgeschehen integriert werden. Darüber hinaus ist die Tafel durch ihre zentrale Stellung im Klassenzimmer gut zum Zusammenführen und Sammeln der Lerninhalte geeignet. Man kann mit farbiger Kreide den Tafelanschrieb strukturieren, Wichtiges betonen, einrahmen, umkreisen oder schraffieren.

Nachteile der Tafel liegen zum Beispiel darin, dass die Anschriebe in aller Regel schon nach wenigen Unterrichtsstunden oder spätestens nach wenigen Tagen weggewischt sein müssen und längere Tafelanschriebe besser vor Beginn der Unterrichtsstunde angefertigt werden müssen. Auch das Abschreiben oder Abzeichnen ist für die Schüler/innen zeitaufwendig, die Lehrkraft hat beim Anschreiben keinen Blickkontakt zu den Schüler/innen, und es ist nicht ausgeschlossen, dass die Schüler/innen Fehler beim Abschreiben machen.

In vielen Stunden, auch in den von Ihnen geplanten, wird die Tafel eine wichtige Rolle spielen. Mit ihr sind große Möglichkeiten, aber gerade für unerfahrene Tafelschreiber/innen auch große Risiken verbunden: Es ist ärgerlich und darüber hinaus für die Schüler/innen verwirrend und ablenkend, wenn Sie beim Anschreiben bemerken, dass Ihnen der Platz nicht reicht. Oder Sie schreiben so klein, dass der Text in der letzten Reihe nicht gelesen werden kann. Oder aber Sie schreiben mit Ihrer Handschrift und ignorieren damit die vorgeschriebene Ausgangsschrift.

Deshalb raten wir Ihnen: Üben Sie jeden Tafelanschrieb und auch jede Grafik oder jede Zeichnung, die an der Tafel stehen soll, vorher »im Trockenen«. Und zwar einmal auf einem DIN-A4-Papier und zum Zweiten in Originalgröße, zum Beispiel nachmittags im Klassenzimmer oder zu Hause auf alten Tapeten. Je sicherer Sie mit dem Medium Tafel umgehen und je weniger Angst Sie davor haben, umso besser können Sie sich auf die zentralen Aufgaben des Unterrichtens konzentrieren.

Das Arbeitsblatt

Die Geschichte des massenhaften Gebrauchs von Arbeitsblättern im Unterricht ist relativ kurz. Sie beginnt am Anfang der 1970er-Jahre, als im Zuge der Bildungsreform und der Erneuerung der Curricula an den damals neu gegründeten Gesamtschulen die Lehrer/innen gezwungen waren, die bislang benutzten Schulbücher oder Arbeitshefte durch moderne Medien zu ersetzen. Es begann die Blütezeit der schweren und terpentinbetankten Umdrucker; die Arbeitsblätter wurden gleich für die ganze Klassenstufe vervielfältigt. Die große Verbreitung der Fotokopierer machte es dann möglich und auch relativ erschwinglich, dass jede Lehrerin und jeder Lehrer sein individuell gestaltetes Arbeitsblatt im Klassensatz produzierte.

Mittlerweile hat das Arbeitsblatt in vielen Stunden die Tafel als dominantes Medium abgelöst. Nicht wenige Lehrer/innen halten die Erstellung eines Arbeitsblattes für den wichtigsten Aspekt der Unterrichtsvorbereitung. Und sowohl für manche Lehrer/innen wie auch für viele Schüler/innen ist eine Unterrichtsstunde nur dann gut, wenn ein Arbeitsblatt eingesetzt wurde, wenn mit seiner Hilfe ausgefüllt, angekreuzt, umkreist, beantwortet, Stellung genommen oder auch gemalt werden kann.

Deshalb unser Hinweis: Auch der Einsatz eines Arbeitsblattes muss didaktisch begründet sein. Allein ein Arbeitsblatt einzusetzen ist noch kein Indiz für die Güte des Unterrichts.

Der Overhead-Projektor

Der Overhead-Projektor (OHP) ist schulgeschichtlich gesehen ebenfalls ein sehr modernes Medium. Er hat mehrere Vorteile: Die Aufmerksamkeit der Klasse kann gut versammelt werden, der Lehrer kann während der Arbeit mit dem OHP Blickkontakt zu den Schüler/innen halten, das Klassenzimmer braucht nicht oder nur kaum verdunkelt zu werden, die gebräuchlichen OHP-Folien sind mit wasserfesten oder wasserlöslichen Stiften zu beschriften, und von Folien lassen sich leicht Fotokopien herstellen.

Auch zum OHP der Hinweis: Überlegen Sie sich genau, wozu Sie dieses Medium einsetzen wollen und wie diese Phase genau gestaltet werden soll.

Recherchieren von Medien

Sie sollen im Rahmen Ihres Referendariats im Fach Chemie eine Stunde zum Kern-Hülle-Modell von Atomen halten, haben sich für ein Stundenziel und eine methodische Gliederung entschieden. Sehr gut, so denken Sie bei der Planung, würde ein kurzer Film über das Modell passen. Doch woher nehmen? Zu dieser Frage und allgemein zur Beschaffung von Medien einige Tipps:

- Erkundigen Sie sich bei Ihrem Mentor, welche Quellen er kennt und auch nutzt.
- Erkundigen Sie sich bei der jeweiligen Fachsprecherin im Kollegium Ihrer Schule.
- Manche Schulen (vor allem größere) haben Mediensammlungen mit zahlreichen DVDs, aber auch älteren Video- oder sogar noch Super-8-Filmen.
- Recherchieren Sie im Verzeichnis des jeweiligen Medienzentrums und gehen Sie dabei nach Fächern, Schlagwörtern oder Titeln vor.
- Stöbern Sie im Internet bei den einschlägigen Suchmaschinen.

Entscheiden Sie sich, sofern Sie die Auswahl haben, für das Medium, das am aktuellsten ist und am wenigsten den sonstigen Unterrichtsverlauf stört.

9. Baustein: Differenzierungsmöglichkeiten erkunden und planen

»Im Sinne einer gerechten Auslese lautet die Prüfungsaufgabe für alle gleich: Klettern Sie auf den Baum!« (Cartoon: Hans Traxler)

Dieser Cartoon hat mittlerweile Karriere gemacht, er hängt in Lehrerzimmern, über Lehrer-Schreibtischen und in Klassenzimmern. Seine Aussage ist ebenso banal wie folgenreich: Schüler/innen verfügen über unterschiedliche Lernvoraussetzungen, sie sind unterschiedlich begabt, haben unterschiedliche Fähigkeiten und Interessen und damit auch unterschiedliche Lernmöglichkeiten. Um diesen entgegenzukommen und dafür zu sorgen, dass alle Schüler/innen der Klasse, leistungsstarke, mittlere und leistungsschwache, etwas in Ihrer Stunde lernen, sollten Sie bei der Unterrichtsplanung auch Differenzierungsmöglichkeiten erkunden und daraus Konsequenzen für die Stunde ziehen.

Differenzierung lässt sich als Inbegriff aller didaktischen, methodischen und organisatorischen Maßnahmen auffassen, die auf eine unterschiedliche Behandlung der Schüler/innen in unterrichtlicher oder erzieherischer Hinsicht zielen. Wichtige Differenzierungskriterien sind:

- Begabung
- Leistung
- Interesse
- Vorerfahrungen
- Alter
- Geschlecht
- Kulturzugehörigkeit
- Religion
- Lernhaltung
- Sozialverhalten
- Sympathie/Antipathie (z. B. beim Mannschaften-Wählen im Sport oder der freien Gruppenbildung)

Der Begriff »differenzieren« (zu lat. *differentia*) bedeutet »unterscheiden« bzw. »Verschiedenartigkeit«. Aus schulpädagogischer Sicht geht es um die Gruppierung von Schüler/innen, um spezifische Unterrichtskonzeptionen, innerhalb derer versucht wird, der Verschiedenartigkeit von Schüler/innen Rechnung zu tragen, sowie um Sozialformen, die den Schüler/innen ebenfalls Gelegenheit bieten, sich mit ihren individuellen Lernvoraussetzungen einzubringen.

Eine für uns ganz normale Art der Differenzierung ist die Bildung von Jahrgangsklassen. Dabei geht man von der – mittlerweile entwicklungspsychologisch überholten – Vorstellung aus, dass alle Kinder mit Vollendung des sechsten Lebensjahres »schulreif« seien und sich die Kinder und Jugendlichen im Schulalter weitgehend gleich entwickeln, und zwar in kognitiver, emotionaler und psychomotorischer Hinsicht. Eine weitere Differenzierungsmaßnahme ist das Sitzenbleiben, eine – das ist empirisch belegt – wenig ökonomische und pädagogisch meist kontraproduktive Maßnahme.

Die Schulpädagogik unterscheidet zwischen Maßnahmen der äußeren Differenzierung und der inneren Differenzierung. Bei der äußeren Differenzierung werden Lerngruppen nach relativ willkürlichen Kriterien wie Alter, Geschlecht oder Leistung gebildet, voneinander getrennt und fortan als homogen hinsichtlich dieser Kriterien betrachtet. Das Prinzip der inneren Differenzierung setzt dagegen erst nach der Konstitution von Lerngruppen ein. Es zweifelt die behauptete Homogenität hinsichtlich des Leistungsstandes der Gesamtgruppe an und hat zum Ziel, den verschiedenen Individualitäten innerhalb der jeweiligen Lerngruppe möglichst gut gerecht zu werden.

Äußere Differenzierung	Innere Differenzierung
Maßnahmen, die über die einzelne Klasse bzw. Lerngruppe hinausgreifen	*Maßnahmen, die innerhalb der einzelnen Klasse bzw. Lerngruppe vorgenommen werden*
• *Systemdifferenzierung:* Grundschule, Sonderschule, Hauptschule, Realschule, Gymnasium • *Schuldifferenzierung:* Unterstufe, Mittelstufe, Oberstufe, Leistungskurse, Grundkurse, Wahlfächer, Wahlpflichtfächer, Förderkurse, Arbeitsgemeinschaften u. v. m. • *Jahrgangsdifferenzierung* • *Differenzierung nach körperlichen und/oder geistigen Arten der »Behinderung«* • *Sitzenbleiben* • *Schulwechsel,* z. B. vom Gymnasium auf die Realschule	Differenzierung u. a. hinsichtlich der • Lernziele • Inhalte • Methoden und Medien • Sozialformen • Arbeitsformen • Aufgaben • Bearbeitungsumfänge • Lernzielkontrollen • Leistungsmessungen • Hausaufgaben

Abb. 17: Möglichkeiten der Differenzierung

Vergleicht man das deutsche Schulsystem mit dem vieler anderer Staaten, so kann man von einer starken Dominanz des Aspekts »Homogenisierung« sprechen. Die Organisation von Schule basiert in unserem Land noch immer auf der Vorstellung, es sei besonders sinnvoll, zweckmäßig und effizient, Schüler/innen so zusammenzufassen, dass möglichst homogene Lerngruppen entstehen. Deutsche Lehrer/innen planen Unterricht vor allem im Hinblick auf diese Homogenisierung und beklagen sich häufig – vor allem in der Realschule und dem Gymnasium, mittlerweile aber auch in der Hauptschule –, dass einige Schüler/innen hier »an der falschen Schule« seien und die Lernvoraussetzungen in ihren Klassen so unterschiedlich seien. Unser Schulsystem ist auch deshalb stark selektionsorientiert, um dem Ziel homogener Klassen näher zu kommen. Selbst Gesamtschulen differenzieren nach A-, B- und C-Kursen.

Schulsysteme in anderen Ländern haben die Heterogenität zu ihrem Prinzip gemacht. Hier sind unterschiedliche Lernvoraussetzungen, Interessen und Fähigkeiten kein »Problem«, alle Schüler/innen lernen zum Beispiel in der Sekundarstufe I an einer Schulart. Dadurch helfen die stärkeren den eher lernschwächeren Schüler/innen beim Lernen, und beide profitieren davon. Es müssen keine Schüler/innen »sitzenbleiben« oder die Schule wechseln. Sonderschulen für »Lernbehinderte« gibt es ebenso wenig wie Sonderschulen für Körperbehinderte. Der Leiter der PISA-Studie in Deutschland (Baumert et al. 2001), der Berliner Bildungsforscher Prof. Jürgen Baumert, hat das schlechte Abschneiden Deutschlands bei internationalen Schulleistungsstudien wiederholt mit dem Aspekt der »Homogenisierung« bzw. »Heterogenität« in Verbindung gebracht. Er nennt die in Deutschland vorherrschende Meinung eine »Ideologie der Homogenisierung«, die empirisch keine Belege habe, und konstatierte in einem Deutschlandfunk-Interview, die deutschen Lehrer hätten international gesehen die homogensten Klassen und klagten am meisten über die Heterogenität ihrer Schüler (zit. in Kahl 2002).

Seit dem Beitritt Deutschlands zur UN-Behindertenrechtskonvention 2009 ist auch hierzulande die Inklusion behinderter Menschen geltendes Recht, was auch den Unterricht lernschwacher Schüler an der Regelschule mit einschließt. Dass deutsche Schulen bei der Umsetzung dieses Anspruchs erst ganz am Anfang stehen, ist angesichts der geschilderten Kultur der Homogenisierung kaum verwunderlich.

Die Schulpraxis kennt zahlreiche Unterrichtskonzeptionen, zum Beispiel die Wochenplanarbeit, die Freiarbeit, das Lernen an Stationen oder die Werkstattarbeit, bei denen der Differenzierungsaspekt das Prinzip bildet und die Schüler/innen jeweils entscheiden können, welcher Lernaufgabe mit welchem Schwierigkeitsgrad sie sich zuwenden. Im Projektunterricht bzw. projektorientierten Unterricht haben die Schüler/innen eine weitgehend freie Themenwahl und können sich sehr unterschiedlich in die Projektarbeit einbringen. Der integrative und inklusive Unterricht schließlich möchte die sonst übliche Trennung zwischen »behinderten« und »nicht behinderten« Schüler/innen aufheben.

Für die Planung von Unterricht sind nun folgende Fragen im Hinblick auf Differenzierungsmöglichkeiten zielführend:

- Über welche besonderen Lernvoraussetzungen verfügen die Schüler/innen bzw. einzelne Schüler/innen?
- Welche Differenzierungsmaßnahmen erscheinen aufgrund dieser Voraussetzungen notwendig?

- Welche Differenzierungsmöglichkeiten bietet der Lerninhalt an?
- Kann innerhalb der Lernziele differenziert werden?
- Kann innerhalb der Arbeitsaufträge differenziert werden?
- Kann innerhalb des Bearbeitungsumfangs differenziert werden?
- Kann innerhalb der Lernzielkontrollen differenziert werden?
- Kann innerhalb der Leistungsmessungen differenziert werden?
- Kann innerhalb der Hausaufgaben differenziert werden?
- Welche Sozialformen erscheinen geeignet?

Sie sehen, teilweise überschneiden sich die Fragen mit denen anderer Unterkapitel, zum Beispiel zu den Lernvoraussetzungen oder zu den Medien.

Relativ verbreitet ist eine eher quantitative Differenzierung, das heißt die Schüler/innen bekommen unterschiedliche Mengen an Aufgaben. Insbesondere findet man dieses Muster in der Form, dass die lernschwächeren oder langsameren Schüler/innen weniger Aufgaben bekommen. Darüber hinaus gibt es auch eher qualitative Differenzierungsmöglichkeiten, bei denen verschiedene Schüler/innen mit unterschiedlichen, ihnen gemäßen Aufgaben betraut werden. Zum Schluss noch 15 konkrete Differenzierungsideen – vielleicht erhalten Sie so manch eine Anregung für Ihren eigenen Unterricht.

Deutsch, 9. Klasse Nach der Behandlung einer »Herr Keuner«-Geschichte von Bertolt Brecht sollen die Schüler/innen eine andere Keuner-Geschichte interpretieren. Die Auswahl ist frei.	**Technik, 12. Klasse** Die Schüler/innen sollen ein Bauteil eines Druckluftmotors mit Hilfe der CNC-Maschine herstellen.	**Physik, 12. Klasse** In einer Doppelstunde zum Thema »Drehimpuls« gibt es sechs verschiedene Stationen mit Versuchsaufgaben zu Zentripetalkräften. Die Schüler/innen wählen mindestens drei Stationen aus.
Mathematik, 9. Klasse Lernstärkere Schüler/innen dürfen eine schwierige Zusatzaufgabe lösen und sie danach der Klasse erklären.	**Sport, 8. Klasse** Beim Geräteturnen sind für den Sprung über den Kasten verschiedene Höhen möglich. Die Schüler/innen sollen ihr eigenes Sprungverhalten individuell einschätzen.	**Musik, 9. Klasse** Beim Einüben eines Liedes für das Klassenfest können die musikalisch stärkeren Schüler/innen eine eigene Strophe selbst texten und einstudieren.
Mathematik, 6. Klasse Die Klasse bekommt die Aufgabe, mindestens drei Räume im Schulhaus mit dem Metermaß zu vermessen und den jeweiligen Flächeninhalt zu berechnen.	**Biologie, 5. Klasse** In einer Stunde zum Thema »Säugetiere« stehen sechs verschiedene Tiermodelle auf einem Tisch, von denen die Schüler/innen mindestens eines genauer beschreiben sollen.	**Chemie, 11. Klasse** Die Schüler/innen sollen als Hausaufgabe zwei verschiedene Beispiele des Kunststoff-Recyclings recherchieren und in der Klasse präsentieren.

▶

Deutsch, 7. Klasse In einem Erzähltext sollen Stellen herausgefunden werden, wo Metaphern vorkommen. Schwächere Schüler/innen erhalten zusätzliche Hinweise, zum Beispiel in welchen Abschnitten diese vorkommen oder Umschreibungen der Metaphern.	**Bildende Kunst, 7. Klasse** Die Themenstellung lautet: »Angst«. Schwächeren Schüler/innen werden mögliche Strategien vermittelt, wie das Thema grafisch umzusetzen ist, zum Beispiel welche Farben welche Wirkungen verursachen.	**Physik, 8. Klasse** In einer Unterrichtseinheit zum Thema »Beschleunigung« sollen die Schüler/innen mit bestimmten Materialien einen Turm bauen, um ein Modellauto auf die Geschwindigkeit von 3 m/s zu beschleunigen.
Ethik, 9. Klasse In einem Gespräch im Stuhlkreis sollen alle Schüler/innen eine Situation schildern, bei der sie schon einmal ein schlechtes Gewissen gehabt haben.	**Geschichte, 10. Klasse** Die Schüler/innen sollen in Gruppenarbeit Zeitzeugen zu deren Kindheit und Jugend im Nachkriegsdeutschland befragen. Einige Fragen sind dazu vorgegeben. Andere Fragen sollen sich die Schüler/innen selbst überlegen.	**Deutsch, 11. Klasse** Bei der Unterrichtseinheit »Sprache in der Politik« sollen die Schüler/innen einen von vier unterschiedlich komplexen Ausschnitten aus Bundestagsreden untersuchen und bewerten.

Abb. 18: Möglichkeiten der Differenzierung in verschiedenen Fächern

10. Baustein: Eventualitäten mit einbeziehen

Wenn Sie nun den Inhalt der Stunde beschrieben, eine didaktisch begründete Auswahl vorgenommen und Lernziele, Methoden und Medien ausgewählt haben, möchten wir Ihnen eine gerade für unerfahrene Lehrer/innen schwierige Planungstätigkeit dringend empfehlen: die Überlegung, welche möglichen Störungen Ihren Planungen entgegenlaufen könnten und welche Möglichkeiten es gibt, damit umzugehen.

Im Verlauf Ihrer Ausbildung werden Sie feststellen oder festgestellt haben, dass realer Unterricht oft anders abläuft als von Ihnen geplant. Das kann an vielem liegen, zum Beispiel daran, dass Sie die Lernvoraussetzungen nicht genau kannten. Oder die Unterrichtsstunde liegt in der letzten Schulstunde, die Klasse hat vorher eine Arbeit geschrieben, es gab einen Konflikt in der Pause, am Vorabend war Schulfest, oder draußen fängt es gerade dann an zu schneien, wenn Sie mit dem motivierenden Einstieg anfangen wollen. In diesem Sinne kann die Unterrichtsvorbereitung immer nur das Drehbuch für die Stunde sein. Am Set wird dann immer noch viel verändert. Das ist häufig eine Belastungsquelle für Lehrer/innen und fordert eine zusätzliche professionelle Kompetenz: Flexibilität.

Sie sollten sich also vorher auch Gedanken darüber machen, was es für Ihre Stunde bedeutet, wenn die Schüler/innen zu wenig motiviert sind, wenn ein Schüler wieder mal zu spät in den Unterricht kommt, wenn einige Schüler/innen bereits vor der Stunde Ihren Tafelanschrieb gelesen haben, eine Schülerin bereits in der ersten offenen Runde das Ergebnis der Stunde vorwegnimmt, eine Phase deutlich länger dauert als geplant oder ein Schüler Sie fortwährend imitiert und die Klasse zu Lachern hinreißen will.

Einige mögliche Störungen können Sie als Lehrer/in möglicherweise schon im Vorfeld vorausahnen, andere treffen Sie (wie auch die erfahrensten Lehrer/innen) aus heiterem Himmel: der Feueralarm, ein Schüler, dem übel wird, ein verabredeter Streich in der Klasse ... Überlegen Sie sich daher zumindest für einige Eventualitäten mögliche Alternativen:

- Wo kann ich gegebenenfalls kürzen, wenn die Zeit eng wird?
- Welche zusätzlichen Motivationshilfen kann ich gegebenenfalls einschieben?
- Welche Hilfen (für die ganze Klasse bzw. für einzelne Schüler/innen) kann ich geben, wenn ein Großteil der Schüler/innen die Aufgaben auf dem Arbeitsblatt nicht richtig verstanden hat?
- Welche Phasen könnte ich unter Umständen ganz weglassen?

Mitunter ist es hilfreich, sich ein Worst-Case-Szenario zu überlegen, was Sie also mit den Schüler/innen machen können, wenn die Klasse äußerst unkonzentriert ist, die meisten Schüler/innen die für die Stunde notwendige Hausaufgabe nicht erledigt haben, in der Mitte der Stunde draußen starker Schneefall einsetzt oder zum Ende der Stunde ihre Stimme aussetzt.

Bei all diesen Überlegungen sollten Sie die Hilfe und den Rat Ihrer Mentorin oder Ihres Lehrbeauftragten in Anspruch nehmen, auch in der Stunde selbst. Er wird Ihnen vor dem Hintergrund seiner langjähriger Berufserfahrung sicher hilfreich zur Seite stehen.

11. Baustein: Lernzielkontrollen einbauen

Jeder Unterricht verfolgt bestimmte Ziele. Sie haben sich bei der bisherigen Planung diese Lernziele überlegt und geplant, mit welchen Medien und Methoden Sie diese Ziele erreichen. Teil eines guten Unterrichts ist demnach natürlich auch, in irgendeiner Weise zu erkunden, ob die angestrebten Lernziele von den Schüler/innen auch erreicht wurden.

Wir unterscheiden dabei die Begriffe »Lernzielkontrolle« und »Leistungsmessungen«. Lernzielkontrollen werden dann notwendig, wenn die Lehrkraft erkunden muss, zum Beispiel nach einer Unterrichtsphase oder einem Lernschritt, ob die Schüler/innen ein wichtiges Lernziel erreicht haben. Wenn aus dem Lernverhalten der Schüler/innen eindeutig zu entnehmen ist, dass das Lernziel erreicht wurde, erübrigt sich eine Lernzielkontrolle. Ansonsten ist diese notwendig, um bei weiterführenden Schritten oder Phasen des Unterrichts nicht an den Schüler/innen vorbei zu unterrichten. Streng genommen müsste die Lehrkraft gerade bei wichtigen Lernzielen den Lernstand jeder einzelnen Schülerin und jedes einzelnen Schülers ihrer Klasse kennen. Darüber hinaus sind Lernzielkontrollen auch aus Sicht der Schüler/innen wichtig: Sie brauchen eine Auskunft über den Erfolg ihrer Lernbemühungen, und die kann letztlich nur die Lehrkraft geben.

Als Leistungsmessungen bezeichnen wir die vielfältigen Formen des Bewertens und Benotens von Schülerleistungen, zum Beispiel durch eine Klassenarbeit, einen Test oder durch mündliche Noten. In der Regel wird dieser Bereich, so sehr er im Mittelpunkt des Lehrerberufs steht, im Referendariat eher eine untergeordnete Rolle spielen. Im Überblick lässt sich das Themenfeld so darstellen:

	Lernzielkontrolle	Leistungsmessung
Funktionen	• *diagnostische Funktion:* Wo steht der Schüler? • *evaluative Funktion:* Was kann er schon, was noch nicht? • *Feedback-Funktion:* Was weiß ich schon, was noch nicht? • *selbstreflexive Funktion:* Was habe ich gelernt? • *prozessleitende Funktion:* Wie geht es im Lernprozess weiter? • …	• *selektierende Funktion:* Wo steht der Schüler im Leistungsspektrum?
Mögliche Formen	• Schüler/innen stellen sich gegenseitig Fragen. • Lehrer/in fragt die Schüler/innen und bittet sie, die wichtigsten Punkte zu wiederholen. • Lehrer/in fragt nach offenen Fragen oder Problemen. • Lehrer/in fragt gezielt nach Kernpunkten und bittet um Erklärung. • Eine Schülerin oder ein Schüler fragt seine Mitschüler/innen ab. • Schüler/innen fragen die Lehrerin/den Lehrer zu diesem Thema ab. • Schüler/innen erstellen ein Ergebnisprotokoll. • Lehrer/in und Schüler/innen kontrollieren die Hausaufgaben. • …	• Klassenarbeiten • Tests • mündliches Abfragen/»Abhören« • Hefte einsammeln und benoten
Perspektive	• Wichtig ist, was verstanden bzw. gekonnt ist. • Wichtig ist zu erfahren, welche Hilfen noch benötigt werden.	• Wichtig ist, was noch nicht verstanden/gekonnt ist.
Wirkungstendenz bei Schüler/innen	• Sicherheit • Selbsteinschätzung • Lernmotivation	• Angst • Druck • Lernhemmung

Abb. 19: Lernzielkontrolle und Leistungsmessung im Überblick

12. Baustein: Einen Verlaufsplan erstellen

Der letzte Schritt Ihrer Unterrichtsplanung besteht darin, einen Verlaufsplan bzw. eine Strukturskizze zu erstellen. Dafür gibt es, je nach Vorgabe des Seminars oder Ihrer Mentorin/Ihres Mentors bzw. je nach individueller Vorliebe, verschiedene Möglichkeiten.

Bewährt hat sich ein tabellarischer Verlaufsplan im DIN-A4-Querformat, der oben die formalen Angaben zur Stunde enthält, danach das Thema und das Stundenziel benennt und schließlich den Ablauf der Stunde in den wichtigsten Zügen darstellt. Der Grad der Ausführlichkeit ist einerseits durch den Umfang der Strukturskizze begrenzt, andererseits durch die Notwendigkeit, das geplante Unterrichtsgeschehen auch umfassend abzubilden. Insgesamt empfehlen wir fünf Spalten:

1. *Zeitleiste,* entweder mit absoluten Uhrzeiten (8.15 Uhr ...), mit relativen Zeiten (0 Minuten, 10 Minuten ...) oder mit der jeweiligen Dauer der einzelnen Phasen (5 Minuten, 20 Minuten, 10 Minuten ...). Wir empfehlen die zweite Möglichkeit.
2. *Phasen* mit ihren Funktionen: Einstieg, Erarbeitung, Vertiefung, Reflexion, Analyse, Zusammenfassung, Ergebnissicherung ...
3. *L-Sch-Interaktion*: überwiegend stichwortartige Hinweise zu den Intentionen und Handlungen von Lehrer/in und Schüler/innen, zentrale Arbeitsanweisungen oder Fragen wortwörtlich
4. *Unterrichtsformen, das heißt Arbeitsformen und Sozialformen:* Unterrichtsgespräch, Lehrervortrag, Schülervortrag, Gruppenarbeit, Partnerarbeit, Einzelarbeit, Lernzirkel, Lerntheke, szenisches Spiel ...
5. *Medien*

Weitere Differenzierungen, beispielsweise eine häufig zu sehende Trennung des geplanten und erwarteten Lehrer- und Schülerverhaltens oder die Formulierung von einzelnen Lernzielen zu jeder Phase, sind unseres Erachtens kontraproduktiv. Dies verleitet Sie beim Unterrichten, jeden kleinsten Schritt zu betrachten und damit spontane Wendungen des Unterrichts als unliebsame Störung aufzufassen. Folgende Tipps scheinen uns wichtig:

- Denken Sie beim Verfassen immer daran, dass der Verlaufsplan für Leser/innen (Mentor/in, Lehrbeauftragte/r, Rektor/in) gedacht ist, die sich rasch einen Überblick über Ihre Planung und den Verlauf der Stunde verschaffen wollen.
- Viele Mentorinnen, Mentoren oder Lehrbeauftragte haben besondere Vorlieben für eine bestimmte Struktur der Verlaufsskizze. Wenn irgend möglich, richten Sie sich danach.
- Überlegen Sie vor der Stunde, ob Sie mit dem Verlaufsplan im Unterricht arbeiten möchten oder zusätzliche Aufschriebe oder »Spickzettel« (z. B. Karteikarten) hinzunehmen möchten. Am besten, Sie probieren verschiedene Formen aus und schauen, was Ihnen eher entgegenkommt.
- Benutzen Sie Abkürzungen für die gängigsten Bezeichnungen der Phasen, der Unterrichtsstrukturierung, der Arbeits- und Sozialformen und der Medien, um die Tabelle übersichtlicher zu machen.
- Lassen Sie alles Unwichtige weg und schreiben Sie die Tabelle im Telegrammstil.
- Also nicht: »Die Lehrerin sagt ...«, sondern: »L: ...«

- Formulieren Sie zentrale Arbeitsanweisungen, Impulse oder Gelenkstellen der Stunde im Wortlaut.
- Der Gesamtumfang des Verlaufsplanes sollte in der Regel für eine Einzelstunde nicht mehr als zwei Seiten betragen. Am besten und übersichtlichsten ist eine Seite.

Und schließlich: Am Seminar, in Ihrem Bekanntenkreis und im Internet gibt es viele Unterrichtsentwürfe zum Kopieren oder Downloaden. Unser Rat: Nutzen Sie das Angebot, um Ideen zu bekommen (Lehrer gelten zu Recht als Jäger und Sammler), seien Sie aber vorsichtig damit, ganze Stunden zu übernehmen. Vieles davon ist zu gebrauchen, muss aber auf Ihre konkrete Klassensituation und die Lernvoraussetzungen Ihrer Schüler/innen bezogen werden. Einiges ist großer Schwachsinn. Dabei ist es nicht leicht, auf den ersten Blick das eine vom anderen zu unterscheiden.

Zum Weiterlesen

Becker, G.E. (2007): Unterricht planen. Handlungsorientierte Didaktik, Teil I. Neuauflage. Weinheim/Basel: Beltz.

Bönsch, M. (2001): Methoden des Unterrichts. In: Roth, L. (Hrsg.): Pädagogik. Handbuch für Studium und Praxis. München: Oldenbourg, S. 801–815.

Grell, J./Grell, M. (2010): Unterrichtsrezepte. 12. Auflage. Weinheim/Basel: Beltz.

Gugel, G. (2011): 2000 Methoden für Schule und Lehrerbildung. Das große Methoden-Manual für aktivierenden Unterricht. Weinheim/Basel: Beltz.

Jank, W./Meyer, H. (2002): Didaktische Modelle. 9. Auflage. Berlin: Cornelsen Scriptor.

Klippert, H. (2010): Methoden-Training. Übungsbausteine für den Unterricht. 19. Auflage. Weinheim/Basel: Beltz.

Meyer, H. (2004): Was ist guter Unterricht? Praxisbuch. Berlin: Cornelsen Scriptor.

Peterßen, W.H. (2000): Handbuch Unterrichtsplanung. Grundfragen, Modelle, Stufen, Dimensionen. 9. Auflage. München: Oldenbourg.

Wiechmann, J. (Hrsg.) (2010): Zwölf Unterrichtsmethoden. Vielfalt für die Praxis. 5., überarb. Auflage. Weinheim/Basel: Beltz.

5.3 Durchführung von Unterricht

Nachdem es im vorherigen Kapitel um die vielfältigen Planungsaktivitäten von angehenden Lehrer/innen ging, wollen wir nun zentrale Handlungsfelder des Unterrichts vorstellen und Ihnen gezielte Hilfen dazu an die Hand geben.

Der Unterschied zwischen Planung und Durchführung

Unterrichten ist eine sehr komplexe Tätigkeit, die ein Höchstmaß an Aufmerksamkeit, emotionaler Stabilität und auch beruflicher Erfahrung benötigt. Die Lehrperson muss zahlreiche Teilaufgaben parallel bewältigen: Der Unterrichtsstoff muss präsentiert und die Beiträge der Schüler/innen müssen darin eingebunden werden. Das Interesse der Schüler/innen muss geweckt und der Zeitrahmen muss eingehalten werden. Die Aspekte zur Beurteilung der Schülerleistungen müssen berücksichtigt werden, und Störungen sind möglichst so zu bearbeiten bzw. einzudämmen, dass der Lernprozess der Klasse nicht nachhaltig behindert wird.

Die hohe Komplexität des Unterrichtens führt zu einer Vielzahl von nahezu strukturell gegebenen Unsicherheiten bezüglich Verlauf und Wirkung des Unterrichts: Sie erfahren nicht immer, ob bzw. was die Schüler/innen gelernt haben, was Sie mit Ihrem Unterricht kognitiv und emotional bewirkt haben, was die Schüler/innen über Ihre fachliche, methodische und erzieherische Kompetenz denken.

Vor diesem Hintergrund zeichnen sich für unerfahrene Lehrer/innen zahlreiche Probleme gerade für die Durchführung ab: Ihnen fehlt naturgemäß die Routine, Sprache und Körpersprache gezielt einzusetzen, Schülerverhalten und Schülerleistungen während des Unterrichts einigermaßen sicher zu diagnostizieren und zu bewerten, die Grundregeln der Klasseninteraktion zu beachten und durchzusetzen sowie die eigene Rolle als Lehrer/in darzustellen.

Die meisten Lehrer/innen haben Lehramtsstudiengänge an der Universität und ein Referendariat hinter sich. Diese universitäre Ausbildung hat oft, wenn überhaupt ein Praxisbezug vorhanden ist, nur eine nahezu optimale Unterrichtsgestaltung im Blick, die die Fassbarkeit von Problemen suggeriert und den Umgang mit Unterrichtsstörungen nur unzureichend behandelt. Darüber hinaus wird die zentrale Rolle der Erfahrung im Lehrerberuf durch Struktur und Inhalt der Ausbildung in Studium und Referendariat vernachlässigt. Das Wichtigste: Eine Ausbildung als Vorbereitung auf Unsicherheit findet kaum statt. Praxis vor Ort – das ist, wie der Erziehungswissenschaftler Jürgen Oelkers (2007, S. 107) schreibt, »der rasche Verbrauch von Zeit bei unsicheren Effekten in mühsam stabilisierten Situationen«.

Gerade unerfahrene Lehrer/innen haben in der Regel noch große Probleme mit der Vorstellung, als Lehrer/in vor einer Klasse zu stehen, Autorität auszuüben, Inhalte überzeugend zu vertreten, Ansprüche einzufordern, Störungen einzudämmen und auch Strafen auszusprechen. Der Grund dafür ist, dass die eigene Lehrerrolle noch nicht gefestigt ist und auch noch nicht gefestigt sein kann. Studien haben gezeigt, dass zum Beispiel Referendarinnen, Referendare und junge Lehrer/innen unterschiedlich klare Vorstellungen von ihrer eigenen Lehrerrolle besitzen. Lehrkräfte mit unklaren Vorstellungen schwanken mitunter in ihrer Rolle hin und her, sie werden unsicher, und das Ergebnis sind Disziplinschwierigkeiten. Lehrer/innen, die klarere Vorstellungen von ihrer Lehrerrolle haben, sind offensichtlich weniger von Disziplinschwierigkeiten betroffen. Dabei ist es gänzlich unerheblich, welche Lehrerrolle man für sich in Anspruch nimmt, ob man zum Beispiel eher streng oder eher liberal ist.

Mit der Lehrerrolle korrelieren naturgemäß auch die Prinzipien und Vorstellungen der Unterrichtsgestaltung. So zeigt sich, dass angehende Lehrkräfte in überwiegender Zahl schülerzentrierte Unterrichtsmethoden und offene Unterrichtsformen als wünschenswert ansehen: Stationenarbeit, Freiarbeit, Wochenplan, Projektunterricht bzw. projektorientierter Unterricht und Werkstattunterricht. Sie beabsichtigen, mit diesen Unterrichtskonzepten das selbstständige Lernen der Schüler/innen zu ermöglichen bzw. zu fördern, und rechnen implizit mit deren Zustimmung und Unterstützung.

Dass dies aber nur die halbe Wahrheit ist, zeigt sich für viele Referendarinnen und Referendare relativ schnell: Da die Schüler/innen bisher in der Regel nur wenig Erfahrungen mit solchen Unterrichtskonzepten machen konnten, kommt es bei der geplanten Umsetzung schülerzentrierter Unterrichtsmethoden zwangsläufig zu Problemen: Verwirrung und Unterrichtsstörungen nehmen zu, und Disziplinkonflikte überlagern fachlich Lehr- und Lernprozesse. Da man als Referendar/in aber über genau jene schwierigen Situationen nur wenig Kenntnisse hat und darüber hinaus auch kein Erfolg versprechendes Handlungsrepertoire entwickeln konnte, führen solche Konflikte im Rahmen der Einführung offener Unterrichtsformen nicht selten zu grundlegenden pädagogischen und persönlichen Konflikten, die sich derart aufschaukeln können, dass die ursprünglich vorhandene große Sympathie aufseiten der Schüler/innen und des Referendars nach und nach verloren geht.

Erst mit der Zeit lernen angehende Lehrkräfte in ihrer Ausbildung, mit Unterrichtsstörungen und Disziplinkonflikten strukturierter umzugehen, indem sie präventiv arbeiten, das heißt zum Beispiel die Sitzordnung ändern, die Schüler/innen gezielter und differenzierter fördern und fordern oder zielgruppenspezifischere Unterrichtseinstiege wählen – aber auch nachhaltiger und gezielter intervenieren, indem sie beispielsweise konsequenter belohnen und strafen, verlässlichere Grenzen setzen oder sich in schwierigen Konfliktsituationen Handlungsaufschub gewähren.

Einige goldene Regeln für Ihre Unterrichtsgestaltung

- Sie haben Ihre Stunde nach bestem Wissen und Gewissen geplant. Stehen Sie deshalb nach Möglichkeit hinter dem Thema und der Planung Ihrer Stunde. Schüler/innen reagieren sehr feinfühlig auf Unsicherheit und inneren Zweifel.
- Versuchen Sie, Ihre Aufmerksamkeit auf die Schüler/innen und deren Lernprozess zu richten, gleichzeitig aber auch sich selbst quasi »von schräg oben« zuzusehen.

- Formulieren Sie Arbeitsanweisungen oder Impulse möglichst langsam, deutlich, klar verständlich und dosiert.
- Vermeiden Sie es, mehrere Fragen hintereinander zu stellen oder mehrere Impulse hintereinander zu geben.
- Versuchen Sie, Ihren verbalen Anteil möglichst zu reduzieren und nur dann zu sprechen, wenn es wichtig und notwendig ist, bzw. ersetzen Sie einige verbale Impulse durch nonverbale (Gestik, Mimik, Proxemik).
- Versuchen Sie, nicht in das »Lehrerecho« bzw. den »Lehrerpapagei« zu verfallen, das heißt alle Schüleräußerungen noch einmal zu wiederholen.
- Lassen Sie den Schüler/innen in Gesprächsphasen Zeit zum Überlegen.
- Entscheiden Sie sich eher dafür, den Schüler/innen Informationen zu geben, als sie in einem endlosen Ratespiel zu verunsichern und zu langweilen und dabei wertvolle Zeit verstreichen zu lassen.
- Bemühen Sie sich beim Unterrichten um Verlässlichkeit und Konsequenz. Bestehen Sie auf Inhalten und Zielen, die Sie sich reiflich überlegt haben. Nutzen Sie Regeln und Rituale, um dem Chaos zu trotzen. Erklären Sie den Schüler/innen gegebenenfalls den Sinn und das Ziel Ihres Unterrichts.
- Versuchen Sie, sich so zu geben, wie Sie sind, also möglichst authentisch zu sein. Schüler/innen durchschauen unechte Schauspieler relativ schnell.

Der gleitende Einstieg: Erste Unterrichtsversuche

Referendarinnen und Referendare erleben den Übergang vom Hospitieren zum eigenen Unterrichten erfahrungsgemäß als Schwelle bzw. Hürde, die mit sehr verschiedenen Gefühlen verbunden ist. Einerseits möchten sie sicher endlich einmal vor der Klasse stehen und das ausprobieren, was sie sich ausgedacht haben. Andererseits erahnen sie, wie komplex das Unterrichtsgeschehen ist und wie viele Risiken damit verbunden sind. Je nach Temperament des Referendars, aber auch je nach Mentorin oder Lehrbeauftragtem vom Seminar, vor allem aber je nach Klasse kann das eine oder das andere überwiegen.

Wer unterrichtet, steht notwendigerweise im Mittelpunkt der Aufmerksamkeit und damit unter einem immensen Handlungsdruck. Binnen Sekundenbruchteilen müssen Sie beispielsweise Schülerantworten, Unterrichtsstörungen oder auch die Ergebnisse von Partnerarbeitsphasen einschätzen, beispielsweise hinsichtlich Richtigkeit, Relevanz, Zielführung oder auch hinsichtlich möglicher Folgen und Konsequenzen.

In Ihrem Referendariat wird es sicher Möglichkeiten geben, dass Sie gleitend ans Unterrichten herangeführt werden – zumindest wäre das unserer Meinung nach wünschenswert. Wir möchten Ihnen im Folgenden empfehlen, diese Gelegenheiten wahrzunehmen und sich der Schwelle »Selbst unterrichten« stufenweise anzunähern, und zwar über drei Stufen:

- Die *erste Stufe* besteht darin, die Position beim Hospitieren immer mal wieder zu verändern. Das bedeutet, dass Sie nicht nur hinten im Rücken der Klasse sitzen und sich Aufzeichnungen machen, sondern sich zum Beispiel während einer bestimmten Stunde oder Unterrichtsphase an die Seite oder nach vorne ans Pult oder daneben setzen. Sie werden bemerken, dass die neue Position auch die Beobachtungen quantitativ und qualitativ verändert. Sie sehen mehr oder weniger, vor allem aber anderes, als wenn Sie das Unterrichtsgeschehen von hinten verfolgen. Lassen Sie Ihren Blick während dieser Phasen über die Klasse und die Lehrerin/den Lehrer schweifen und verhalten Sie sich interessiert, auf der anderen Seite aber auch möglichst neutral und distanziert, um nicht die Aufmerksamkeit der Schüler/innen unnötig auf sich zu ziehen.
- Die *zweite Stufe* ist das Betreuen kleinerer Aktivitäten im Unterricht, sodass die Schüler/innen Sie bereits punktuell als Lehrer/in erleben. Sie können sich in vielfältiger Hinsicht in das Unterrichtsgeschehen »einklinken«. Hier zwölf Vorschläge, wie dies geschehen kann:

Sie beraten eine Schülerin/einen Schüler während einer Einzelarbeitsphase.	Sie beraten eine Gruppe bei einer Gruppenarbeitsphase.	Sie geben Hilfestellung beim Geräteturnen im Sportunterricht.
Sie übernehmen einen Tafelanschrieb.	Sie korrigieren im Durchgehen die Hausaufgaben.	Sie beteiligen sich an einer Diskussion mit einem Impuls oder einer weiterführenden Frage in der Rolle des Moderators.
Sie betreuen eine Gruppe, die außerhalb des Klassenzimmers etwas vorbereitet.	Sie stehen Ihrer Mentorin/Ihrem Mentor bei der Bedienung des DVD-Players zur Seite.	Sie lesen eine Geschichte vor.
Sie teilen ein Arbeitsblatt aus.	Sie stellen die Hausaufgabe am Ende einer Stunde.	Sie führen ein Experiment vor.

Abb. 20: Zwölf Möglichkeiten, sich ins Unterrichtsgeschehen einzubringen

Wichtig bei all diesen Aktivitäten ist, dass Sie sie vorher mit Ihrer Mentorin/Ihrem Mentor abgesprochen haben. Vielleicht können Sie von sich aus die Initiative ergreifen und Ihren Mentor bitten, solche kleineren Aufgaben beim Unterrichten zu übernehmen.

- Der *letzte Schritt* der Annäherung an das volle Unterrichten ist die Übernahme einer oder mehrerer Phasen einer Stunde. Auch hierzu 15 Vorschläge aus unterschiedlichen Fächern:

In Deutsch lesen Sie einen Text vor.	In Mathematik leiten Sie die Übungsphase zum Satz des Pythagoras.	In Englisch führen Sie eine mündliche Hausaufgabenkontrolle durch.
In Geschichte halten Sie einen kurzen Lehrervortrag über die Bauernkriege.	In Chemie führen Sie ein Schülerexperiment durch.	In Physik erklären Sie eine Formel.
In Geografie zeigen Sie eine Diareihe über die Oberrheinische Tiefebene.	In Musik üben Sie ein kurzes Lied mit der Klasse ein.	Im Kunstunterricht verdeutlichen Sie die Technik des Aquarellierens.
Beim Sport fungieren Sie als Schiedsrichterin des Fußballspiels.	In Technik erläutern Sie die Wirkweise eines Dieselmotors.	In Religion sprechen Sie mit der Klasse das Morgengebet.
In Ethik stellen Sie der Klasse ein Fallbeispiel vor.	Im Lateinunterricht leiten Sie eine Übersetzungsübung.	In Hauswirtschaft erarbeiten Sie mit der Klasse ein Kochrezept.

Abb. 21: 15 Möglichkeiten, eine Unterrichtsphase zu übernehmen

Körpersprache im Unterricht

In jedem Unterricht wirkt der Lehrer nicht nur als Stoffvermittler, als Fachwissenschaftler, sondern auch auf der Beziehungsebene. Jedes Lehrerhandeln hat also, wie menschliche Kommunikation überhaupt, mindestens zwei Aspekte: einen Sach- und einen Beziehungsaspekt. In beiden Bereichen spielt sich menschliche Kommunikation sprachlich (verbal) und körpersprachlich (nonverbal) ab.

Zu jedem Augenblick sendet unser Körper Signale über das aus, was wir gerade empfinden und denken. Aus der Psychologie wissen wir, dass menschliche Kommunikation hauptsächlich nonverbal abläuft. Wie wir also Situationen oder Handlungen einschätzen, wird zu einem großen Teil körpersprachlich vermittelt. Darüber hinaus gibt es Anzeichen dafür, dass, wenn beide Ebenen – sprachliche und körpersprachliche – in Widerspruch zueinander treten, die körpersprachliche Ebene der Wahrheit, dem, was eigentlich gemeint ist, näherkommt. Der Grund hierfür könnte in der Phylogenese, das heißt der Stammesgeschichte des Menschen liegen, wo der körpersprachliche Ausdruck weit vor dem sprachlichen Ausdruck kam.

Die Körpersprache gehört in das Gebiet der Kinesik (griech. *kinesis* – Bewegung). Körpersprache ist die Wissenschaft von der Kommunikation durch körperliches Verhalten, darunter fallen Signale und Handlungen des Menschen: Mimik, die Körperhaltung, der Blickkontakt, der Gang, die Gestik, das Äußere und allgemein Körpersignale. Erstaunlich ist: Viele Körpersignale werden überall auf der Welt in gleicher Weise entschlüsselt und verstanden.

Die wichtigsten Körpersignale und ihre möglichen Bedeutungen	
den Mund öffnen	erstaunen, will unterbrechen
die Stirn runzeln	Entrüstung, Frage
häufig die Lider bewegen	Nervosität
die Augenbrauen heben	Skepsis, Erstaunen, Arroganz
das Kinn streicheln	Nachdenklichkeit
den Kopf senken	Unsicherheit, Schuldbewusstsein, Ergebenheit, Demut
mit Bleistift oder Kreide spielen	Nervosität, Langeweile
weite Armbewegungen	Sicherheit
die Arme vor der Brust verschränken	abwarten, Ablehnung, sich unter Kontrolle halten
Hände vor die Brust legen	Beteuerungsgeste
Hände vor der Brust kreuzen	Ergebenheit, Demut
Hand zur Faust	verkrampfen, Zorn, verhaltener Zorn
Hände in die Hüfte stemmen	Imponiergehabe, Überlegenheitsgefühl, Entrüstung
Finger schnipsen (einmal)	plötzlicher Einfall
Finger schnipsen (mehrmals)	Lösung suchen, Aufmerksamkeit erregen
Zeigefinger heben	Belehrung, Tadel
mit den Fingern trommeln	Ungeduld, Nervosität
keinen Blickkontakt mehr halten	Unsicherheit, abnehmende Konzentration, Desinteresse
den Oberkörper weit zurücklehnen	abwarten, Ablehnung
den Oberkörper weit nach vorne lehnen	Interesse, bevorstehender Gesprächsbeitrag
die Beine übereinander schlagen, zum Gesprächspartner hin	Aufbau eines Sympathiefeldes
die Beine übereinander schlagen, vom Gesprächspartner weg	Abbau eines Sympathiefeldes
die Brille nach oben schieben	Irritation, Verlegenheit, Kompetenzdarstellung
die Brille schnell abnehmen	Verwirrung, Erregung, Zorn

Abb. 22: Die wichtigsten Körpersignale und ihre möglichen Bedeutungen

Ein Körpersignal alleine drückt aber meistens noch nichts aus. Erst wenn viele Signale zusammenwirken, können sie zum Beispiel ein bestimmtes Verhalten oder bestimmte Persönlichkeitsmerkmale signalisieren. Und: Körpersprache ist auf keinen Fall immer eindeutig. Es wird also nie ein Lexikon geben, in dem Körpersignale und ihre eindeutige Bedeutung abgedruckt sind. Körpersignale sind immer situationsabhängig und deshalb immer im Kontext der Situation zu interpretieren.

Körpersprache ist als zentraler Bestandteil des Lehrerverhaltens in den letzten Jahren stärker in den Blick der Ausbildung und Fortbildung von Lehrer/innen, aber auch der Lehrerforschung gerückt. Früher weit verbreitete Einschätzungen, dass die Körpersprache ein zu vernachlässigender Aspekt im beruflichen Handeln von Lehrkräften ist, wurden einerseits theoretisch durch die Kommunikationstheorie von Watzlawick (2000), andererseits empirisch durch größere videogestützte Forschungen im Zusammenhang mit der Gesprächsforschung widerlegt. Aber auch ein anderes Vorurteil gilt längst nicht mehr: dass die Körpersprache von Lehrern quasi naturgegeben und wenig daran zu trainieren sei.

Die Körpersprache ist eine wesentliche Voraussetzung für glaubwürdiges Überzeugen und wirkliches Verstehen. Wir drücken innere Bewegungen durch unseren Körper aus. Schüler/innen beobachten den Lehrer ganz genau. Sie erkennen Widersprüche zwischen Denken und Erleben. Sie merken sofort, wenn ein Lehrer etwas anderes sagt oder tut, als sein Körper signalisiert. Bei Lehrer/innen ist die inhaltliche Stoffvermittlung und die erzieherische Arbeit untrennbar mit körpersprachlichen Signalen verknüpft. Ihre Glaubwürdigkeit hängt davon ab, ob die Signale, die sie aussenden, widerspruchsfrei sind oder nicht.

Mittlerweile gilt die Körpersprache von Lehrer/innen als äußerst wichtiger Aspekt des Lehrerhandelns, der gezielt trainiert werden kann. Dazu ist es natürlich notwendig, den großen Bereich der Körpersprache von Lehrer/innen in einzelne Elemente aufzugliedern (Heidemann 2009):

1. Blickkontakt
2. Körperhaltung vor der Klasse und im Umgang mit Schüler/innen
3. Proxemisches Verhalten
4. Mimik und Gestik
5. Kleidung und äußere Erscheinung

Mit dieser systematischen Aufstellung soll nicht suggeriert werden, dass diese Elemente unabhängig voneinander existieren und trainiert werden können. Aber es hat sich bewährt, in kleineren Modulen und Schwerpunkten zu arbeiten, um dann schrittweise komplexe Handlungsformen auszuprobieren. Hier zu jedem Bereich einige Bemerkungen und Hinweise:

1. Blickkontakt

Der Blickkontakt ist der erste Weg der Kontaktaufnahme und eng an kognitive Prozesse gebunden. Mit ihm werden in sehr intensiver Weise Einschätzungen, Sympathie, Antipathie, Zuneigung und Feindseligkeit signalisiert und »rübergebracht«.

Während im Laufe des Lebens vielfältige Formen der Emotionskontrolle erlernt werden, entzieht sich der Blickkontakt dieser Kontrolle weitgehend. Augen sind, so sagt das Sprichwort völlig zu Recht, die Fenster zur Seele. Insofern ist der Blickkontakt ein sehr bedeutsamer Übermittler von Gefühlen, Stimmungen und Einschätzungen.

Ins Gespräch vertiefte Menschen realisieren fast immer einen »tanzenden« Blickkontakt: Der Sprecher A schaut bei Beginn der Ausführungen seinem Gegenüber B in die Augen, schweift dann mit dem Blick ab, um zum Ende hin wieder seinen Zuhörer B anzuschauen, um zu erkennen, welche Wirkung seine Worte hinterlassen haben. Während der Zuhörer B bislang eher den Sprecher A anschaute, beginnt A nun bei B's Ausführungen abzuschweifen und wieder mit dem Blick zurückzukommen.

Wer vor der Klasse steht und unterrichten soll, erlebt die Macht der Blicke: Es gibt interessierte und desinteressierte Blicke, freundliche und abweisende Blicke, motivierende und demotivierende Blicke. Das wird gerade von unerfahrenen Lehrer/innen häufig als Bedrohung erlebt.

Tipps

- Als Lehrer/in sollten Sie Blickkontakt wie bei einer außerunterrichtlichen normal intensiven Begegnung pflegen.
- Lassen Sie Ihren Blick vor Ihrem ersten Satz ruhig über die Klasse schweifen und »sammeln« Sie die Blicke der Schüler/innen schrittweise ein, auch wenn es Ihnen wie eine Ewigkeit vorkommt.
- Schauen Sie Ihren Schüler/innen beim Unterrichten immer wieder in die Augen.
- Verweilen Sie mit Ihrem Blick auch einmal ruhig bei einzelnen Schüler/innen.
- Lassen Sie Ihren Blick ruhig und aufmerksam über die Klasse wandern.
- Versuchen Sie, Ihren Blickausdruck zu variieren.
- Benutzen Sie den Blickkontakt, um ein Unterrichtsgespräch ruhig und aufmerksam zu steuern, zum Beispiel wenn Sie nach einer Frage von Ihnen weitere Schüleräußerungen hervorkitzeln, indem Sie gezielt Schüler/innen einige Sekunden lang anschauen und mit den Augenbrauen »winken«.
- Sehr hilfreich ist es, sich in der Klasse eine oder mehrere Schüler/innen herauszusuchen, die Sie als positiv gestimmt vermuten oder erleben, und mit ihnen ab und zu Blickkontakt aufzunehmen.
- Setzen Sie Phasen des Schweigens bewusst, um Ruhe in den Unterricht zu bekommen.

Das ist wenig ratsam

- Längere Zeit ins Blatt oder auf die Verlaufsskizze schauen und damit den Kontakt zur Klasse unterbrechen.
- Einen Punkt an der gegenüberliegenden Wand fixieren, um den Blicken der Schüler/innen auszuweichen.
- Genauso kontraproduktiv ist es, einzelne Schüler/innen längere Zeit anzustarren (länger als ca. fünf Sekunden).

2. Körperhaltung vor der Klasse und im Umgang mit Schüler/innen

Durch die Körperhaltung wird der soziale Status einer Person bzw. die Statusbeziehung zwischen verschiedenen Menschen zum Ausdruck gebracht. Als Lehrer/in werden Sie aufgrund Ihrer exponierten und mit Macht versehenen Rolle einen Teil der Zeit frontal zur Klasse stehend verbringen. Es sollte das Ziel von Unterrichtsreformen sein, dass der Anteil dieser zentralen Lehrerdominanz verringert wird. Gänzlich sinnlos ist sie jedoch nicht. Daher muss es darum gehen, solche Phasen bewusst auch körpersprachlich zu gestalten.

Tipps

- Der beste Platz ist vorne zwischen Tafel und Lehrerpult (sofern das Pult vorne steht).
- Stehen Sie am besten frei und lehnen sich nirgendwo an.
- Versuchen Sie, möglichst ruhig und aufrecht zu stehen.
- Arbeiten Sie gegebenenfalls mit einem Standbein und einem Spielbein.
- Wechseln Sie bei längeren Lehrervorträgen einige Male den Platz.
- Bei kürzeren Lehrervorträgen (bis ca. drei Minuten) ist es besser, an einem Ort stehen zu bleiben.
- Sie können ab und zu eine Hand in eine Hosentasche stecken (niemals aber gleichzeitig beide Hände in die Taschen).
- Wenn Sie sich setzen wollen, setzen Sie sich am besten vorne seitlich an das Pult (nicht auf das Pult).
- Bei einem Tafelanschrieb stellen Sie sich so, dass Sie gut schreiben können, und konzentrieren sich vor allem auf einen ordentlichen Anschrieb. Die Kontrolle der Klasse durch einen Blick über die Schulter wirkt eher hilflos. Am besten, Sie gewöhnen die Schüler/innen daran, Ihren Tafelanschrieb sofort ins Heft zu übertragen.
- Wenn Sie fertig mit dem Anschrieb sind, stellen Sie sich an die Seite der Tafel, mit dem Körper zur Klasse. Bei Rechtshändern ist der beste Platz (aus Schülersicht) normalerweise rechts neben der Tafel, um dann mit der kreideführenden Hand gleichzeitig auf bestimmte Begriffe oder Ähnliches zeigen zu können.
- In Stillarbeitsphasen oder anderen Phasen, bei denen Sie nicht im Mittelpunkt stehen, können Sie sich auch optisch gezielt zurückziehen, zum Beispiel indem Sie sich am Rand oder am Fenster aufhalten und einige Zeit Kraft tanken oder entspannen.

Das ist wenig ratsam

- Ständiges Hin- und Herwandern oder -schwanken vor der Klasse. Das führt zu unnötiger Unruhe und lenkt die Aufmerksamkeit der Schüler/innen von der Sache weg.
- Vermeiden Sie Übersprungshandlungen (Nase kratzen, durch die Haare fahren und Ähnliches).

- Vermeiden Sie Beziehungsbarrieren und Sperren, zum Beispiel indem Sie hinter Ihrer Tasche oder dem Overhead-Projektor stehen.
- Setzen Sie sich nicht auf einen Schülertisch und stellen bzw. legen Sie Ihre Füße oder Beine nicht hoch.
- Vermeiden Sie negative Signale, die zum Beispiel Überlegenheit, Spott, Zurückweisung, Unsicherheit oder Ablehnung ausdrücken.

3. Proxemisches Verhalten

Jeder Mensch besitzt, egal wo er sich aufhält, einen unsichtbar umzäunten Raum, den er mit sich herumträgt. Ob Sie im voll besetzten Hörsaal, beim Arzt im Wartezimmer, im Flugzeug oder der Eisenbahn oder auch auf einer proppenvollen Party sind – immer werden Sie sich instinktiv bedroht fühlen, wenn jemand anderes, vor allem Menschen, die Sie nicht kennen oder mögen, Ihnen zu nahe kommt. Wenn sich Ihre Ellenbogenfreiheit nicht mehr aufrechterhalten lässt, zum Beispiel mit mehreren Menschen im Fahrstuhl, wird Ihre »Intimdistanzzone« verletzt. Wie alle anderen Menschen reagieren Sie dann, indem Sie die »Eindringlinge« zu ignorieren versuchen: Sie schauen zum Boden, an die Wand oder einfach ins Leere.

Menschliche Kommunikation kann nur dann gelingen, wenn die Gesprächspartner auf die jeweiligen Distanzzonen achten. Die Annäherung an andere Menschen nennt man proxemisches Verhalten. In der Fachliteratur wird unterschieden:

- *Ansprachedistanz* – 3 bis 4 Meter: Diese Distanz ist nötig, um die ganze Klasse im Blick zu haben und mit allen Schüler/innen gleichwertigen Kontakt aufzunehmen.
- *Persönliche Distanz* – 60 Zentimeter bis 1,50 Meter: Diese Distanzzone müssen Sie »betreten«, um mit einem Menschen persönlicheren Kontakt aufzunehmen.
- *Intimdistanz* – näher als 60 Zentimeter: Die Verletzung der Intimdistanz wird in aller Regel als aufdringlich empfunden, gerade vonseiten der Schüler/innen. Eine gute Hilfe zum Erkennen der Intimdistanzzone: Wenn man den Arm ausstreckt, sollte der Gesprächspartner mindestens bis zum Handgelenk entfernt sein. Aber auch hier gibt es individuelle Unterschiede, für die Sie sensibilisiert sein sollten.

Der größte Teil des Unterrichts findet erfahrungsgemäß in der persönlichen Zone statt. Der Unterricht wird dadurch lebendiger und interessanter.

Tipps

- Gerade in der unterrichtlichen Interaktion ist es wichtig, sich diese Distanzzonen bewusst zu machen und sie einzuhalten. Im Zweifelsfall gehen Sie auf eine weitere Distanz.
- Zuweilen ist es hilfreich, näher an einen störenden Schüler heranzutreten (in die persönliche Distanzzone) und mit ihm strengen Blickkontakt aufzunehmen. Verwenden Sie dieses Mittel aber sehr dosiert. Es kann auch schnell zu größerer Abwehrhaltung des betroffenen Schülers bzw. der betroffenen Schülerin führen.

- Allgemein kann man durch Annäherung einzelne, auch sonst eher stillere Schüler/innen aus der Anonymität der Klassengruppe herausholen. Durch diese Individualisierung kann man einen persönlichen Kontakt herstellen.
- Den persönlichen Kontakt zu solchen schüchternen Schüler/innen kann man am besten herstellen, wenn man die persönliche Distanz wahrt. Man sollte sich auf gleiche Blickhöhe zunächst neben und dann vor den betreffenden Schüler begeben. Dabei kann man sich zum Schüler hinunterbeugen oder in die Knie gehen. So wird der Lehrer allmählich zu einem vertrauten Partner, mit dem man sogar gemeinsam Seite an Seite an der Tafel Aufgaben lösen kann.
- Wenn Sie zum Beispiel in einer Einzelarbeitsphase an einen Schüler herantreten, tun Sie das am besten von der Seite, in gleicher Augenhöhe, mit Blickkontakt und nicht zu dicht. Beachten Sie auch, dass auch das Heft und der Tisch Teil der Intimzone des Schülers sein können.
- Beachten Sie die körpersprachlichen Signale Ihrer Schüler/innen und erkunden Sie deren Wunsch nach Nähe bzw. Distanz Ihnen gegenüber.

Das ist wenig ratsam

- Vermeiden Sie es, die Intimdistanz von Schüler/innen zu verletzen, gerade zwischen einer Schülerin und einem männlichen Lehrer oder einem männlichen Schüler und einer Lehrerin.
- Bauen Sie sich nicht in voller Größe vor oder hinter einem Schüler auf.
- Schleichen Sie sich nicht, zum Beispiel während die Schüler/innen konzentriert arbeiten oder abschreiben, von hinten an Schüler/innen heran.

4. Gestik und Mimik

Gestik und Mimik unterstützen weitestgehend unbewusst die Sprache. Die Mimik ist die sichtbare Bewegung der Gesichtsoberfläche und setzt sich zusammen aus den Signalen der Augen und Augenbrauen, des Mundes, der Nase und der Haut. Mimik umfasst das gesamte Gesicht. Als Gestik werden die körpersprachlichen Signale bezeichnet, die mit den Händen und Armen, Füßen und Beinen ausgedrückt werden.

Von Mimik und Gestik gehen Informationen aus, die uns unbemerkt entlarven. So gibt es zum Beispiel entscheidende Unterschiede zwischen den körperlichen Signalen beim Erzählen der Wahrheit und denen beim Lügen: Beim Lügen nimmt die Gestik der Hände häufig ab. Es kommt zur Erhöhung des Selbstkontaktes der Hand im Gesicht (Kinnstreicheln, Mundbedecken, Nasenberührung). Auch der Gesichtsausdruck verändert sich.

Die Gestik ist eng mit unserem Sprechen verknüpft. Sie hat eine ausmalende und unterstützende Funktion. Oft wird die Gestik – wie auch die Mimik – zum Ausdruck bzw. zur Intensivierung von Gefühlen verwendet. Während die Gestik durch bewusste Kontrolle veränderbar und trainierbar ist, geschieht Mimik nur teilweise kontrolliert, meistens sogar unkontrolliert. Weiterhin können Gesten vereinbarte Bedeutungsträger zwischen Kommunikationspartnern sein (z. B. Finger an den Mund legen als Zeichen für Ruhe). Häufige mimische und gestische Ausdrücke sind:

- Mund öffnen (Erstaunen)
- Lippen zusammenpressen (Starrsinn, verhaltener Zorn)
- Unterlippe hochziehen (Überlegung, Nachdenklichkeit)
- Arme vor der Brust verschränken (Abwarten, Ablehnung, Suche nach Geborgenheit, sich unter Kontrolle bringen)
- weite Armbewegungen (Sicherheit)
- sich die Hände reiben (schnell: Schadenfreude, langsam: Zufriedenheit)
- mit dem Bleistift oder der Kreide spielen (Unsicherheit, Ungeduld)
- Zeigefinger heben (Lob, Tadel)
- Finger zum Mund (kurz: Verlegenheit, länger: Nachdenklichkeit)

Tipps

- Vor der Klasse sollten Sie möglichst frei im Raum stehen, damit alle Schüler/innen Ihre Mimik und Gestik sehen können.
- Die Hände sollten Sie möglichst in Brust- bis Bauchhöhe halten, da dies eine positive Ausstrahlung bewirkt. Vermeiden sollte man hingegen, die Arme zu oft zu verschränken, da dies eine Distanz zwischen Lehrer/in und Schüler/innen schafft. Drohende Gesten sollte man vermeiden.
- Am günstigsten ist es, wenn man weite, offene, natürliche und ruhige Kontaktgesten auf die Schüler/innen zu macht. Natürliche Gesten kommen aus dem Oberarm. Die Arme sollten sich dabei in Brusthöhe bewegen und die Handflächen nach oben zeigen.
- Benutzen Sie beim Aufrufen den Arm, der dem Schüler zugewandt ist, kreuzen Sie also nicht mit dem Arm den Oberkörper. Das wirkt wieder als Beziehungssperre und kann den Kontakt zu den Schüler/innen erschweren.
- Sehen Sie den Schüler/innen möglichst offen und entspannt ins Gesicht. Dabei hat natürliche Freundlichkeit und herzliches Lachen eine positive Wirkung auf die Schüler/innen und regt die Spiegelneuronen an, die dafür sorgen, dass sie den Gesichtsausdruck des Lehrers unbewusst imitieren.
- Mit der Mimik sollte man eher seine Gestik und das, was man aussagen will, unterstützen.
- Die Glaubwürdigkeit einer Person hängt entscheidend von der Widerspruchsfreiheit aller Signale ab. Also sollte man vor der Klasse keine besonderen Stimmungen vortäuschen. In Phasen, in denen man »schlecht drauf« ist, akzeptieren Schüler/innen eher ein neutrales Verhalten und konzentrierte Sachlichkeit. Sie erkennen aber auch schnell, wenn man zwanghaft versucht, seine Grundstimmung zu überspielen.

Das ist wenig ratsam

- Wenn man sich zu oft die Nase reibt, seine Stirn runzelt oder die Augenbrauen hebt, wirkt das fahrig und emotional unkontrolliert.
- Es ist nicht gut, wenn man Mimik zu übertrieben oder zum falschen Zeitpunkt einsetzt. Das erscheint dann eher gekünstelt.

5. Kleidung und äußere Erscheinung

Kleidung dient in unserer Gesellschaft sehr stark der Individualisierung, aber auch der Universalisierung: Wir kleiden uns einerseits, um unsere Unverwechselbarkeit darzustellen, andererseits aber auch, um klarzumachen, welcher Gruppe dieser Gesellschaft wir uns zugehörig fühlen. Dies gilt auch für Lehrer/innen: An der Kleidung kann man im Allgemeinen sehr schnell sehen, was für eine Persönlichkeit die Lehrkraft hat, welchen Erziehungsstil sie präferiert oder welchen Trends und Moden sie anhängt. Die Schüler/innen beobachten die Kleidung ihrer Lehrer/innen sehr aufmerksam – schon häufig hat ein bestimmtes Kleidungsstück, ein Accessoire oder ein kleiner Fehler vor dem morgendlichen Spiegel die Aufmerksamkeit der Schüler/innen weg vom Unterrichtsgegenstand geführt.

Tipps

- Kleiden Sie sich im Unterricht möglichst so, wie Sie sich wohlfühlen.
- Im Allgemeinen vermittelt farbige Kleidung eine lebendigere Atmosphäre als sehr gedeckte Kleidung.
- Beachten Sie dabei einige Mindeststandards: gepflegte Kleidung, Oberschenkel bedeckt, keine extravaganten oder zu ablenkenden Kleidungsstücke.
- Weder der Rock bei Frauen noch Anzug und Krawatte bei Männern sind notwendig. Der Anzug bewirkt bei Schüler/innen allgemein eher eine gewisse Distanz.
- Halten Sie die Kleidungsregeln ein, die auch für die Schüler/innen gelten, zum Beispiel keine bauchfreien Tops, keine Kopfbedeckung und Ähnliches.

Exkurs: Körpersprache von Frauen und Männern

Die unterschiedlichen Aufgaben von Frau und Mann in der Evolution haben ein besonders auffälliges unterschiedliches Körpersprachverhalten zur Folge. In vielen ethnologischen Studien konnten in nahezu allen Kulturen geschlechtsspezifische Akzentuierungen der Körpersprache von Frauen und Männern beobachtet werden:

- Die unterschiedlichen Aufgaben (Männer eher Jäger; Frauen eher Sammlerinnen) stehen im Zusammenhang mit einem unterschiedlichen Körperbau: Männer sind eher breitschultrig und insgesamt kräftiger, Frauen haben eher schmalere Schultern.
- Die biologische Rolle bei der Fortpflanzung ist eine wesentliche Bedingung für den Körperbau: Frauen haben zum Zwecke des Gebärens ein breiteres Becken, in dem die Oberschenkel etwas schräger als bei Männern verankert sind.
- Frauen bevorzugen im Sitzen, besonders in halb-öffentlichen oder öffentlichen Situationen eher die »Rocksitzhaltung« (Beine parallel stellen, Knie berühren sich), Männer dagegen eine breite, offene Sitzhaltung.
- Frauen verschränken häufiger ihre Arme vor der Brust als Männer.
- Im Menschengewühl wenden sich Männer eher Frauen zu, während Frauen sich eher seitlich abwenden, um die Brust zu schützen.
- Männer gestikulieren weiter als Frauen.
- Frauen lächeln mehr als Männer.

- Gleiches körpersprachliches Verhalten (z. B. breitbeiniges Sitzen) wird bei Männern als normal, bei Frauen als Pose des Anbietens und eher unweiblich interpretiert.

In den letzten Jahrzehnten wurde in der Wissenschaft sehr stark und mit Recht diskutiert, inwieweit körpersprachliches Verhalten von Frauen und Männern etwas mit der gesellschaftlichen Unterordnung der Frau und dem Machtanspruch von Männern zu tun hat. Insbesondere die feministischen Wissenschaftstraditionen haben hierzu einen großen Anteil geleistet. Insofern müsste auch Ziel des Unterrichts sein, körpersprachliche Lernprozesse bei den Schüler/innen in Gang zu setzen, also zum Beispiel sensibler für die Gefühle von anderen zu werden oder auch eigenes körpersprachliches Verhalten kritisch zu reflektieren und gegebenenfalls punktuell zu verändern. Einen guten Ansatzpunkt hierfür bieten Videoaufzeichnungen von Talkshows oder politischen Diskussionen. Erst später sollte ein Transfer auf das konkrete Verhalten der jeweiligen Schüler/innen erfolgen.

Darüber hinaus gibt es auch kulturelle Unterschiede in der Körpersprache und der Interpretation körpersprachlicher Signale. In manchen Ländern ist es üblich, den Gesprächspartner zu berühren oder vertrauten Personen wesentlich näher gegenüberzustehen, als es in Deutschland üblich ist. Als Lehrer/in muss man sich bewusst sein, dass das eigene körpersprachliche Verhalten bei Schüler/innen oder Eltern mit Migrationshintergrund eventuell anders wirkt, als es intendiert ist.

Die Sprache des Lehrers

Wenn man sich die durchschnittliche Alltagsarbeit von Lehrer/innen betrachtet, so fällt ein starker Kontrast auf: Ungefähr die Hälfte der Zeit arbeiten sie im Klassenzimmer oder im Schulhaus, die andere Hälfte zu Hause am Schreibtisch. Dabei ist die eine Hälfte geprägt von vielfältigen Begegnungen sprachlicher und nicht sprachlicher Art, die andere Hälfte von relativer Einsamkeit. Blickt man genauer auf den Arbeitsanteil in der Schule, stellt man fest: Einen Großteil ihrer Arbeit im Unterricht verrichten Lehrer/innen mittels Sprache:

- Sie eröffnen den Unterricht,
- stellen Fragen,
- führen ein Unterrichtsgespräch,
- erteilen Arbeitsaufträge,
- stellen Sachverhalte dar,
- hören Schüler ab,
- stellen Hausaufgaben.

Aber auch außerhalb des Unterrichts ist Sprache für Lehrer/innen zentral: Sie sprechen mit Eltern, beraten Schüler/innen bei Lernproblemen (und nicht nur dabei), sprechen sich mit Kolleginnen und Kollegen ab, planen in einer Arbeitsgruppe die nächsten Schulveranstaltungen und reden in der großen Pause im Lehrerzimmer im Sinne der Psychohygiene über Larissa aus der 9b, die in letzter Zeit so schlampig geworden ist. Anders gesagt: Lehrer/innen reden viel, ja sie müssen viel reden, um ihre Arbeit professionell zu verrichten. Das schließt nicht aus, dass es manchmal ratsamer ist, die eigenen Sprechanteile zurückzuschrauben, aber dazu später.

Gespräche mit Schüler/innen, Kolleginnen und Kollegen, Eltern, Vorgesetzten, aber auch mit Ausbildungsleitern, Ausbildungsmeistern, Sozialarbeitern oder Museumspädagogen zu führen ist damit eine der wichtigsten Kompetenzen von Lehrer/innen. Aber – wie lernt man, diese Unterrichtsgespräche, Beratungsgespräche oder Kooperationsgespräche gelingend zu führen? Was muss man beachten? Wo sind die Fettnäpfe und Fallstricke?

Die kommunikationstheoretische und -praktische Forschung hat mittlerweile auch in der Ausbildung von Lehrer/innen Früchte getragen. Vielleicht haben Sie in einem Proseminar oder Seminar schon von den fünf Watzlawick'schen Axiomen gehört (Watzlawick et al. 2000):

1. Man kann nicht nicht kommunizieren.
2. Jede Kommunikation hat einen Inhalts- und einen Beziehungsaspekt, und zwar derart, dass Letzterer den Ersteren bestimmt und daher eine Metakommunikationsebene darstellt.
3. Die Natur einer Beziehung ist durch die Interpunktion der Kommunikationsabläufe seitens der Partner, das heißt durch die subjektive Verteilung von Ursache und Wirkung bedingt.
4. Menschliche Kommunikation bedient sich digitaler Modalitäten (Sprache) und analoger Modalitäten (Mimik, Gestik …).
5. Kommunikationsabläufe sind entweder symmetrisch oder komplementär, je nach Gleichheit oder Ungleichheit der Beziehung.

Möglicherweise kennen Sie auch das Kommunikationsmodell von Schulz von Thun (2011), demzufolge jede Äußerung, jeder gesprochene Satz vier Botschaften beinhaltet – Sachinhalt, Selbstkundgabe, Beziehung, Appell – und mit vier Ohren gehört werden kann.

In der Realität des Referendariats stellen Sie nun mitunter fest: Die Gesprächspraxis, vor allem bei Gesprächen mit der ganzen Klasse, ist hochkomplex und widersprüchlich – ganz anders als die Theorie. Unterrichtsgespräche laufen aus dem Ruder, Konfliktgespräche mit Schüler/innen bleiben ohne Konsequenzen, Missverständnisse mit der Mentorin tauchen auf, und sogar in der Referendarsgruppe am Seminar wird manches anders verstanden, als Sie es gemeint haben.

Unterrichtsgespräche können schwerpunktmäßig dazu dienen, Vorkenntnisse zu aktualisieren, Einfälle zu sammeln, Ergebnisse zu erarbeiten oder zu reflektieren, unterschiedliche Positionen zu diskutieren oder auch ganz konkrete Probleme der Klasse oder Schule zu besprechen.

Die bisherige Unterrichtsforschung hat herausgefunden: Rund zwei Drittel der Unterrichtszeit wird noch immer mit Gesprächen in der ganzen Klasse, also frontal, ausgefüllt. Und die meiste Zeit davon spricht die Lehrerin bzw. der Lehrer. Für jede einzelne Schülerin und jeden einzelnen Schüler bleiben im Durchschnitt nur ca. 30 Sekunden Redezeit pro Unterrichtsstunde. Das ist bei manchen Schulstunden zu akzeptieren, insgesamt aber ein Ungleichgewicht, das behoben werden sollte. Zum einen durch einen schülerzentrierten Unterricht, der den Sprechanteil der Schüler/innen durch Partnerarbeit, Gruppenarbeit und projektorientierte Arbeitsformen merklich erhöht. Und zum anderen durch Unterrichtsgespräche, die wirkliche Gespräche sind und nicht nur verdeckte Monologe und Lehrervorträge (die aber auch, begrenzt eingesetzt, ihre Berechtigung haben!).

Unterrichtsgespräche mit der ganzen Klasse zu führen ist äußerst schwierig. Sie benötigen Disziplin auf beiden Seiten und sind sehr störungsanfällig. In ihrem Ablauf sind sie äußerst komplex und stellen höchste Herausforderungen an die Lehrerin bzw. den Lehrer. Und selbst Kollegen mit langer Berufserfahrung verzweifeln mitunter daran.

Ein immer wiederkehrendes Muster in der Unterrichtskommunikation besteht darin, dass die Lehrerin bzw. der Lehrer eine Frage stellt und die Schüler/innen diese Frage beantworten, worauf sich zuerst eine Wertung der Schülerantwort und danach eine erneute Lehrerfrage anschließt. Forschungen haben gezeigt, dass Lehrer/innen pro Unterrichtsstunde durchschnittlich mehr als 50 Fragen stellen. Lehrerfragen begleiten den gesamten Lehr-Lern-Prozess – viele sind notwendig, andere überflüssig. Die Schulpädagogik unterscheidet zwischen verschiedenen Fragetypen, die sich hinsichtlich der Komplexität und der damit verbundenen Denkleistung der Schüler/innen bei der Beantwortung grundlegend unterscheiden:

Fragetyp	Beschreibung, was die Schüler/innen wissen sollen	Beispiel
Kenntnisfragen	fragen nach etwas, woran sich die Schüler/innen erinnern sollen	»Wie heißt die Formel für die elektrische Energie?«
Konvergierende Fragen	fragen nach etwas, was die Schüler/innen verstehen sollen, es ist nur eine Antwort möglich, eher »geschlossene« Fragen	»Warum tanzt die Biene nun vor den anderen Bienen herum?«
Divergierende Fragen	fragen nach etwas, was die Schüler/innen weiterdenken sollen, es sind mehrere Antworten möglich, eher »offene« Fragen	»Warum könnte die Hauptfigur sich so entschieden haben?«
Bewertende Fragen	fragen nach Verknüpfungen von Sachverhalten und Bewertungskriterien	»Was spricht eurer Meinung nach für die friedliche Nutzung der Atomenergie?«
Sondierungsfragen	möchten die Schüler/innen veranlassen, weiterzudenken, haben meist Impulscharakter	»Jetzt haben wir die Merkmale von Leiterplatten erarbeitet. Wie könnte es nun weiter gehen?«
Organisierende Fragen	befassen sich mit dem Unterrichtsverlauf selbst und seiner Organisation	»Hat dazu noch jemand eine Frage?«

Abb. 23: Verschiedene Typen von Lehrerfragen

Insbesondere die Kenntnisfragen bewegen sich auf einem basalen, häufig auch banalen Niveau. Auf der anderen Seite sind Kenntnisse auch unabdingbare Voraussetzung für anspruchsvollere Denkleistungen, zum Beispiel die Analyse oder den Transfer. Dennoch kann konstatiert werden, dass dieser Typ von Fragen eindeutig im Unterricht dominiert. Und gerade im Verlauf eines erarbeitenden Unterrichtsgesprächs wird immer wieder beobachtet, dass Lehrer/innen zu Beginn mit relativ divergierenden oder bewertenden Fragen einsteigen, im Laufe des Unterrichts aber aufgrund der fehlenden Beteiligung der Schüler/innen immer trivialere Fragen stellen, bis es zum Schluss nur noch darum geht, ein bestimmtes Wort zu nennen, das die Lehrerin bzw. der Lehrer hören möchte.

Insofern sind Fragen von Lehrer/innen immer auch Mittel, das Niveau des Unterrichts zu heben bzw. zu senken. In der schulpädagogischen (Ratgeber-)Literatur gibt es immer wieder Empfehlungen, unechte und geschlossene Fragen zu vermeiden, anstelle von Fragen mit Impulsen zu arbeiten und auf W-Fragen (Wann? Was? Warum? Wo? Wie? …) zu verzichten. Unserer Erfahrung nach helfen solche Ratschläge in der Praxis nicht weiter. Die Frage ist nämlich nicht primär, in welcher Form ich eine Frage oder einen Impuls formuliere, sondern welche Denkleistung ich mit der Beantwortung verbinde. Und dies kann ich auf formaler Ebene sehr unterschiedlich ausdrücken. Guter Unterricht kann viele Wege gehen.

Im Folgenden einige Tipps …

Zum Thema Lehrersprache allgemein

- Warten Sie mit Ihrem Stundenbeginn, bis es ganz ruhig ist und alle Schüler/innen aufmerksam sind. Bleiben Sie im Blickkontakt, sodass man erkennt, dass Sie gerne anfangen möchten. Manchmal kommen die Schüler/innen am Anfang einer Stunde von selbst zur Ruhe. Sie können, wenn es die Situation erlaubt, still warten, bis sich die Schüler/innen beruhigt haben, und dann beginnen. Dazu gehört aber viel Erfahrung.
- Sprechen Sie nicht zu langsam und nicht zu schnell. Als Grundregel gilt: Die Sprache einer Lehrerin/eines Lehrers im Klassenzimmer ist langsamer als die natürliche Sprache. Zu langsames Sprechen verursacht Trägheit und Langeweile, zu schnelles Sprechen Hektik und Nervosität.
- Variieren Sie Ihr Sprechtempo während der Stunde. Das erhöht die Aufmerksamkeit der Schüler/innen und macht nicht so einen monotonen Eindruck.
- Variieren Sie auch Ihre Lautstärke. Sprechen Sie lieber besonders deutlich als besonders laut. Zu lautes Sprechen kann zu Aggressivität führen, zu leises Sprechen zu Desinteresse und zum Abschalten der Schüler/innen.
- Üben Sie zentrale Fragen, Arbeitsanweisungen und Impulse der Stunde zu Hause vor dem Spiegel in verschiedenen Tempi und Lautstärken, um die unterschiedliche Wirkung zu testen und damit Sie sich selbst an Ihre Stimme im Unterricht gewöhnen.

- Bemühen Sie sich, gerade wenn die Schüler/innen lauter werden, bewusst leiser zu sprechen. Sprechen Sie besonders an spannenden Stellen leiser und langsamer.
- An besonders zentralen Stellen sollten Sie so laut sprechen, dass alle Ihren Beitrag mitbekommen können. Unter Umständen ist es auch hilfreich, zentrale Arbeitsanweisungen oder Fragen zu wiederholen bzw. zur Kontrolle von Schüler/innen wiederholen zu lassen.
- Kündigen Sie das bevorstehende Ende einer Stillarbeitsphase, Gruppenarbeit oder Ähnliches leise an (z. B. »So, es ist jetzt fünf Minuten nach zehn, ihr habt jetzt also noch zwei Minuten Zeit«).
- Versuchen Sie, sich während der Gruppenarbeitsphase zumindest die erste Hälfte der Zeit gänzlich zurückzuziehen (auch körpersprachlich), das heißt: Sprechen Sie nicht und laufen Sie nicht im Klassenzimmer herum, sondern beschäftigen Sie sich mit dem Klassenbucheintrag oder kommen Sie einige Minuten zur Ruhe, während Sie aus dem Fenster schauen. Sprechen Sie danach (z. B. mit einzelnen Gruppen) auch nur dann, wenn es wirklich nötig ist.
- Reagieren Sie auf erregte, laute Schüleräußerungen kontrolliert, langsam und leise.
- Bemühen Sie sich insgesamt um eine ruhige und tiefe Stimmlage. Dies gilt besonders für Lehrerinnen, da bei Frauen die natürliche Stimmlage höher ist als bei Männern und gerade bei Anspannung so hoch werden kann, dass das Sprechen als störend erlebt wird. Also im Zweifelsfall immer daran denken: Tiefer sprechen! Das vermittelt Ruhe.
- Modulieren Sie Ihre Tonhöhe im Laufe einer Stunde bzw. eines Unterrichtstages.
- Versuchen Sie, aus dem Bauch heraus zu atmen (Zwerchfellatmung) und nicht aus dem Kopf heraus (Hechelatmung). Das gibt mehr Ruhe in der Stimme und führt dazu, dass Sie immer wieder einige Sekunden Pause machen müssen.
- Sprechen Sie möglichst in kurzen und vollständigen Sätzen. Lange Sätze deuten oft auf Unsicherheit hin. Die Schüler/innen werden dann durch die Sprache regelrecht erschlagen und schalten irgendwann ab.
- Vermeiden Sie es möglichst, die Sprachgewohnheiten der Schüler/innen aufzugreifen oder nachzumachen. Die fassen das nämlich eher als peinlichen Versuch auf, Anerkennung zu bekommen, oder finden es einfach lächerlich.
- Vermeiden Sie stereotype Wendungen (z. B. »Toll!«, »In meinem Physikbuch steht« …) und bemühen Sie sich um stilistische Varianz.
- Sprechen Sie in aller Regel Hochdeutsch. Der Gebrauch des Dialekts ist nur bei Zuwendung zu einzelnen Schüler/innen in besonderen Situationen angebracht oder in eher informellen Unterrichtssituationen.

Zum Thema Unterrichtsgespräche

- Das Führen von Unterrichtsgesprächen gilt als eine der schwierigsten Herausforderungen für Lehrer/innen. Überlegen Sie sich bei der Planung eines Unterrichtsgesprächs genau, was Sie mit dem Gespräch erreichen wollen und wie Sie das Gespräch inhaltlich und zeitlich begrenzen können. Notieren Sie sich vorher wichtige Fragen, Impulse und mögliche Vermittlungshilfen im Wortlaut.

- Stellen Sie sich auch vor, welche Schüleräußerungen im Laufe des Gesprächs kommen können, auch wenn sie quer zu Ihren Zielen stehen.
- Warten Sie nach einer Frage oder einem Impuls so lange, bis sich mehr als drei Schüler/innen melden. Motivieren Sie gegebenenfalls nonverbal.
- Warten Sie auch nach einer Frage eines Schülers, sodass auch alle anderen Schüler/innen die Möglichkeit haben, über das Problem nachzudenken.
- Versuchen Sie, Unterrichtsgespräche mit der ganzen Klasse auch nonverbal zu steuern und Ihren eigenen Redeanteil zu vermindern. Die Körpersprache der Lehrerin/des Lehrers ist ein wertvolles Instrumentarium. Sie können ein Unterrichtsgespräch mit einer schriftlichen Fragestellung oder einem Schlüsselbegriff an der Tafel einleiten, durch Handbewegungen um Beiträge bitten oder das Wort erteilen, die Beiträge weiterführen lassen, indem Sie einzelne Beiträge durch Mimik und Gestik positiv bewerten oder hervorheben, oder bei stark vom Thema wegführenden Beiträgen auf den schriftlichen Impuls an der Tafel deuten. Wenn es zu unruhig in der Klasse wird, können Sie sich auch einfach mal die Ohren zuhalten.
- Versuchen Sie, Beiträge von Schüler/innen nicht zu wiederholen (die pädagogische Literatur kennt das als »Lehrerpapagei« oder »Lehrerecho«), denn dann hören die Schüler/innen sich gegenseitig immer weniger zu, weil sie es ohnehin von Ihnen noch einmal wiederholt bekommen. Und das sogar in der Regel besser und lauter als im Original.
- Vermitteln Sie Bestätigung oder Lob für bestimmte Schülerbeiträge durch Varianz in Sprache und Körpersprache, zum Beispiel »richtig«, »ja«, »gut«, »Was folgt daraus?«, »Wer formuliert noch etwas besser?«, Nicken mit dem Kopf, Benutzung der Hand und so weiter. Bei nur teilweise brauchbaren Beiträgen können Sie eine Vermittlungshilfe oder auch eine bessere Formulierung geben (z. B. »Du meintest, dass der Dienstleistungssektor in den letzten Jahrzehnten wesentlich wichtiger geworden ist als der industrielle Sektor.«).
- Beobachten Sie, wie Ihre Mentorin/Ihr Mentor Gesprächsregeln in der Klasse anwendet. Nutzen Sie gegebenenfalls Rituale des gegenseitigen Aufrufens (z. B. nach dem Mädchen-Junge-Prinzip oder »Jeder Tisch abwechselnd«), lassen Sie einzelne Schüler/innen die Gesprächsleitung übernehmen oder den bisherigen Stand des Gesprächs kurz zusammenfassen.
- Scheuen Sie sich nicht davor, auf Störungen des Unterrichtsgesprächs zu reagieren und massive Störungen des Unterrichtsgesprächs zu unterbinden (Genaueres im Folgenden auf S. 174 ff.).

Zum Thema Lehrerfragen

- Beginnen Sie einige Fragen mit einem Fragewort. W-Fragen sind zwar in der didaktischen Literatur immer mal wieder etwas verpönt, unseres Erachtens aber durchaus brauchbar. Überlegen Sie sich zentrale Fragen und Impulse zu Hause genau und notieren Sie sich den Wortlaut in der Strukturskizze.

- Überlegen Sie sich bei der Unterrichtsplanung gezielt anspruchsvolle Fragestellungen.
- Formulieren Sie Ihre Fragen verständlich, das heißt einfach, kurz, gegliedert und anregend. Unverständliche Fragen sind unnötige Lernhindernisse und behindern vor allem lernschwächere Schüler/innen.
- Vermeiden Sie doppelte Verneinungen, zum Beispiel: »Warum glaubt Ihr nicht, dass der Text nicht mehr aktuell ist?«
- Vermeiden Sie Suggestivfragen, zum Beispiel: »Glaubt Ihr nicht auch, dass dieser Knetballen sinkt, wenn ich ihn ins Wasser werfe?«
- Trennen Sie Erläuterung und Frage voneinander. Am besten ist, Sie schicken eine Erläuterung voraus und stellen dann eine möglichst knappe Frage, zum Beispiel: »Ihr habt jetzt verschiedene Kunststoffe gesammelt. Welche Gemeinsamkeiten haben diese Kunststoffe?«
- Warten Sie möglichst ruhig auf Antworten auf Ihre Frage, am besten so lange, bis mindestens drei Schülermeldungen vorliegen.
- Manchmal stellt man eine Frage und merkt beim Aussprechen, dass diese Frage misslungen oder verwirrend ist. Warten Sie am besten auch in diesem Fall ruhig auf Antworten. Erst wenn sich keine oder nur sehr wenige Schüler/innen melden oder mehrere unzutreffende Antworten gegeben werden, sollten Sie die Frage zurücknehmen oder neu formulieren.
- Manchmal meldet sich auch bei längerem Warten kaum jemand. Das kann verschiedene Gründe haben, die häufigsten sind Unterforderung oder Überforderung. Bei vermuteter Unterforderung können Sie dies zum Beispiel metasprachlich verbalisieren (z. B. »Ich glaube, ihr wisst alle ziemlich genau, worauf ich hinaus will: Es sind die Nullstellen des Graphen gemeint.«) oder die Schüler/innen auffordern, die Frage mit eigenen Worten zu wiederholen; bei vermuteter Überforderung können Sie von einer anderen Seite her fragen oder andere minimale Vermittlungshilfen geben.
- Stellen Sie im Laufe des Unterrichts zwischendurch immer auch sehr leichte Fragen. Diese kann man gut von leistungsschwächeren Schüler/innen beantworten lassen bzw. man kann passive Schüler aufrufen, auch wenn sie sich nicht melden.
- Um den Lernfortschritt zu kontrollieren, sollten Sie Wiederholungsfragen bzw. Verständnisfragen einplanen.

Zum Thema Schweigen im Unterricht

- Bewusst zu schweigen ist oft sehr wirkungsvoll. Im Zusammenhang mit Blickkontakt oder Gestik und Mimik sagt man schweigend manchmal mehr aus als durch Sprache. Es erfordert aber sehr viel Selbstkontrolle. Achtung: Zu langes Schweigen kann manchmal auch die Langeweile der Schüler/innen oder psychischen Druck hervorrufen.
- Eine längere Pause des Schweigens kann Schüler/innen wieder dazu bringen, sich zu konzentrieren. Hilfreich ist dabei intensiver, aber nicht anstarrender Blickkontakt.

Unterricht differenzieren und schrittweise öffnen – Konzepte offenen Unterrichts

Frontalunterricht sinnvoll einsetzen

Wenn man aktuelle pädagogische Zeitschriften und Fachliteratur, in denen es um Unterrichtsmethoden geht, betrachtet, dann scheint es, Frontalunterricht sei ein Akt des Teufels, der Inbegriff für eine veraltete, überholte Form von Unterricht, mit großen Strapazen für Schüler/innen wie Lehrer/innen verbunden, und vor allem: ohne große Lernerfolge.

Der Begriff »Frontalunterricht« ist einerseits (deskriptiv) als weite Beschreibung all jener Unterrichtsformen aufzufassen, bei denen es um lehrerzentrierte Darbietung, Erarbeitung und Präsentation von Unterrichtsgegenständen geht. In diesem Sinne kann er als Sammelbegriff für sehr unterschiedliche Unterrichtskonzeptionen begriffen werden. Seit den 1960er-Jahren wird mit dem Begriff aber (normativ) ein negativer Kontrast zu moderneren Unterrichtsmethoden, zum Beispiel Gruppenunterricht oder offener Unterricht, beschrieben. Frontalunterricht bedeutet in diesem Kontext: keine Differenzierung, Lehrerzentrierung, Lernen im Gleichschritt. Frontalunterricht verläuft in der Regel in vier Phasen:

- Darbietungsphase (Einstieg, Sachbegegnung)
- Erarbeitungsphase
- Übungsphase (Wiederholung)
- Anwendungsphase (Transfer)

Kernpunkt des Frontalunterrichts ist insbesondere die Erarbeitungsphase in Form eines erarbeitenden, lehrergelenkten, fragend-entwickelnden Unterrichtsgesprächs. Dabei versucht die Lehrkraft, mit gezielten Fragen, die weder unter- noch überfordern, die Schüler/innen auf den Weg zur Lösung bzw. zur Erkenntnis zu führen.

Die schulpädagogische Forschung hat eindrucksvoll gezeigt, dass in allen deutschen Schulstufen der Frontalunterricht, vor allem das fragend-entwickelnde Unterrichtsgespräch trotz aller gegenläufiger Publikationen und Appelle noch immer die dominierende Sozial- und Arbeitsform ist – und das in nahezu allen Fächern und in den Sekundarstufen noch mehr als in den Grundschulen. Darüber hinaus ist belegt, wie sehr noch immer lehrerzentriert unterrichtet wird, wie ungleich verteilt die Sprechanteile zwischen Lehrer/in und Schüler/innen sind, wie wenig verbreitet offenere Unterrichtsformen sind und wie schwer es ist, Unterricht zu öffnen.

Über die Wirkungen und Nebenwirkungen des Frontalunterrichts weiß man nicht sehr viel: Weder ist bislang eine Überlegenheit noch eine Unterlegenheit beim Erreichen vor allem kognitiver Lernziele im Vergleich zu anderen Methoden belegt. Allerdings gibt es einige Indizien dafür, dass der Frontalunterricht und vor allem das fragend-entwickelnde Unterrichtsgespräch in seinem Umfang eingedämmt werden müsste:

- Frontalunterricht unterdrückt strukturell viele Kompetenzen, die Schüler/innen in der Schule auch vermittelt bekommen sollen, zum Beispiel Teamfähigkeit, Kreativität, Selbstbewusstsein.
- Die Gefahr ist hoch, dass sich im Frontalunterricht lernstärkere Schüler/innen langweilen und lernschwächere Schüler/innen überfordert sind.
- Frontalunterricht vermittelt im Kern ein antidemokratisches Modell, bei dem die Lehrkraft alles weiß und die Schüler/innen unwissender bleiben, als sie bleiben müssen.
- Frontalunterricht verstärkt den Pygmalion-Effekt, das heißt, der Lernerfolg der einzelnen Schüler/innen hängt stark davon ab, welche Erwartungen die Lehrkraft an sie hat.
- Die Ergebnisse von internationalen Schulleistungsstudien (vor allem PISA und IGLU, zum Teil auch TIMSS) zeigen, dass Länder weit vor Deutschland rangieren, bei denen differenzierende und offene Lernformen im Unterrichtsalltag eine größere Rolle spielen.
- Frontalunterricht belässt die Schüler/innen im Prinzip in einer passiven, abwartenden Rolle im Lernprozess. Dies widerspricht aktuellen Forschungen der Lernpsychologie.

Lernen ist ein individueller Akt, der der Anregung und Motivation bedarf, der am besten mehrkanalig und mit Eigentätigkeit gefördert und unterstützt wird. Aus Sicht der Schüler/innen ist die Mehrheit ihrer Unterrichtsstunden sicher noch weit davon entfernt, diesen Zielen gerecht zu werden.

Insgesamt möchten wir dennoch dafür plädieren, Frontalunterricht nicht aus dem Klassenzimmer zu verbannen. Damit wäre das Kind mit dem Bade ausgeschüttet. Es muss darum gehen, frontale Phasen mit Phasen der Gruppenarbeit, der Partnerarbeit, der Stillarbeit, der Freien Arbeit oder der Projektarbeit sinnvoll zu verknüpfen. Das heißt auch: Frontalunterricht ist immer dann sinnvoll, wenn alle einen bestimmten Inhalt, eine bestimmte Methode oder eine bestimmte Einsicht brauchen, um am Lernprozess weiterhin gewinnbringend teilzunehmen.

Offener Unterricht – was ist das eigentlich genau?

In den letzten Jahrzehnten hat sich an vielen deutschen Schulen Gravierendes getan: Viele Lehrer/innen in allen Schularten haben sich auf den Weg gemacht, Unterricht schrittweise zu öffnen, schülerzentrierter zu lehren und dabei selbst zu lernen. Dabei kam es auch zu einer Renaissance von reformpädagogischen Unterrichtskonzepten. Die wichtigsten Stichworte dazu lauten: innere Differenzierung, handlungsorientiertes Lernen, projektorientierter Unterricht, Stationenlernen, Arbeit mit Lernkarteien, Wochenplanunterricht, Freiarbeit, Werkstattunterricht, Schule als Lebensraum (Wiechmann 2010). Was steckt aber hinter diesen Konzepten?

- *Innere Differenzierung* ist die Antwort auf heterogene Lernvoraussetzungen, also darauf, dass die Kinder in jeder Klasse unterschiedliche Sozialisationserfahrungen, Interessen, Begabungen und Neigungen mitbringen. Sie ermöglicht eine weitgehende Individualisierung der Lernanforderungen und Lernprozesse. Die Schüler/innen lernen mit unterschiedlichen Methoden an unterschiedlichen Lerngegenständen, erledigen zum Beispiel auch differenzierte Hausaufgaben und Leistungskontrollen.

- *Handlungsorientiertes Lernen* meint nicht nur (und nicht vor allem) praktisches Lernen »mit den Händen«, sondern einen Unterricht, der die Lernenden in den Lernprozess ganzheitlich einbezieht, sie Erfahrungen machen lässt. Handlungsorientierung bezieht sich also auf kognitive, körperliche und seelische Lern- und Verarbeitungsprozesse.
- *Projektorientierter Unterricht* beinhaltet Formen der Projektarbeit, das heißt im Idealfall: Schüler/innen arbeiten fächerübergreifend an einem selbst gewählten Thema eigenverantwortlich mit selbst gewählten Zielen, Methoden und Ergebnissen. Projektorientierter Unterricht ist damit das Gegenteil vom Lehrgang. Die an vielen Schulen praktizierte Projektwoche nach der Notenabgabe, bei der die Schüler/innen sich in jahrgangsgemischten Gruppen mit bestimmten Themen beschäftigen, ist der »kleine Bruder« eines projektorientierten Unterrichts. Seit Anfang des 20. Jahrhunderts spielt die Projektmethode eine zunehmende Rolle in der Theorie und Praxis der Schule. Ihre Entwicklung ist spannend und vielfältig. *Schülerorientiert* heißt in einem Projekt, dass die Schüler/innen an der Themenfindung, der Planung, Vorbereitung und Durchführung gleichberechtigt beteiligt sind.
- *Lernen an Stationen* ist eine Sonderform des differenzierten Unterrichts. Im Klassenraum oder an einem anderen Lernort werden verschiedene Stationen ausgewiesen, an denen die Lernenden weitgehend selbstständig arbeiten können. Je nach konkreter Ausgestaltung (u.a. gibt es »Lernzirkel«, »Lerntheke«, »Lernstraße« oder »Lerngarten«) gibt es unterschiedliche Formen der Unterrichtsplanung, der konkreten Lernarbeit durch die Schüler/innen und der Dokumentation.
- *Arbeit mit Lernkarteien* ist die Antwort auf zentrale Erkenntnisse der Lernpsychologie. Lernkarteien vermeiden streng das Prinzip der Ähnlichkeitshemmung und integrieren unterschiedliche Lernkanäle. Lernkarteien sind Karteikästen mit zahlreichen Karteikarten, auf deren Vorderseite jeweils eine Frage bzw. Aufgabe und auf der Rückseite die jeweilige Antwort bzw. Lösung steht. Die üblichen Lernkarteikästen haben drei bis fünf Fächer, in denen die Schüler/innen ihre Karteikarten nach dem Motto »Bei richtig ins nächste Fach – bei falsch zurück ins erste Fach« einsortieren. Die Arbeit mit Lernkarteien dient besonders dem Wiederholen und Üben, kann aber auch in Erarbeitungsphasen eingesetzt werden.
- Der *Wochenplanunterricht* dient dem selbstständigen Üben von Sachverhalten und soll Kinder und Jugendliche zum selbstständigen Lernen führen. Dabei werden auf einem Plan alle Arbeiten vermerkt, oft mit dazugehörigen Hinweisen und Hilfsmitteln, die die Schüler/innen im Laufe eines Tages oder einer Woche erledigen sollen (Pflichtteil), bei denen sie auswählen können (Wahlpflichtteil) oder die sie zusätzlich erledigen können (Kür-Teil). Wochenplanunterricht benötigt eine

vorbereitete Lernumgebung, gemeinsame Kommunikations- und Ordnungssysteme sowie eine kontinuierliche Feedback-Kultur. In der Regel werden die Stunden für den Wochenplanunterricht aus den Kontingenten der jeweils beteiligten Fächer gezogen.
- *Werkstattunterricht* ist eine noch relativ neue Unterrichtsform, die darin besteht, dass Schüler/innen weitgehend selbstbestimmt in einer Lernumwelt und an Arbeitsposten einzeln, zu zweit oder in Gruppen Lernaufgaben bewältigen, ihren Lernweg selbst bestimmen und ihre Lernerfolge zum Teil selbst kontrollieren. Dabei sind die Lernenden nicht gänzlich frei, häufig gibt es Pflichtaufgaben und Wahlaufgaben. Die Schüler/innen erstellen meistens einen individuellen Lernplan, sie füllen beim Arbeiten einen »Werkstattpass« oder »Arbeitspass« bzw. ein Lernprotokoll aus. Oft tragen sie auch in einer Postenübersicht ein, welche Posten sie schon absolviert, welche Hilfe sie nötig haben und so weiter. Die Lehrkraft übernimmt in Phasen des Werkstattunterrichts mehr die Rolle eines Lernberaters.
- *Freiarbeit* ist als eine besondere und besonders freie Form des selbstgesteuerten Lernens aufzufassen. Die Schüler/innen entscheiden dabei – im Rahmen des Curriculums, der jeweiligen Klassensituation und der Potenziale ihrer individuell und gruppenbezogen vorbereiteten Lernumgebung – über ihre individuellen Ziele und Methoden des Lernens. Freiarbeit ist vor allem an Grundschulen verbreitet, in höheren Schulstufen deutlich weniger.

Freie Arbeit, Werkstattunterricht und Wochenplanarbeit haben in den letzten Jahren an Akzeptanz gewonnen. Doch lohnt es sich, genauer hinzuschauen, wenn jemand behauptet, in seiner Klasse »Freiarbeit« zu praktizieren. Denn allein die Möglichkeit der Schüler/innen, sich unter drei Arbeitsblättern eines aussuchen zu dürfen, genügt noch nicht den Kriterien und Ansprüchen freier Arbeit. Die Qualität des Materials und der Grad der Selbstorganisation spielen eine zentrale Rolle und werden sehr oft vernachlässigt. Die didaktisch-methodische Vorstrukturierung der Lerngegenstände ist genauso unerlässlich wie die gezielte Beobachtung und Hilfestellung durch die Lehrkraft.

Schwierigkeiten im Referendariat und Quereinstieg

Wer als Referendar/in versucht, Unterricht zu öffnen und schülerzentrierter zu unterrichten, muss häufig erfahren, dass das gar nicht so einfach ist, dass auf beiden Seiten, bei den Schüler/innen und bei sich selbst, Blockaden bestehen. Als Lehrer/in muss man in offeneren Unterrichtsformen Kontrolle abgeben, muss vorher mehr vorbereiten als bisher und muss sich mitunter gegen Widerstände der Mentorin/des Mentors durchsetzen. Und für die Schüler/innen bedeutet ein offenerer Unterricht den Abschied von einer eher passiven Haltung und die Übernahme von Verantwortung für den eigenen Lernprozess. Möglicherweise sind auch einzelne Eltern gegen die Reform des Unterrichts, weil sie befürchten, ihr Kind könne nicht genug dabei lernen und mit der neuen Freiheit nicht umgehen. Und schließlich gibt es auch immer wieder Widerstände im Kollegium (»Die im Nachbarzimmer sind immer so laut!«), bei der Schulleitung (»Lernen die so überhaupt etwas?«) und auch beim Hausmeister (»Sauhaufen, das da oben!«). Denn häufig ist offener Unterricht mit mehr Aktivität, mehr Material und mehr Raumbedarf zum Beispiel im Schulflur verbunden.

Da offenere Unterrichtsformen an unseren Schulen, vor allem in den Sekundarstufen, noch immer die Ausnahme sind, sind die Schüler/innen in der Regel nicht darauf vorbereitet. Wer also von heute auf morgen Unterrichtsformen wie Projektunterricht, Freiarbeit und Wochenplan einführen möchte, wird schnell feststellen, dass er die meisten Schüler/innen überfordert. Der Klasse als Referendar/in Freiarbeit beizubringen, wenn die Schüler/innen bislang kaum Erfahrung in freien Arbeitsformen haben, ist aus unserer Sicht ebenso unmöglich wie unsinnig. Daher raten wir dringend, diese Widerstände anzuerkennen und im Zweifel mehr oder weniger diejenigen Unterrichtsformen anzuwenden, die die Klasse kennt – auch wenn es wehtut.

Nun ist häufig das Problem, dass offener Unterricht zwar häufig als erstrebenswertes Ziel und Idealzustand dargestellt wird, aber der Weg dahin mit seinen Schwierigkeiten und auch Rückschlägen kaum thematisiert wird. Hier muss Kooperation und gezielte Fortbildung ansetzen, daher hier die wichtigsten Hinweise.

Tipps zum Thema »Unterricht differenzieren und öffnen«

- Holen Sie die Schüler/innen da ab, wo sie stehen, und analysieren Sie genau die Lernvoraussetzungen Ihrer Schüler/innen: Welche Sachkompetenzen bringen sie mit? Welche Methodenkompetenzen? Welche Sozial- und Selbstkompetenzen? Wie verbreitet sind individualisierende Unterrichtsformen? Welche Ängste könnten für die Beteiligten mit Veränderungen verbunden sein?
- Offener Unterricht braucht klare Regeln, Rituale und eine transparente Struktur. Knüpfen Sie daher an die erarbeiteten Strukturen Ihrer Mentorin/Ihres Mentors an.
- Als Einstieg in den offenen Unterricht eignet sich vor allem der schrittweise Einsatz von Lerntheken, bei denen die Schüler/innen unter Wahlangeboten auswählen können und eine Selbstkontrolle möglich ist. Erst danach empfiehlt es sich, komplexere Formen des offenen Unterrichts einzuführen, zum Beispiel die Wochenplanarbeit, weil man hier
  - schrittweise (von einfachen zu schwierigeren z. B. projektartigen Aufgaben),
  - strukturiert (zunächst ähnlicher Rahmen),
  - gesteuert (unterschiedlicher Grad an Freiheit) und
  - differenzierend (z. B. in Leistungsgruppen) vorgehen kann.

  Der Plan gibt zudem die Möglichkeit der engen Beratung und Rückmeldung und gibt auch den Schüler/innen die notwendige Orientierung. Über Planarbeit (es muss ja nicht immer eine Woche sein) kann man deshalb gut auch mit dem selbstständigen Bearbeiten von Pflichtinhalten beginnen, gerade in den Sekundarstufen.
- Seien Sie nicht zu sehr enttäuscht, wenn die Schüler/innen nicht wie von Ihnen gewünscht auf offene Unterrichtsphasen anspringen und einige davon mit ihrer neuen Freiheit nicht umgehen können. Alle Lehrer/innen haben schon erfahren, dass das punktuelle Scheitern zum Öffnungsprozess gehört und wertvolle Hin-

weise für Überforderungen, unzulängliche Strukturierung und Beziehungskonflikte gibt.
- Bitten Sie Ihre Mentorin/Ihren Mentor um Unterstützung und fahnden Sie im Kollegium. Gerade bei der aufwendigen Materialherstellung für offene Unterrichtsformen kann Zusammenarbeit besonders entlasten.

Unterricht soll Schüler/innen zu problemlösendem, selbstständigem Lernen befähigen. Aktives, entdeckendes Lernen fördert die individuelle thematische Auseinandersetzung und kreative Lösungsfindung. Das ist wichtiger denn je. Der »Königsweg« ist aber keine bestimmte Methode, sondern die Vielfalt der Methoden, mit denen die Schüler/innen Möglichkeiten geboten bekommen, sowohl das Lernen wie auch neue Inhalte zu lernen. Das »Lernen lernen« ist bereits ein geflügeltes Wort in der Schulpädagogik. Nur die Umsetzung scheint viel schwieriger zu sein als gedacht. Viele Lehrer/innen klagen, dass die Voraussetzungen nicht stimmen: zu große Klassen, zu wenig Zeit zur gezielten Vorbereitung solch »aufwendiger« Methoden, zu wenig Disziplin und eine schlechte Arbeitshaltung der Schüler/innen …

Neue Wege im Unterricht brauchen sowohl Zeit als auch entsprechende Strukturen. Von heute auf morgen wird keine Schülerin und kein Schüler lernen, gezielt und sinnvoll selbst zu lernen oder wirkungsvolle Arbeit im Team zu leisten. Hier sind Kompetenzen gefragt, die langfristig und Stück für Stück aufgebaut werden müssen. Auch als Lehrer/in muss man umdenken: Ohne gezieltes Feedback werden Schüler/innen ihre Arbeitsweise nicht verändern und optimieren können. Und ohne Teamarbeit und Kooperation im Kollegium wird niemand solch differenzierten Unterricht bewerkstelligen können. Um den Kompetenzerwerb auf beiden Seiten zu ermöglichen, muss sich Unterricht öffnen und entwickeln. Auch hier hat das Motto »Learning by Doing« seine Berechtigung.

Wann und warum Hausaufgaben geben?

Zur deutschen Schule gehören Hausaufgaben offensichtlich automatisch dazu. Nicht nur für die Schüler/innen, für die Hausaufgaben oft das Schlimmste an der Schule sind, sondern auch für Lehrer/innen sind Hausaufgaben integraler Bestandteil von Unterricht. An jedem Nachmittag sitzen Millionen Schüler/innen an Hausaufgaben, die erledigt werden müssen. Dabei spielen Hausaufgaben an Deutschlands Schulen, die noch immer zu drei Vierteln tendenzielle Halbtagsschulen sind, eine besondere Rolle. Sie dienen in der Regel dazu, den am Vormittag »durchgenommenen« Stoff am häuslichen Schreib- oder Küchentisch zu üben, zu wiederholen, anzuwenden und zu vertiefen.

Die von der schulpädagogischen Forschung erkundete Hausaufgaben-Wirklichkeit (Becker/Kohler 2002) ist allerdings noch immer so, dass es sich lohnt, genauer über die Stellung und das Stellen von Hausaufgaben nachzudenken: Während viele Grundschüler/innen noch überwiegend gerne Hausaufgaben machen, nimmt ihre

Beliebtheit mit zunehmendem Schüleralter kontinuierlich ab. Für viele Pubertierende sind Hausaufgaben nur noch lästige Pflichtübung, wenn sie überhaupt gemacht werden. Gleichwohl sind sowohl Schüler/innen als auch Eltern und Lehrer/innen vom Sinn und Wert der Hausaufgaben relativ überzeugt.

Der Umfang für die zu erledigenden Hausaufgaben schwankt an unseren Schulen zwischen den Durchschnittswerten 30 Minuten (in der Primarstufe) über 60 bis 90 Minuten (Sekundarstufe I) bis hin zu mehreren Stunden (Sekundarstufe II), wobei auch hier gravierende Unterschiede von Klasse zu Klasse, Lehrer/in zu Lehrer/in und Schultag zu Schultag zu verzeichnen sind. Absprachen unter den in einer Klasse unterrichtenden Kolleginnen und Kollegen bezüglich des aktuellen Hausaufgabenpensums sind längst nicht die Regel.

Das Stellen der Hausaufgaben erfolgt häufig am Ende der jeweiligen Stunde, fast immer undifferenziert (alle Schüler/innen haben die gleiche Hausaufgabe auf) und mit äußerst geringen Hilfen, zuweilen werden Hausaufgaben auch zur Disziplinierung verwandt. Beim Bearbeitungsniveau der Hausaufgaben gibt es klare Prioritäten: Circa 60 Prozent aller Hausaufgaben dienen der Übung und Wiederholung, 20 Prozent der Erweiterung, 15 Prozent der eigenständigen Anwendung. Nur ein sehr geringer Teil besteht im praktischen Tun oder in vorbereitenden Aufgaben.

Hausaufgaben sind ein ständiger Konfliktherd zwischen Schüler/innen und Lehrer/innen, aber auch zwischen Schüler/innen und Eltern. Sie müssen zeitaufwendig verglichen und kontrolliert, gegebenenfalls sanktioniert werden, sie sind Ursache für viele nachmittägliche und abendliche Streitereien in den Familien. Erstaunlicherweise haben Studien gezeigt, dass gerade schwächere Schüler/innen von Hausaufgaben nur unterdurchschnittlich bis überhaupt nicht profitieren und dass der allgemein beabsichtigte Lernfortschritt durch Hausaufgaben nicht bewiesen werden kann.

Die Erledigung von Hausaufgaben ist mehr und mehr ein boomender Wirtschaftszweig geworden. Jeder dritte Schüler, sogar 40 Prozent aller Gymnasiasten, erhält regelmäßig, das heißt mindestens einmal die Woche »Nachhilfeunterricht«. Für Nachhilfelehrer, Hausaufgabeninstitute und andere Einrichtungen geben Eltern in Deutschland pro Jahr schätzungsweise mehrere Milliarden Euro aus. Nicht nur damit verstärken Hausaufgaben gesellschaftliche Ungleichheiten. Im Internet bieten Hausaufgaben-Online-Börsen unzähliges Material für verzweifelte Schüler- (und Eltern-)Seelen an.

Zusammengefasst heißt das: Es werden empirisch gesehen zu viele Hausaufgaben aufgegeben, die zu umfangreich sind und die Schüler/innen überfordern, die zu wenig im Unterricht vorbereitet und geübt wurden, die die Zeit der Kinder und Jugendlichen für Spiel, Freizeit und Entspannung unnötig blockieren und die die Schere zwischen leistungsstärkeren und leistungsschwächeren bzw. bildungsnahen und bildungsfernen Schülern vergrößern. Grund genug, die eigene Hausaufgabenpraxis kritisch zu reflektieren.

Was tun? Viele Lehrer/innen gehen auch hier mittlerweile neue Wege:

- Es gibt nur einmal in der Woche Hausaufgaben (»Wochenhausaufgaben«), die zum Beispiel am Dienstag ausgegeben und am darauffolgenden Montag wieder eingesammelt werden. Damit können die Schüler/innen und ihre Familien sich einteilen, wann die Arbeit erledigt wird – ob die Eltern am Wochenende helfen wollen oder der Dienstag eben mit Flötenstunde und Fußballtraining blockiert ist. Für Sie ist das gut, weil Sie wissen: Montag ist Hausaufgaben-Korrektur-Nachmittag. So ist es eher möglich, differenzierte Hausaufgaben zu geben (denn jeden Tag wäre das zu aufwendig). Und Sie müssen gegebenenfalls nur einmal in der Woche meckern, das entlastet Sie selbst und die Schüler/innen.

- Die Hälfte der Hausaufgaben ist in der Form immer gleich, also von den Schüler/innen verlässlich überschaubar und leistbar (z. B. in Physik einen Versuch beschreiben, zeichnen und die Beobachtungen interpretieren; eine Knobelaufgabe in Mathematik; immer eine freiwillige Aufgabe). Das ist vor allem für die leistungsschwächeren Schüler/innen gut, weil es ihnen Planungssicherheit gibt und ihnen hilft, den tagesaktuellen Stoff schrittweise nachzuarbeiten.
- Pro Schulhalbjahr steht jedem Schüler ein »Hausaufgaben-Joker« zu, der bei nicht gemachten Hausaufgaben abgegeben werden muss.

Tipps zum Thema »Hausaufgaben«

- Erkunden Sie die Hausaufgabenpraxis Ihrer Mentorin/Ihres Mentors und die Effekte, die damit erzielt werden.
- Geben Sie Hausaufgaben nicht, weil es so üblich ist (sie sind keine Beschäftigungstherapie), sondern überlegen Sie, ob diese Hausaufgaben nötig sind.
- Unterrichten Sie so, dass die Erledigung der Hausaufgaben von allen Schüler/innen ohne zusätzliche Hilfe durch Eltern oder Nachhilfe erledigt werden kann. Geben Sie die Möglichkeit zu Rückfragen im Unterricht. Lassen Sie die Schüler/innen – je nach Alter – ihre Hausaufgaben in einem Hausaufgabenheft notieren und schreiben Sie sie, sofern nötig, an eine Seitentafel im Klassenzimmer.
- Überlegen Sie sich Hausaufgaben, die nicht nur Übung und Wiederholung sind, sondern auch produktive Auseinandersetzung mit dem Thema, und die den Schüler/innen vielleicht sogar Spaß machen könnten. Nutzen Sie die Chancen von vorbereitenden Hausaufgaben und geben Sie Hausaufgaben auch einmal einer Gruppe oder über einen längeren Zeitraum auf. Oder stellen Sie zuweilen freiwillige Hausaufgaben.
- Die Hausaufgabenmoral der Schüler/innen korreliert mit der Hausaufgaben-Kontrollmoral des Lehrers. Planen Sie daher, wenn Sie Hausaufgaben begründet gestellt haben, reichlich Zeit für das inhaltliche Rückmelden, Vergleichen und Korrigieren der Hausaufgaben ein. Das kann auch mal nur in Stichproben geschehen. Überlegen Sie sich dazu auch einmal ungewöhnliche Methoden, so zum Beispiel die angeleitete Selbstkontrolle oder die Hausaufgabenspirale, bei der die gemachten Hausaufgaben erst in Kleingruppen und erst dann im Plenum besprochen werden.
- Machen Sie einmal einen Selbsttest: Lassen Sie sich an einem beliebigen Tag von Ihren Schüler/innen all die Hausaufgaben geben, die sie nachmittags zu tun haben, und erledigen Sie diese Hausaufgaben an Ihrem häuslichen Schreibtisch. Es wird nicht ohne Folgen bleiben.

Ohne Beziehung keine Erziehung und keine Lernprozesse

Schüler/innen sind für Lehrer/innen die beruflichen Hauptpersonen. Mit ihnen verknüpft sich das Berufsethos, die originären Berufsaufgaben des Unterrichtens und Erziehens und auch die Frage der Berufszufriedenheit bzw. Berufsunzufriedenheit von Lehrer/innen in hohem Maße. Die Interaktion mit den Schüler/innen, sowohl im Unterricht als auch außerhalb des Unterrichts, ist damit auch im Referendariat oder der Qualifizierungsmaßnahme ein wichtiges Handlungsfeld.

Forschungen zu den wechselseitigen Erwartungen von Schüler/innen und Lehrer/innen deuten darauf hin, dass das Schüler-Lehrer-Verhältnis grundsätzlich als schwierig und mitunter äußerst problembelastet bezeichnet werden kann. In einer schon älteren Studie kamen Czerwenka u. a. (1990) nach einer Analyse von über 1.200 Aufsätzen deutscher Schüler/innen zu dem Schluss, dass mehr als drei Viertel von ihnen ihre Lehrer/innen überwiegend bzw. nahezu ausschließlich negativ beurteilt, wobei die Schülerurteile mit zunehmender Schulzeit negativer ausfallen. Hauptsächlich kritisieren die Schüler/innen das fehlende fachliche Können, fehlendes Gerechtigkeitsempfinden der Lehrer/innen und einen autoritären und langweiligen Unterricht. Neuere Schülerumfragen zum Beispiel vom Dortmunder Institut für Schulentwicklungsforschung zeigen, dass es nicht ganz so schlimm aussieht, aber dennoch von breiter Zufriedenheit aufseiten unserer Zielgruppe nicht die Rede sein kann.

Zum einen ist die systemimmanente Hierarchie eine Ursache für zahlreiche Konflikte im Beziehungsalltag von Schüler/innen und Lehrer/innen, zum anderen decken sich die Erwartungen der Schüler an ihre Lehrer nur sehr partiell mit den umgekehrten Erwartungen der Lehrer an ihre Schüler: Die Lehrer/innen wünschen sich tendenziell konforme, leistungsbereite und verhaltensunauffällige Schüler/innen. Schüler/innen, die von diesen Erwartungen abweichen, werden von den Lehrer/innen statistisch gesehen häufiger mit schlechteren Noten, dem Wiederholen einer Klasse oder einer minderen Übertrittsempfehlung nach der Grundschule belegt.

Schüler/innen als Quelle von Belastung und Entlastung

Referendarinnen und Referendare geben fast durchweg an, dass die Interaktion mit den Schüler/innen zum einen sehr stark zur Zufriedenheit beiträgt, zum anderen aber auch sehr stark für Belastungen verantwortlich ist (Böhmann/Hoffmann 2002). Die Belastungen in diesem Handlungsfeld sind auf der einen Seite durch die Stellung des Referendars zu erklären, zum anderen durch die erlebte Ausbildung: Die jungen Kolleginnen und Kollegen, in der Regel mit einem quasi natürlichen Sympathievorsprung und -vorschuss aufseiten der Schüler/innen versehen, werden wenn überhaupt, dann nur am Rande auf das schwierige Interaktionsfeld Schüler – Lehrer vorbereitet, sondern sie werden ausgebildet, um reibungslosen Unterricht durchzuführen. Deshalb stehen sie häufig mit einem Bild von Schule vor der Klasse, das das konfliktreiche Feld der Interaktion zwischen Schülern und Lehrern im Spannungsfeld von Nähe und Distanz, Gerechtigkeit und persönlichem Engagement, Autorität und demokratischer Teilhabe tendenziell ausblendet und die unterrichtliche, das heißt fachlich orientierte

Interaktion und Kommunikation als dominant ansieht. Sie rechnen damit, dass in einem ausgeglichenen Verhältnis von Unterricht und Erziehung die Schüler/innen schülerzentrierte Methoden a priori honorieren und ihr Bemühen mit größerer Aufmerksamkeit und Leistungsbereitschaft belohnen.

Die Wirklichkeit sieht für viele Referendarinnen und Referendare jedoch häufig anders aus: Die beiderseitige Verunsicherung führt häufig dazu, dass die Schüler/innen die von ihnen so interpretierte »Gutmütigkeit« der Referendare versuchen ausnutzen, aber auch bemüht sind, die emotional offenere Haltung der Lehrer/innen für sich zu nutzen und stärker Kontakt aufzunehmen als mit anderen Lehrer/innen. Darüber hinaus haben Referendarinnen und Referendare eher die Tendenz, vermeintliche erzieherische Defizite bei den Kindern und Jugendlichen bearbeiten zu wollen und damit zu vermindern. Dadurch entsteht insgesamt das Problem der Grenzziehung: Sie müssen lernen, auch auf ihren eigenen Gefühls- und Kräftehaushalt Rücksicht zu nehmen, nicht alles selbst und sofort machen zu wollen und auch berechtigte Ansprüche gegenüber den Schüler/innen durchzusetzen, um nicht zu einem »hilflosen Helfer« zu werden.

Loben und strafen

Erziehung geschieht gleitend in Form von expliziten und impliziten Handlungen, bewusst und unbewusst. Eine wichtige Rolle spielt dabei das Loben und das Strafen. Während an unseren Schulen vermutlich mehr bestraft und ermahnt als belohnt wird (mit Blicken, Gesten, Worten, Maßnahmenkatalogen, Schulverweisen und Ähnlichem), ist das Strafen, trotz seiner Verbreitung, häufig mit Tabus belegt. Weder die Schüler/innen noch die Lehrer/innen haben in der Regel ein großes Interesse offenzulegen, wie und warum sie bestraft wurden bzw. gestraft haben. Wer versucht, sich Ratschläge oder Handlungsanleitungen aus pädagogischen Büchern oder Zeitschriften zu holen, muss lange suchen.

»Strafen kommen immer zu spät«, so ein weitverbreitetes Bonmot unter Lehrer/innen. Stimmt. Trotzdem sind sie manchmal notwendig, wenn strenge Blicke, ruhige Aufforderungen, persönliche Ermahnungen und die Androhung von Konsequenzen nichts fruchten. Aber wann sind Strafen angemessen? Sie sollten

- zeitlich nah am Vergehen ausgesprochen werden,
- dosiert erfolgen,
- für die Schülerin bzw. den Schüler berechenbar sein,
- in sachlichem Zusammenhang mit dem Vergehen stehen,
- die Perspektive der Besserung beinhalten und schließlich
- das Fehlverhalten bestrafen, nicht den ganzen Menschen.

Artikel 1 des Grundgesetzes (»Die Würde des Menschen ist unantastbar«) gilt schließlich auch an Schulen. Und ein pädagogischer Grundsatz sollte auch gelten: Jeden Tag gibt es eine neue Chance, gerade für jene Schülerinnen und Schüler, die Ihnen häufig den Unterricht und das Leben schwer machen.

Vermeiden Sie auf jeden Fall Sanktionsspiralen, aus denen Sie nicht mehr herauskommen, weil Sie sie gar nicht mehr kontrollieren können. Ein klassisches Beispiel: »Wer jetzt noch einmal stört, fliegt raus!«. Und versuchen Sie, sich in Konfliktsituationen wenn möglich einen Handlungsaufschub zu verschaffen. Oftmals ist es besser, einem Schüler erst nach dem Unterricht in Ruhe Konsequenzen für sein Verhalten zu verkünden.

Lieblingsschüler und Vorurteile – gibt es das?

Befragt man Schüler, ob ihr Lehrer Lieblingsschüler hat, also solche, die er eher lobt, nicht so schnell ermahnt oder bestraft, die er mehr anlächelt und die von ihm größeres Verständnis entgegengebracht bekommen, wenn gerade mal wieder die Hausaufgaben nicht gemacht sind, so bekommt man in der Regel recht klare Antworten und Namen genannt. Und das sicher nicht ganz ohne Grund: Uns allen geht es als Menschen häufig so, dass wir bestimmte Menschen netter und sympathischer finden als andere. Grund dafür können äußerliche Merkmale sein, der Körperbau, die tollen Haare, das Lächeln, oder auch die freundliche Art, das Temperament oder die soziale Ader und Empathie. Oder vielleicht fühlen Sie sich durch einen Schüler an jemanden erinnert, den Sie geliebt haben. Jedem Schüler und jeder Schülerin gleich viel Sympathie und Aufmerksamkeit entgegenzubringen erscheint zuweilen unmöglich – und ist vielleicht auch ein großer Selbstbetrug.

Untersuchungen haben gezeigt, dass Lehrer/innen vor allem jene Schüler/innen mögen, die gute Leistungen zeigen, sich sozial integrativ verhalten und dem Lehrer Respekt entgegenbringen – mit anderen Worten: die es ihm leicht machen. Es gibt aber sicher auch Fälle, wo gerade schwieriges Schülerverhalten, Leistungsunwilligkeit, Aggressivität oder Respektlosigkeit für Lehrer/innen ein Grund ist, sich mit besonderer Aufmerksamkeit um einen Schüler zu kümmern. Offenbar führt stärkere Sympathie einem Schüler gegenüber auch dazu, seine schulischen Leistungen tendenziell besser zu bewerten.

Auch Vorurteile gehören zum Berufsalltag von Lehrer/innen, obwohl sie uns nicht immer bewusst sind. Aber woran könnte es liegen, dass wir gerade bei Mike so schnell ausrasten? Vielleicht weil sein Zwillingsbruder in der Nachbarbank uns schon wiederholt zur Weißglut gebracht hat? Warum sprechen wir Nurcan eher die Intelligenz ab? Weil sie sprachliche Defizite hat und ein Kopftuch trägt? Und warum gehen wir so ungern in die 10c? Weil wir deren Klassenlehrerin, unsere Mentorin, nicht besonders mögen? Beispiele dafür, dass auch Referendarinnen und Referendare nicht vor beruflichen Vorurteilen im Umgang mit ihren Schüler/innen gefeit sind, gibt es sicher zahlreiche.

Tipps zum Thema »Erziehungsprozesse gestalten«

- Machen Sie sich die Mühe zu erfahren, was die Schüler/innen in Ihrer Klasse bewegt, wie sie wohnen, welche Hobbys sie haben, was sie in ihrer Freizeit tun, was sie gut können, mit wem sie befreundet sind, welche Hoffnungen und Träume sie haben.

- Loben Sie, so oft es geht. Bemühen Sie sich, freundlich, fair, aber auch im Konfliktfall konsequent zu handeln. Lassen Sie die Schüler/innen auch Grenzen erkennen und entdecken. Strafen Sie so, dass Sie das Fehlverhalten, nicht den Schüler als Mensch sanktionieren.
- Nutzen Sie Chancen zu außerunterrichtlichen Begegnungen – bei Exkursionen, Klassenfahrten, Projekten. Sie lernen »Ihre« Schüler/innen damit besser kennen.
- Versetzen Sie sich zuweilen in die Lage der Schüler/innen. Wie würden Sie sich verhalten?
- Machen Sie sich klar, dass Ihre Lebenswelt, Ihre Werte, Ihre Ideale und Ihre Umgangsformen nicht die der Schüler/innen sind.

Unterrichtsstörungen gehören zum Unterricht

Erinnern Sie sich doch einmal: In welcher Unterrichtsstunde, die Sie in Ihrer langen Schulzeit erlebt oder nun als Referendar/in selbst gehalten haben, gab es keine einzige Unterrichtsstörung? Fällt Ihnen eine solche Stunde ein? Dann werden Sie wohl die Ausnahme sein. Im anderen Fall werden Ihnen zahllose Stunden einfallen, in denen die Schüler/innen für die ein oder andere Störung verantwortlich waren und die Lehrer/innen mit kleinen, mittleren oder großen Unterrichtsstörungen zu kämpfen hatten.

Wie jede andere menschliche Kommunikation ist auch unterrichtliche Interaktion sehr störungsanfällig. Verschiedene Zielperspektiven und Rollen treffen aufeinander und beeinflussen sich wechselseitig. Lehrer/innen müssen daher ihre Aufmerksamkeit nicht nur auf die Bearbeitung des Unterrichtsinhaltes, sondern genauso auf die Bearbeitung der Beziehungen aller Beteiligten richten.

Das Thema Unterrichtsstörungen ist in den meisten didaktischen Konzepten eher unterbelichtet. Dass Unterricht auch anders laufen kann als geplant, dass Schüler/innen mit allerlei Störungen fehlendes Interesse, zu geringe Bereitschaft oder auch offenen Protest signalisieren, wurde jahrzehntelang in didaktischen Konzepten eher ausgeblendet. Das Verdienst der »Kritisch-kommunikativen Didaktik« nach Rainer Winkel ist, diesen Strukturaspekt von Unterricht als Teil einer allgemeinen Didaktik aufzufassen und zu bearbeiten. Winkel begreift Didaktik als »Theorie des schulischen Lehrens und Lernens, d.h. die systematische, nachprüfbare und helfende Analyse und Planung unterrichtlicher Lehr- und Lernprozesse« (Winkel 2009, S. 79). Unterricht wird in dieser didaktischen Konzeption unter vier Aspekten betrachtet:

- dem *Vermittlungsaspekt* (v.a. Lernakte, Medien, Methoden, Phasierung, Organisation),
- dem *Inhaltsaspekt* (v.a. offizieller Lehrplan, geheimer Lehrplan, Stufen der Sacherfahrung),
- dem *Beziehungsaspekt* (v.a. soziale Interaktion und deren Richtungen und Formen) und
- dem *störfaktorialen* Aspekt (v.a. Arten, Richtungen, Folgen und Ursachen von Störungen).

Auf der Basis von Konzepten der Kritischen Erziehungswissenschaft (Gamm, Mollenhauer, Schäfer/Schaller) und der Kommunikationstheorie (Watzlawick, Schulz von Thun) postuliert die Kritisch-kommunikative Didaktik Leitziele für den Unterricht, vor allem Emanzipation, Mündigkeit und Mitbestimmung. Schüler/innen haben demnach ein Recht auf Partizipation, das heißt auf Beteiligung an der Planung, Durchführung und Auswertung des Unterrichts. Darüber hinaus haben sie ein Recht auf ein konstruktives Feedback über ihren Lern- und Leistungsstand sowie ein Recht auf die Darlegung der Unterrichtsziele. In diesem Kontext bekommen Unterrichtsstörungen den Charakter von Seismographen, die anzeigen, welche kommunikativen und lerngegenstandsbezogenen Prozesse im Unterricht wirklich ablaufen und inwiefern Schüler/innen tatsächlich Mitbestimmungsmöglichkeiten haben. Unterrichtsstörungen signalisieren also, dass einige bzw. viele, vielleicht sogar alle Schüler/innen mit dem geplanten Lehr-Lern-Arrangement nicht hinreichend zurechtkommen. Die zentralen Fragen lauten also:

- Warum und mit welchen Absichten und Zielen wird Unterricht gestört?
- Mit welchen Störungen muss bei der Planung aufgrund welcher Anzeichen gerechnet werden?
- Wie kann Unterricht mit den Antworten auf die beiden anderen Fragen so umgehen, dass er besser (v. a. humaner, aber auch effektiver) wird?

Was sind Unterrichtsstörungen?

Es gibt verschiedene Zugänge, Unterrichtsstörungen näher zu bestimmen: Eine weite, deskriptive Definition fasst als Unterrichtsstörungen alle Prozesse auf – das heißt erwünschte oder unerwünschte, die Auseinandersetzung mit dem Inhalt des Unterrichts beeinträchtigende oder unbeeinträchtigende –, die quer zur Unterrichtsplanung laufen, die nicht gezielt beabsichtigt sind. In diesem Kontext lässt sich vieles als Unterrichtsstörung bestimmen, zum Beispiel auch eine sehr kluge, weiterführende Frage oder Antwort eines Schülers während eines Unterrichtsgesprächs, die die Lehrkraft dahin bringt, den geplanten Unterrichtsverlauf teilweise zu verändern, indem sie zum Beispiel einen Exkurs zur aufgeworfenen Frage einlegt, einen Lehrervortrag einschiebt – oder auch einen Schritt zurück zu den Grundlagen eines Unterrichtsinhalts macht, weil sie merkt, dass vielen Schüler/innen in der Klasse das nötige Vorwissen für den geplanten Unterrichtsgegenstand fehlt. Im Rahmen dieser weiten Begriffsbestimmung könnte man dann Unterrichtsstörungen danach analysieren, ob sie erwünscht oder unerwünscht, beeinträchtigend oder unbeeinträchtigend für den Unterricht bzw. die Lehrkraft sind.

Eine am Alltagsverständnis näher ansetzende Definition arbeitet nicht nur mit deskriptiven, sondern auch mit normativen, das heißt bewertenden Kategorien: Unterrichtsstörungen liegen vor, wenn der Unterricht, das heißt das Lehren und Lernen gestört wird, wenn der unterrichtliche Kommunikationsprozess stockt, endet oder gänzlich außer Kontrolle gerät, wenn er unerträglich, inhuman, sinnlos und schädigend wird (Winkel 2009, S. 99).

Unterrichtsstörungen können sich sehr verschieden äußern. Unterschieden werden können v. a. folgende Bereiche:

- Disziplinstörungen
- Provokationen und Aggressionen
- akustische und visuelle Dauerstörungen
- Konzentrationsstörungen
- Störungen des Unterrichts von außen
- Lernverweigerung und Passivität
- neurotisch bedingte Störungen

Dabei ist es sinnvoll, einerseits einzelne Störungen desselben Bereichs graduell zu unterscheiden, zum Beispiel nach Bagatellstörungen, ernsthaften Störungen, unbehebbaren Störungen und unvermeidbaren Störungen. Andererseits können Unterrichtsstörungen auch nach der Verursachung bestimmt werden, zum Beispiel nach Anlage und Entwicklung, Umwelt, soziale Umgebung und Schule, Lehrer/in.

Mit Unterrichtsstörungen umgehen: Diagnose

Insgesamt lassen sich systematisch drei Arten des Umgangs mit Unterrichtsstörungen unterscheiden: Diagnose, Prävention und Intervention. Alle drei Strategien setzen an verschiedenen Punkten des Störungsprozesses an, sind aber miteinander verschränkt und beziehen sich aufeinander.

Diagnose meint die möglichst genaue Beschreibung und Einschätzung der jeweiligen Störung. Dabei ist es theoretisch wichtig (aber in der Unterrichtspraxis für unerfahrene Lehrer/innen tendenziell unmöglich!), jede Störung für sich zu betrachten und möglichst wertneutral zu beschreiben. Hierzu eignen sich u. a. folgende Fragen:

Frage	Mögliche Antworten
Wer stört?	• eine bestimmte Schülerin/ein bestimmter Schüler • eine Gruppe von Schüler/innen • die gesamte Klasse
Welche Art der Störung liegt vor?	• Disziplinstörungen • Provokationen und Aggressionen • akustische und visuelle Dauerstörungen • Konzentrationsstörungen
	• Störungen des Unterrichts von außen • Lernverweigerung und Passivität • neurotisch bedingte Störungen
Worin besteht konkret die Störung?	• möglichst präzise Beschreibung: Art, Lautstärke, sprachliche Mittel, körpersprachliche Mittel, Wortwahl …
Wogegen richtet sich die Störung?	• Personen (Schüler/innen, Lehrer/in) • Objekte (Gegenstände) • Normen

▶

Frage	Mögliche Antworten
Wo könnten Ursachen für die Unterrichtsstörung liegen?	• Unterrichtsprozess (z. B. Überforderung, Unterforderung, fehlende Partizipation …) • Anlage und Entwicklung (motorische Unruhe, Konzentrationsprobleme …) • Umwelt • soziale Umgebung und Schule (Beziehungen in der Klasse, Antipathie …) • Lehrer/in (Temperament, Charakter, Bevorzugung, Benachteiligung …)
Was könnten die Ziele der Störung und der/des Störenden sein? Was wird damit bezweckt?	• kurzfristige, mittelfristige oder langfristige Ziele • auf die Beziehung bezogene Ziele (z. B. Aufmerksamkeit, Zuneigung, Auseinandersetzung …) • auf den Lerngegenstand bezogene Ziele (z. B. kontroverse Sichtweisen einbringen, Korrektur …) • auf den Unterricht bezogene Ziele (z. B. Änderung der Unterrichtsorganisation, Abbruch …)
Welche möglichen Folgen hat die Störung für die Schüler/innen bzw. für die Lehrkraft?	• Folgen für den Unterrichtsverlauf (Stockung, Unterbrechung, Blockade) • Folgen für die Beziehung (Verstimmung, Verletzung …) • Autoritätsverlust, Imageverlust
Welche Relevanz hat die Störung (für die Lehrkraft, ggf. auch für die/den Störende/n)?	• Scheinstörung • Bagatellstörung • Nebenstörung • ernsthafte Störung • zentrale Störung • extreme Störung
Welchen Charakter hat die Strörung?	• unbehebbare Störung • unvermeidbare Störung • behebbare Störung
Wer definiert die Unterrichtsstörung als solche? Wer fühlt sich gestört?	• Lehrer/in • Schüler/innen • Lehrer/in und Schüler/innen

Abb. 24: Leitfragen zur Diagnose von Unterrichtsstörungen

Bisher wurde implizit davon ausgegangen, dass Unterrichtsstörungen ausschließlich vonseiten der Schüler/innen verursacht werden. Die empirische Unterrichtsforschung hat zahlreiche Belege dafür gesammelt, dass dies überhaupt nicht stimmt. Unterricht als Lehr-Lern-Prozess wird auch von Lehrer/innen gestört. Dafür gibt es viele Formen:

- Eine Lehrerin tendiert dazu, ihre Schüler/innen ständig zu überfordern, sodass die meisten Schüler/innen dem Unterricht gar nicht folgen können.
- Ein Lehrer stellt unpräzise Arbeitsanweisungen und muss daher die Phasen der Einzel-, Partner- bzw. Gruppenarbeit immer wieder mit nachgeschobenen Hinweisen, Hilfen und Korrekturen unterbrechen.

- Eine Lehrerin kann ihren Redefluss während eines Unterrichtsgesprächs nicht kontrollieren und bombardiert die Schüler/innen fortwährend mit Impulsen, Fragen und eigenen Bewertungen.
- Ein Lehrer bezeichnet einige seiner Schüler/innen immer wieder als »faul«, »unmöglich« oder »nicht therapierbar« und lobt diese sehr selten oder nie.
- Eine Lehrerin gibt den Wünschen der Schüler/innen in Bezug auf die Sitzordnung im Klassenraum über Gebühr nach, sodass die Schüler/innen wild verstreut und ohne räumliche Struktur an wechselnden Plätzen sitzen und sich wenig auf den Unterrichtsinhalt konzentrieren und auf Äußerungen von Mitschüler/innen eingehen können.
- Ein Lehrer ist notorisch ungenügend vorbereitet und hält häufig einen Unterricht, der nach immer demselben Schema arbeitet und die Schüler/innen langweilt.

Prävention ist viel, aber nicht alles

Unterrichtsstörungen gar nicht erst entstehen zu lassen, ist Ziel der Prävention. Vor allem ist hier eine gewissenhafte Unterrichtsplanung gefragt. Anders gesagt: Ein gut geplanter und abwechslungsreicher Unterricht,

- bei dem die Schüler/innen etwas lernen,
- der ihnen auch die Möglichkeit gibt, sich auszutauschen und miteinander in Kontakt zu treten,
- der die Sozialformen wechselt,
- der differenziert gestaltet ist,
- der auch nonverbal von der Lehrkraft gesteuert wird,
- bei dem die Schüler/innen gelobt und gemocht werden,
- der sie weder unter- noch überfordert, der sie also da abholt, wo sie stehen,
- der ihnen Erfolgserlebnisse vermittelt und
- der sie mit ihren Vorerfahrungen, Interessen und Bedürfnissen ernst nimmt,

ist die beste Möglichkeit, Unterrichtsstörungen präventiv zu verringern. Lieber ordentlich Zeit in eine gute Unterrichtsplanung stecken als dieselbe Zeit mit Magenkrämpfen im Anschluss an den Unterricht zu verbringen. Prävention bedeutet darüber hinaus, für mögliche Unterrichtsstörungen gewappnet zu sein, also zum Beispiel alternative Planungsideen im Hinterkopf zu haben oder sich gezielte Beschäftigungsmöglichkeiten für Schüler/innen zu überlegen, die potenziell störendes Verhalten zeigen.

Trotz gewissenhafter Planung und Prävention kommt es nahezu in jedem Unterricht zu Störungen. Gerade Referendarinnen und Referendare haben aufgrund der vorliegenden Rollendiffusion zuweilen Schwierigkeiten, die notwendige Disziplin der Schüler/innen im Klassenzimmer aufrechtzuerhalten bzw. sich gegenüber einzelnen Schüler/innen (vor allem sind das häufig störende Jungen) durchzusetzen. Insofern sind unerwünschte, beeinträchtigende Störungen mehr oder weniger alltäglich.

Der erste Schritt ist der diagnostische Blick auf die Unterrichtsstörung und vor allem die Einschätzung der Relevanz (s. o.). Mit Scheinstörungen (die sich im Interaktionsprozess dann als Nicht-Störung herausstellen) und Bagatellstörungen kann anders umgegangen werden als mit gravierenden Störungen oder regelrechten Notfällen.

Interventionsbereich	Ziel	Mögliche Interventionen
Unerwünschtes Verhalten hemmen	Entzug von Bekräftigung	• ignorieren • stoppen • im Keim ersticken • Kritik • Entzug von Vergünstigung
Negative Anregungen mindern	Auslöser vermeiden	• unangenehme Erfahrungen vermeiden • Modellverhalten • Unterrichtsorganisation • Vermeiden von Unter- bzw. Überforderung • Abstimmung der sozialen Ordnung
Positive Anregungen anbieten	Mit Störung unvereinbares Schülerverhalten anregen	• Sachmotivierung • Abwechslung • Struktur geben • Modellverhalten • Ermutigung • Lob • Humor • Empathie
Erwünschtes Verhalten fördern	Bekräftigung gewünschten Verhaltens	• Belohnung • Regelsystem • Streitschlichtung • Metakommunikation
Persönliche Bewertung und Sichtweisen verändern	Langfristige Veränderung der Grundeinstellung	• Störung entdramatisieren • Resignation überwinden • Beziehung suchen • Schuldzuschreibungen vermeiden • eigene Gefühle und Bedürfnisse akzeptieren

Abb. 25: Interventionsmöglichkeiten bei Unterrichtsstörungen

Diese Übersicht zeigt, wie vielfältig die Interventionsmöglichkeiten bei Unterrichtsstörungen sein können. Nach unserer Erfahrung wird diese Bandbreite nur selten ausgeschöpft, sondern es kommen immer wieder einige wenige Strategien zum Einsatz: Sehr verbreitet ist noch immer, unerwünschtes Verhalten mit besonderer Beachtung zu würdigen, während erwünschtes Verhalten häufig weniger beachtet und gewürdigt wird. Der Effekt ist mitunter ein Teufelskreis: Störende Schüler/innen erfahren so, dass sie stören müssen, um beachtet zu werden. Und jeder einzelne Konflikt mit der Lehrkraft, jede Ermahnung, ja sogar jeder Klassenbucheintrag oder Verweis ist ein Schritt weiter in diesem Teufelskreis.

Häufig lässt sich auch beobachten, dass die störenden Schüler/innen mehrmals ermahnt werden und ihnen dann auch gedroht wird, ohne diese Drohung wahrzumachen. Die Schüler/innen haben ein gutes Gespür dafür, was sie sich bei welchen Lehrer/innen erlauben können, wie der jeweilige Lehrer bei bestimmten Störungen reagiert oder was ihnen im Übertretungsfalle droht. Auch hier ist es unserer Erfahrung nach hilfreich, der Klasse ein gestuftes und verlässliches Instrumentarium vorzustellen, wie Unterrichtsstörungen geahndet werden.

Umgang mit häufig störenden Schülerinnen und Schülern

Was können Lehrer/innen aber mit jenen Schüler/innen tun, die dauerhaft den Unterricht so stören, dass nicht nur die Lehrer/innen, sondern auch die Mitschüler/innen und der ganze Unterricht darunter leiden? In einigen Schulen hat man hier innovative Wege beschritten, zum Beispiel die pädagogische Verhaltensmodifikation (Rost 2001) oder Trainingsraum-Modelle (Bründel/Simon 2007).

»Pädagogische Verhaltensmodifikation« ist ein Sammelbegriff für lernpsychologisch orientierte Methoden zur gezielten Beeinflussung von Verhaltensweisen im pädagogischen Feld, und zwar durch systematische Veränderungen situativer Rahmenbedingungen und Verhaltenskonsequenzen sowie durch Verhaltensmodelle. Jedes Verhalten – »unerwünschtes« bzw. »erwünschtes« – wird zu wesentlichen Teilen als gelernt angenommen. Bei der pädagogischen Verhaltensmodifikation wird konsequent nach den Methoden des Bekräftigungslernens verfahren. Dieses Konzept hat das Ziel, das Verhalten der Schüler/innen im Hinblick auf ein gemeinsam definiertes Ziel mithilfe von positiven Verstärkern zu verändern. Diese Verstärker können vieles sein: ein einfaches Lob, ein Hausaufgaben-Gutschein, eine gute Note, Lobesbriefe an die Eltern, Preise, vielleicht auch ein Eis oder ein gutes Buch. Der Fantasie sind keine Grenzen gesetzt. Wichtig ist, mit dem betreffenden Schüler eine klare Abmachung zu treffen, die er realistischerweise auch erfüllen kann und die für ihn eine Aussicht bietet, sein Verhalten zu verändern. Der Lehrer belohnt ihn immer dann mit einem Punkt, wenn er ein erwünschtes Verhalten zeigt, wenn er sich meldet, einen guten Beitrag bringt, die Hausaufgaben macht, andere ausreden lässt oder auch nur eine Zeit lang nicht den Unterricht gestört hat. Wenn er einige Punkte gesammelt hat, kann er den Gutschein einlösen. Es ist immer wieder erstaunlich, wie selbst ältere Schüler/innen auf Lob und positive Verstärker reagieren.

Andere Schulen arbeiten mit dem Trainingsraum-Modell (Bründel/Simon 2007) bzw. dem »Arizona-Modell«. Hier schafft die Schule quasi eine betreute Auffangstation für Schüler, die so nachhaltig den Unterricht stören, dass die Lehrer/innen sie aus dem Unterricht entfernen müssen. Im Trainingsraum wird die Störung einerseits reflektiert und bearbeitet, andererseits soll der Schüler alternative Handlungsschemata für die reale Unterrichtssituation kennenlernen und schrittweise eintrainieren. Der Vorteil ist hier, dass die anderen Schüler/innen der Klasse in Ruhe weiterlernen können, der Nachteil ist der erhöhte Raum- und Personalaufwand.

Unterrichtsstörungen im Referendariat und Berufseinstieg – einige Tipps

Bei der Hospitation werden Sie erste Erfahrungen mit dem Thema Unterrichtsstörungen aus Lehrersicht machen können. Sie werden beispielsweise Störungen des Unterrichts beobachten können, bei einer Einzelbeobachtung während einer Gesprächsphase einen Schüler, der häufiger stört, unter die Lupe nehmen, in der Nachbesprechung das störende Verhalten möglichst präzise beschreiben und mit Ihrer Mentorin/Ihrem Mentor über mögliche Ursachen der Störung beraten. Vor allem aber sind Sie als Unterrichtende/r dann selbst gefordert, mit Unterrichtsstörungen, so es sie gibt, umzugehen.

Dabei werden Sie sich aller Voraussicht nach damit überfordert fühlen, quasi in Sekundenbruchteilen Unterrichtsstörungen zu diagnostizieren, zu entscheiden, wie sie auf die Störung reagieren wollen, und zu beobachten, welche Wirkung diese Entscheidung hat. Und dennoch werden Sie irgendwie mit Unterrichtsstörungen umgehen müssen, um die Realisierung ihres geplanten Unterrichts nicht zu gefährden. Einige grundlegende Tipps wollen wir Ihnen abschließend geben:

- Bemühen Sie sich, Ihren Unterricht nach den oben genannten Anforderungen zur Prävention von Unterrichtsstörungen zu planen, damit Störungen erst gar nicht entstehen. Lob und Bekräftigung sind in aller Regel bessere Mittel gegen gestörten Unterricht als Tadel und Strafe.
- Besprechen Sie mit Ihrer Mentorin/Ihrem Mentor und vor allem beobachten Sie genau, wie er mit Unterrichtsstörungen umgeht. Hier sollten Sie tendenziell ansetzen, das heißt, Sie sollten versuchen, Interventionen der Mentorin/des Mentors, sofern Ihnen das einigermaßen möglich ist, partiell zu übernehmen. Wir wissen: Das ist ein Ratschlag, der vielleicht nicht auf Ihre Gegenliebe stößt. Aber zum einen ist es wahrscheinlich, dass die Schüler/innen irritiert und überfordert sind, wenn ihr Referendar nun gänzlich andere Strategien im Umgang mit Unterrichtsstörungen pflegt. Und zum anderen werden Sie in Ihrer Ausbildung und später auch im Beruf verschiedene Stile des Umgangs mit Unterrichtsstörungen kennenlernen, sodass Sie am besten ein breites Repertoire an sich selbst erleben sollten.
- Geringe Unterrichtsstörungen können auch bewusst ignoriert werden. Bei gravierenden Störungen schreiten Sie ruhig, bestimmt und konsequent ein.

Zum Weiterlesen

Becker, G. E. (2008): Unterricht durchführen. Handlungsorientierte Didaktik, Teil II. 9., vollst. überarb. Auflage. Weinheim/Basel: Beltz.

Becker, G. E./Kohler, B. (2002): Hausaufgaben. Kritisch sehen und die Praxis sinnvoll gestalten. 4. Auflage. Weinheim/Basel: Beltz.

Bründel, H./Simon, E. (2007): Die Trainingsraum-Methode. Unterrichtsstörungen – klare Regeln, klare Konsequenzen. 2., durchges. und erw. Auflage. Weinheim/Basel: Beltz.

Heidemann, R. (2009): Körpersprache im Unterricht. Ein praxisorientierter Ratgeber. 9., durchges. Auflage. Wiesbaden: Quelle & Meyer.
Miller, R. (2007): Lehrer lernen. Ein pädagogisches Arbeitsbuch. 4., vollst. überarb. Auflage. Weinheim/Basel: Beltz.
Nolting, H.-P. (2011): Störungen in der Schulklasse. Ein Leitfaden zur Vorbeugung und Konfliktlösung. 9. Auflage. Weinheim/Basel: Beltz.
Paradies, L./Linser, H.-J. (2011): Differenzieren im Unterricht. 5., überarb. Auflage. Berlin: Cornelsen Scriptor.
Schlieszeit, J. (2011): Mit Whiteboards unterrichten. Das neue Medium sinnvoll nutzen. Weinheim/Basel: Beltz.
Schulz von Thun, F. (2011): Miteinander reden. Band 1 bis 3. Reinbek bei Hamburg: Rowohlt.
Watzlawick, P. et al. (2000): Menschliche Kommunikation. Formen, Störungen, Paradoxien. Bern: Huber.
Winkel, R. (2009): Der gestörte Unterricht. 9. Auflage. Baltmannsweiler: Schneider Hohengehren.

5.4 Beurteilung und Benotung von Schülerleistungen

Schule hat bekanntlich mehrere Funktionen. Sie regelt stellvertretend für die Gesellschaft (neben anderen Institutionen) die Aufgabe, junge Menschen auf ihr späteres Leben vorzubereiten und zugleich den Jugendlichen gemäß ihren jeweiligen Kompetenzen bestimmte Zukunftsmöglichkeiten und Berufsebenen zuzuteilen. Da nicht alle die besten Positionen in der Gesellschaft besetzen können, muss ausgewählt werden. Hier greift die Selektionsfunktion der Schule, die die Schule mit Beurteilungen, Noten und Zeugnissen erfüllt.

Sie wissen: Sie sind als Lehrer/in nicht nur Berater/in und Helfer/in in Lernfragen – und manchmal auch in Lebensfragen –, sondern Sie müssen auch Leistungen messen, beurteilen und benoten. Alles drei gehört zum Unterrichts- und Erziehungsprozess der allermeisten Schulen. Es gibt diesbezüglich auch Ausnahmen, nämlich bestimmte private Schulen, die das anders regeln, aber diese lassen wir im Folgenden unberücksichtigt.

Benotet werden können im Grunde alle Arten von Schülerleistungen: schriftliche Klassenarbeiten, Hausaufgaben-Tests, die mündliche Mitarbeit, die Erledigung von Hausaufgaben, das Lern- und Arbeitsverhalten im Unterricht, die Bearbeitung einer Aufgabe im Unterricht, die Leistung bei einer Gruppenarbeit und anschließenden Präsentation, die in einer Projektarbeit erstellte Wandzeitung, der Nachbau eines Modells, ein konkretes Werkstück und Ähnliches.

Wozu sind Noten überhaupt da? Die schulpädagogische Literatur unterscheidet mehrere Funktionen:

- *Selektionsfunktion:* Noten übernehmen eine Auswahl von Personen zur Zuteilung von Lebenschancen.
- *Feedback-Funktion:* Noten geben den Schüler/innen und den Lehrer/innen eine Rückmeldung über das, was gelernt oder verstanden wurde. Sowohl die Schülerin/der Schüler wie auch die Lehrkraft sieht anhand der Noten, inwieweit die jeweiligen Lernziele erreicht wurden.
  Noten stellen den Schüler/innen auch dar, an welcher Position sie mit ihrer Leistung im Verhältnis zur gesamten Lerngruppe stehen.
- *Sozialisierende Funktion:* Noten führen die Schüler/innen in den Grundgedanken unserer Gesellschaft ein, nämlich in das Leistungsprinzip.
- *Legitimationsfunktion:* Mit Noten legitimieren Schulen ihre Bewertungsentscheidungen gegenüber Eltern, Staat und Gesellschaft.
- *Disziplinierungsfunktion:* Noten sorgen mittelbar dafür, dass die Schüler/innen hinsichtlich ihres allgemeinen Verhaltens (Kopfnoten) sowie ihres Lernverhaltens (Fächernoten) diszipliniert werden. Überschreiten sie tolerierbare Grenzen, müssen sie per Noten mit Sanktionen rechnen, zum Beispiel mit einer schlechten Zeugnisnote, dem Wiederholen einer Klasse oder dem Nichtbestehen einer Abschlussprüfung.
- *Motivationsfunktion:* Noten motivieren zum leistungsbereiten Lernverhalten.
- *Berichtsfunktion:* Noten geben der Schulgemeinde, der Schulaufsicht und der Gesellschaft insgesamt Auskunft über die Frage, wie erfolgreich gelernt (und damit gelehrt) wurde.
- *Prognosefunktion:* Noten werden dazu benutzt, die weitere Lernentwicklung einer Schülerin/eines Schülers vorauszusagen.

All diese Funktionen spielen bei Ihrer Notengebung eine mehr oder minder große Rolle. Bei jeder Notengebung konkurrieren drei unterschiedliche Bezugsnormen:
- Die *soziale Bezugsnorm* fragt danach, wie eine konkrete Leistung hinsichtlich der Leistungsverteilung innerhalb einer Klasse oder Lerngruppe zu bewerten ist.
- Die *individuelle Bezugsnorm* fragt danach, wie eine konkrete Leistung hinsichtlich der individuellen Lernentwicklung, das heißt hinsichtlich einer möglichen Leistungssteigerung bzw. Leistungsminderung zu bewerten ist.
- Die *sachliche Bezugsnorm* fragt danach, wie eine konkrete Leistung hinsichtlich der Erreichung des Lernziels zu bewerten ist.

Um ein Beispiel aus der Praxis zu geben: In einem Grundwissen-Test zum Ohm'schen Gesetz in einer Elektrotechnik-Berufsschulklasse hat ein Schüler 20 von 30 Punkten erreicht. Nimmt man die soziale Bezugsnorm zur Grundlage, wäre es denkbar, dem Schüler eine 2 zu geben, wenn fast alle anderen Schüler/innen weniger Punkte erreicht haben. Oder man könnte ihm mit seinen 20 Punkten eine 4 geben, wenn die allermeisten Schüler noch mehr Punkte erreicht haben.

Nimmt man die individuelle Bezugsnorm zur Grundlage, so könnte man dem betreffenden Schüler eine 1 geben, weil er sich in den letzten Wochen stark in seinen

Kenntnissen gesteigert hat und mittlerweile sehr viele grundlegende Inhalte verstanden hat, mit denen er vor Wochen noch große Schwierigkeiten hatte. Legt man die fachliche Bezugsnorm zugrunde, so könnte man dem Schüler mit 20 von 30 Punkten eine 3 geben, weil er die basalen Lernziele erreicht hat, aber bei der konkreten Anwendung des Ohm'schen Gesetzes große Lücken hatte.

Die schulpädagogische Forschung hat eindrucksvolle Belege dafür gesammelt, dass bei Lehrer/innen in den meisten Fällen die soziale Bezugsnorm dominiert. Sie orientieren sich also vor allem daran, wie die konkrete Schülerleistung im Kontext der anderen Leistungen der Klasse anzusiedeln ist. Dies kommt nicht ganz von ungefähr: Die soziale Bezugsnorm ist für Schüler/innen und Eltern relativ einsichtig und wird häufig auch als quasi-objektiv akzeptiert. Andererseits führt sie aber auch zu zweifelhaften Situationen: Eine Lernleistung in Mathematik zum Beispiel, die bei Lehrerin A in Klasse x die Note 2 erhält, wird unter Umständen von Lehrerin B in Klasse y mit 4 bewertet, weil das durchschnittliche Leistungsniveau in Klasse A niedriger ist.

In aller Regel ist der Umgang mit Noten bei vielen Lehrer/innen wenig öffentlich, auch im Kollegium. Klassenarbeitsnoten und vor allem deren zugrunde gelegten Bezugsnormen werden von Lehrer/innen nur selten abgesprochen, sondern entstehen in aller Regel still am heimischen Schreibtisch. Nur manchmal wird die Notengebung sichtbar: Zum Beispiel fällt auf, dass Chemielehrer C nur Zeugnisnoten zwischen 3 und 6 gibt, während Chemielehrer D das ganze Notenspektrum abdeckt und bei ihm kaum ein Schüler eine 5 oder 6 im Zeugnis hat. Wir schauen deshalb, was die Kultusministerkonferenz als Grundlinie vorgibt:

- Die Note »sehr gut« soll erteilt werden, wenn die Leistung den Anforderungen im besonderen Maße entspricht.
- Die Note »gut« soll erteilt werden, wenn die Leistung den Anforderungen voll entspricht.
- Die Note »befriedigend« soll erteilt werden, wenn die Leistung im Allgemeinen den Anforderungen entspricht.
- Die Note »ausreichend« soll erteilt werden, wenn die Leistung zwar Mängel aufweist, aber im Ganzen den Anforderungen noch entspricht.
- Die Note »mangelhaft« soll erteilt werden, wenn die Leistung den Anforderungen nicht entspricht, jedoch erkennen lässt, dass die notwendigen Grundkenntnisse vorhanden sind und die Mängel in absehbarer Zeit behoben werden können.
- Die Note »ungenügend« soll erteilt werden, wenn die Leistung den Anforderungen nicht entspricht und selbst die Grundkenntnisse so lückenhaft sind, dass die Mängel in absehbarer Zeit nicht behoben werden können.

Natürlich sind diese Formulierungen dehnbar. Gleichzeitig verweisen sie eindeutig auf die sachliche bzw. fachliche Bezugsnorm.

Gerade Berufseinsteiger/innen haben in ihrer beruflichen Praxis Schwierigkeiten mit der Beurteilung und Notengebung. Häufig fehlt ihnen die Erfahrung, um konkrete Schülerleistungen hinsichtlich der Benotung von 1 bis 6 einzuschätzen.

Schriftliche Schülerleistungen bewerten

Schriftliche Klassenarbeiten haben in aller Regel eine herausgehobene Stellung beim Zustandekommen einer Zeugnisnote. In den Hauptfächern ist in vielen Schularten die Anzahl bzw. Mindestanzahl der Klassenarbeiten festgelegt. Bei schriftlichen Arbeiten müssen Lehrer/innen deshalb besonders sorgfältig vorgehen. Die in einer Klassenarbeit abzufragenden Inhalte müssen intensiv im Unterricht behandelt werden. Darüber hinaus muss durch die Aufgabenstellungen und den Zeitrahmen gesichert sein, dass die Klassenarbeit auch wirklich diejenigen Kenntnisse und Kompetenzen abprüft, die sie abprüfen soll. Hier haben Sie als Expertin bzw. Experte für Ihr Unterrichtsfach und die Schülergruppe viele Gestaltungsmöglichkeiten, die Sie nutzen sollten.

Immer wieder lässt sich beobachten, dass Lehrer/innen sich bei der Bewertung von Klassenarbeiten an der Gauß'schen Normalverteilung orientieren. Nach dieser Glockenkurve liegen die meisten Werte einer Gruppe im mittleren Bereich, während die extremen Werte nur in geringer Anzahl vorkommen. Die Schuhgrößen einer repräsentativ ausgewählten Bevölkerungsgruppe haben allerdings mit den Leistungen einer Lerngruppe in einer Klassenarbeit wenig bis nichts zu tun. Es kann nämlich durchaus sein, dass die meisten Schüler einer Klasse bei einer Maschinenbau-Klassenarbeit zu »Statik, Kinematik und Dynamik« die Lernziele voll oder sogar in besonderem Maße erreicht haben, also eine 1 oder 2 als Note dafür bekommen. Wenn Sie Lehrer/in dieser Klasse sind, sollten Sie sich über diese Lernergebnisse freuen, statt zu überlegen, die Punkte-Noten-Skala so zu ändern, dass ungefähr wieder die Glockenkurve herauskommt.

Mündliche Schülerleistungen bewerten

Noten für die mündliche Mitarbeit werden in vielen Fächern, Schulstufen und Schularten erteilt. Sie haben den Vorteil, dass sie oft die Schülerleistungen über einen längeren Zeitraum wiedergeben. Auf der anderen Seite kommen bei mündlichen Noten stärker subjektive Einstellungen und Stimmungen der Lehrer/innen zum Tragen. Mündliche Schülerleistungen bergen deshalb häufig ein Konfliktpotenzial zwischen Lehrer/innen einerseits und Schüler/innen und Eltern andererseits. Denn anders als bei Klassenarbeiten fehlt hier die quasi-objektive Zugangsweise.

Zwei weitere Probleme kommen hinzu: Einerseits bezieht sich das Konstrukt »Mündliche Mitarbeit« in aller Regel auf die Quantität *und* die Qualität der Schüleräußerungen im Unterricht. Es gibt Schüler/innen, die sich häufig und oft mit richtigen oder zieladäquaten Beiträgen beteiligen. Und es gibt Schüler/innen, die sich kaum oder nur nach Aufforderung durch den Lehrer beteiligen. Bei beiden Schülertypen drängt sich eine klare Bewertung der mündlichen Mitarbeit auf. In den allermeisten Klassen oder Lerngruppen gibt es aber auch Schüler/innen, die sich zwar stark beteiligen, aber deren Beiträge wenig zielführend sind. Oder es gibt solche Schüler/innen, die sich zwar sehr wenig beteiligen, die aber dann, wenn sie sich beteiligen, sehr richtige und wertvolle Beiträge liefern. Wie ist nun bei diesen Schülertypen die mündliche Mitarbeit zu bewerten?

Und es kommt ein weiteres Problem hinzu: Während Sie als Lehrer/in in frontalen Unterrichtsphasen die mündliche Mitarbeit Ihrer Schüler/innen relativ gut überschauen können, ist dies in Phasen von Partner- oder Gruppenarbeit oder noch offener gestalteten Lernarrangements (z. B. Wochenplanunterricht, Werkstattunterricht, Exkursion) für Sie wesentlich schwieriger. Wie ist beispielsweise die mündliche Mitarbeit einer Schülerin in einem Elektrotechnik-Kurs zu bewerten, die zwar in Unterrichtsgesprächen oder anderen frontalen Phasen relativ zurückhaltend ist, aber bei der Partner- und Gruppenarbeit sehr wertvolle Beiträge liefert, die Sie als Lehrer/in jedoch kaum umfassend mitbekommen?

Beurteilungsfehler

Noten gaukeln tendenziell eine Objektivität vor, die sie nicht haben. Anders ausgedrückt: Alle Aspekte der Notengebung unterliegen möglichen Beurteilungsfehlern. Die wichtigsten Beurteilungsfehler sind:

- Es werden unterschiedliche oder *sachfremde Bezugsnormen* zugrunde gelegt. Dies führt zum Beispiel dazu, dass die Bewertung einer Schülerleistung nicht primär an der sachlichen Bezugsnorm ausgerichtet ist, sondern abhängig ist von den Leistungen in der Klasse.
- Der *Strenge- bzw. Milde-Effekt*: Hier bewertet die Lehrkraft grundsätzlich Leistungen einer Klasse oder in einem Fach besonders streng oder besonders milde.
- *»Halo-Effekt« oder Hof-Effekt:* Hier überträgt die Lehrkraft eine Eigenschaft eines Schülers auf eine andere Eigenschaft. Angenommen, Sie geben in einer Klasse Physik. Ein Schüler ist relativ leistungsstark in Physik. Dann bekommen Sie die Klasse auch in Biologie. Automatisch werden Sie aufgrund Ihrer Vorerfahrungen in Physik denken, dass derselbe Schüler auch in Biologie leistungsstark ist. Das muss aber gar nicht sein.
- *Kontrasteffekt:* Die Arbeit eines Schülers wird zuweilen besser beurteilt, wenn vor ihm in der Korrekturreihenfolge eine schwächere Arbeit korrigiert wurde.
- *Pygmalion-Effekt* (Erwartungs-Fehler): Wenn man als Lehrer/in einen Schüler für intelligent und leistungsstark hält, wird man bestimmte (positive) Leistungen des Schülers stärker wahrnehmen, während man andere (negative) Leistungen eher schwächer wahrnimmt. Es kommt dadurch zu einer sich selbst erfüllenden Prophezeiung, weil der Schüler durch ein positiveres Selbstbild dann wirklich seine Leistungen steigert.
- *Zentraltendenz-Effekt:* Bewertungen, die von der Mitte abweichen, werden von der Lehrkraft gemieden, weil sie dezidierter begründet werden müssten oder für zu viel Aufsehen in der Klasse sorgen.

- *Gruppendruck* im Lehrerzimmer oder in der Fachkonferenz: Hier passt sich die Lehrkraft an die impliziten Normen der anderen Fachkolleginnen und -kollegen an.

Da jegliche Note verschiedenen Beurteilungsfehlern zu unterliegen droht, ist es wichtig, sich diese möglichen Fehler bei der Benotung immer bewusst zu machen. Ganz vermeiden lassen sie sich gleichwohl nicht. Wer aber bei der Notengebung auch mögliche Beurteilungsfehler im Blick hat, kommt in aller Regel zu einem relativ sicheren und fairen Urteil über die Schülerleistung.

Tipps zur Benotung von Schülerleistungen

- Beurteilungen und Noten sind eine pädagogisch-fachliche Gesamtwürdigung von Schülerleistungen. Dies ist mehr als nur Arithmetik. Nutzen Sie also die Möglichkeiten, die Ihnen geboten sind, aus.
- Informieren Sie sich über die Vorschriften, die in Ihrem Bundesland durch das Schulgesetz und die Notenverordnung festgelegt sind. In aller Regel gibt es Mindestanzahlen für Klassenarbeiten, Rückgabetermine und weitere obligatorische Regelungen.
- Informieren Sie sich darüber, welche Beschlüsse an Ihrer Schule bezüglich der Notengebung in Ihren Fächern gelten. Ansprechpartner dafür ist der Fachsprecher oder die Schulleitung.
- Informieren Sie sich über zentrale Klassenarbeiten in Ihren Fächern (Länge, Inhalte, Aufgabentypen, Bewertungsmaßstäbe), um die Schüler/innen gezielt auf diese Prüfungsart vorzubereiten.
- Besorgen Sie sich mehrere verschiedene Schulbücher zu Ihrem Fach und Ihrer Klassenstufe, um einen Eindruck zu gewinnen, mit welchen Aufgabentypen jeweils Lernleistungen eingeübt und überprüft werden.
- Reflektieren Sie bei Ihrer Notengebung das Verhältnis von sozialer, individueller und sachlicher Bezugsnorm. Handlungsleitend muss aber die sachliche Bezugsnorm sein.
- Noten sind als Drohpotenzial nur bedingt geeignet und wirken in dieser Hinsicht eher kontraproduktiv, weil sie die wahren Konflikte oder Lernlücken überdecken.
- Es ist vorgeschrieben, dass Sie den Eltern Ihre Notengebung zu Beginn des Schuljahres transparent machen. Das kann während eines Elternabends oder per Elternbrief geschehen. Sie müssen also relativ präzise Auskunft geben über die Anzahl der Klassenarbeiten, die Gewichtung der einzelnen Notenbereiche (z. B. schriftlich, mündlich, Mitarbeit, Hefte, Projektarbeiten, Werkstücke u. Ä.). Je mehr Transparenz, umso besser für alle Beteiligten.
- Um mündliche Schülerleistungen über einen bestimmten Zeitraum zu bewerten, empfiehlt es sich, eine Klassenliste anzulegen und nach jeder Stunde eine kurze Notiz über die Quantität und Qualität der mündlichen Mitarbeit der Schüler/innen zu vermerken. Nach einigen Wochen können Sie dann aus diesen Notizen

eine recht fundierte Note geben und diese auch gut gegenüber den Schüler/innen oder Eltern begründen. Diese Liste macht zwar kurzfristig etwas mehr Arbeit, entlastet Sie aber mittelfristig dadurch, dass Sie sicherer bei der Notengebung sind und weniger Widerspruch der Schüler/innen nach der Bekanntgabe der Noten haben. Gleichzeitig motiviert es die Schüler/innen, sich über einen längeren Zeitraum hinweg im Unterricht zu engagieren und nicht nur in den Tagen, bevor es mündliche Noten gibt.

Zum Weiterlesen

Becker, G. E (2005): Unterricht auswerten und beurteilen. Handlungsorientierte Didaktik, Teil III. 8., überarb. Auflage. Weinheim/Basel: Beltz.

Sacher, W. (2007): Überprüfung und Beurteilung von Schülerleistungen. In: Apel, H. J./Sacher, W. (Hrsg.): Studienbuch Schulpädagogik. 3., überarb. und erw. Auflage. Bad Heilbrunn: Klinkhardt.

Ulich, K. (2001): Einführung in die Sozialpsychologie der Schule. Weinheim/Basel: Beltz.

Winter, F. (2006): Leistungsbewertung. Eine neue Lernkultur braucht einen anderen Umgang mit den Schülerleistungen. Baltmannsweiler: Schneider Hohengehren.

5.5 Kooperation im Kollegium

Neben der Interaktion mit den Schüler/innen innerhalb und außerhalb des Unterrichts bilden die Kolleginnen und Kollegen an der Schule zweifellos die zweitwichtigste Bezugsgruppe. Forschungen haben gezeigt, dass eine schlechte Atmosphäre im Kollegium, Isolation und Konkurrenzdenken der Kolleginnen und Kollegen einen großen Anteil an der beruflichen Belastung von Lehrer/innen haben. Die Umkehrung gilt allerdings genauso: Eine wertschätzende Atmosphäre im Kollegium und tragfähige Arbeitsbeziehungen und Kooperationsformen sorgen für Berufszufriedenheit und letztlich auch für gute, erfolgreiche Unterrichts- und Erziehungsprozesse.

Dass heutzutage zur Lehrerprofessionalität auch Kooperation gehört, steht außer Frage. Nicht nur, weil der fachliche und persönliche Austausch untereinander hilft und entlasten kann, sondern auch, weil Lehrer/innen nur schwer etwas von den Schüler/innen verlangen können, was sie selbst nicht vorleben.

Kooperation, das verspricht den Beteiligten Entlastung, weil Sie beispielsweise eine geplante Unterrichtsstunde oder -einheit einem anderen Kollegen zur Verfügung stellen und dafür ein hilfreiches Arbeitsblatt von ihm bekommen. Entlastend kann Kooperation aber auch insofern sein, als Sie Kolleginnen und Kollegen haben, die Ihnen Tipps geben können zur Organisation des Unterrichts, zur Recherche von Medien oder zur Erstellung des Stoffverteilungsplans. Und Sie finden hilfsbereite Kolleginnen und Kollegen, wenn Sie an einer schwierigen Konfliktsituation mit einem Schüler zu knabbern oder Schwierigkeiten bei der Durchsetzung der Unterrichtsdisziplin in der Pharmazie-Klasse haben. All dies kann entlastend wirken.

Parallel zu dieser Entlastung finden vielleicht bei Ihnen noch andere, tiefer liegende Prozesse statt: Was könnte Kollegin Y von mir denken, wenn sie meinen Stoffverteilungsplan sieht? Warum stellt mein Mathe-Arbeitsblatt zur Integralrechnung so geringe Anforderungen an die Schüler/innen? Muss Kollege X immer von seinem gelungenen Unterricht erzählen, weil er mir damit sagen will, dass ich das nicht so gut hinbekomme? Diese Gedanken, Zweifel und Vermutungen belasten viele Lehrer/innen ungemein, weil sie es nur in seltenen Fällen gewohnt sind, sich in die Karten schauen zu lassen und ihre Arbeit, das heißt immer auch ihre ganze Persönlichkeit zur Diskussion zu stellen. Lehrerkooperation bedeutet immer auch die Annäherung von verschiedenen beruflichen und privaten Persönlichkeiten. Unter der Oberfläche der Sachlogik liegen wie bei jeder Kommunikation tief verankerte Wünsche, Werte und ungeschriebene psychologische Gesetze. Sich dies bewusst zu machen und dann auch gegebenenfalls offen zum Thema zu machen, ist hilfreich für eine gelingende Kooperation, erst recht für Teamarbeit.

Wenn man die Forschungen zur Kooperation in Lehrerkollegien zusammenfasst, so lässt sich feststellen, dass in vielen Schulen die Lehrer/innen nach wie vor Einzelkämpfer sind und dass hier so etwas wie eine »Nichteinmischungsnorm« herrscht, die nach dem Prinzip funktioniert: Wenn du mich in Ruhe lässt, lasse ich dich auch in Ruhe. Gerade an Gymnasien und den verschiedenen Arten von Berufsschulen, so zeigt die Forschung, erschwert diese Norm die Kooperation im Kollegium. Die Forschung zeigt auch: Ältere Kolleginnen und Kollegen kooperieren seltener als jüngere, Frauen im Kollegium mehr als Männer. Der Normalfall ist die mehr oder minder lockere Zusammenarbeit zwischen zwei oder mehreren Kolleginnen und Kollegen auf Fachebene oder Klassenstufenebene im Bereich der Unterrichtsplanung.

Andererseits gibt es auch zahlreiche Schulen – und es werden immer mehr – in denen verschiedene Formen von Teamarbeit zum ganz normalen Berufsalltag der Kolleginnen und Kollegen gehören: kontinuierliche Absprachen in Fachkonferenzen zur Erstellung eines Schulcurriculums, gemeinsame Festlegung von Erziehungsleitlinien in der Gesamtlehrerkonferenz, die Verabschiedung eines Schulprogramms, häufige Kooperationen zwischen einzelnen Klassen, Hospitationsmodelle, Team-Teaching, Supervisionsangebote und Ähnliches.

Kooperation ist für Lehrer/innen offenbar ein zweischneidiges Schwert: Sie wünschen und fürchten zugleich die intensive Zusammenarbeit, weil die Art und Weise, wie man als Lehrer/in im Unterricht arbeitet, welche Ziele man setzt und wie man mit den Schüler/innen umgeht, immer auch viel darüber sagt, welche Stärken und Schwächen man hat. Unterricht bleibt dann doch lieber »Privatsache«. Darüber hinaus erschweren die starre Zeitstruktur und die hohe Unterrichtsbelastung die Kooperation im Kollegium.

Kooperation und Teamarbeit

Kooperation und Teamarbeit werden zwar zuweilen inhaltlich gleichgesetzt, müssen aber voneinander unterschieden werden:

- Mit dem Begriff *Kooperation* ist jegliche Form der Zusammenarbeit gemeint, vom lockeren, eher privat geprägten Austausch am Kopierer bis zur gegenseitigen Hospitation und Beratung. Beteiligt sind dabei immer mehrere Personen.
- *Teamarbeit* dagegen ist eine Sonderform der Kooperation. Es ist immer eine feste Gruppe beteiligt, drei oder mehr Personen, und es dominiert ein zielgerichtetes, effizienzorientiertes Arbeiten. Teamarbeit folgt oft den Phasen der Gruppenentwicklung: *forming* (die Gruppe findet sich), *storming* (die Gruppenrollen werden ausgehandelt und ggf. erkämpft), *norming* (die Gruppe findet eigene Regeln und Mechanismen), *performing* (die Gruppe bewältigt ihre Aufgaben). Darüber hinaus unterliegt sie den Gesetzen der Gruppendynamik – zum Beispiel haben die Teammitglieder bestimmte Teamrollen, und es entwickelt sich eine Ingroup-Outgroup-Dynamik.

Quereinsteiger/innen und kollegiale Kooperation

Von den Kollegien, den Schüler/innen und Eltern erwartet, nach längerem Unterrichtsausfall auch ersehnt, ist der Berufseinstieg im Kollegium wie in jedem anderen Beruf nicht einfach. Neue Kolleginnen und Kollegen müssen die expliziten und impliziten Normen des Kollegiums bzw. von Gruppen des Kollegiums kennenlernen und beachten. Darüber hinaus kommen die neuen Kolleginnen und Kollegen in aller Regel mit einem hohen Maß an Engagement an die Schule, investieren womöglich mehr Arbeitszeit, engagieren sich mitunter auch im privaten Rahmen stärker für einzelne Schüler/innen als manch anderer Kollege. Auch die Tatsache, dass die Schüler/innen neuen Kolleginnen und Kollegen zu Anfang ein gewisses Interesse entgegenbringen, führt dazu, dass das restliche Kollegium die Neuen nicht nur mit Wohlwollen in ihrer Mitte betrachtet.

Insbesondere Quereinsteiger/innen tun sich häufig schwer, sich auf die besonderen Formen und Bedingungen von Kooperation im Lehrerkollegium einzustellen. Die Regel ist, dass sie selbst in ihrem vorherigen Berufsfeld eine sehr intensive Kooperationskultur erlebt haben und sich nun in der Schule mitunter eher allein fühlen und selbst durchkämpfen müssen. Hinzu kommt, dass Quereinsteiger/innen nicht immer eine Mentorin oder ein Mentor an die Seite gestellt wird, dessen Aufgabe es ist, sie in den ersten Wochen oder Monaten zu begleiten. So berichten viele Quereinsteiger/innen von anfänglichen Irritationen im Umgang mit Kolleginnen und Kollegen, weil Kooperationsformen vorausgesetzt werden, die es noch gar nicht gibt.

Klassisch bei Quereinsteiger/innen ist offenbar der Fall, dass sich zwischen bestimmten Kolleginnen und Kollegen des Restkollegiums und einem Quereinsteiger eine Rivalität entwickelt, deren Grund die mögliche Konkurrenz und wechselseitige mindere Akzeptanz ist.

Aus Sicht der anderen Kolleginnen und Kollegen erscheinen Sie als Quereinsteiger/in unter Umständen als jemand, der auf deutlich kürzerem Wege und ohne sich durch zwei Staatsexamina zu kämpfen dieselbe Gehaltsstufe erreicht. Die Tatsache, dass Sie als Quereinsteiger/in in aller Regel keine so lange pädagogische und fachdidaktische Ausbildung haben wie die Kolleginnen und Kollegen, die die herkömmliche Lehrerausbildung durchlaufen haben, wird zuweilen nicht nur mit Interesse betrachtet, sondern lässt möglicherweise auch den Verdacht aufkommen, Sie seien als Quereinsteiger/in gar kein »richtiger« Lehrer und auch in pädagogischer Hinsicht nicht hinreichend versiert. Dass Sie in der Regel schon in einem anderen Berufsfeld gearbeitet haben und dort die Arbeitswelt »draußen« intensiv kennengelernt haben, könnte Kolleginnen und Kollegen zu der Ansicht bringen, Sie hielten sich für etwas »Besseres« und hätten mehr Ahnung vom wirklichen Leben, statt nur die Quasi-Realität der Schule zu kennen. Möglicherweise spielt ja bei Ihnen solch ein Gedanke beim Kennenlernen und Zusammenarbeiten mit Ihren Kolleginnen und Kollegen auch wirklich eine Rolle.

Konferenzen

Die normale und vom Schulgesetz vorgeschriebene Form der Lehrerkooperation sind die verschiedenen Konferenzen. Je nach Anlass und Zuständigkeit gibt es Gesamtlehrerkonferenzen, Teilkonferenzen, Stufenkonferenzen, Klassenkonferenzen und Fachkonferenzen. Das Ziel dieser Konferenzen insgesamt ist, dass sich das gesamte Kollegium kontinuierlich austauscht und im Rahmen der Teilautonomie von Schule diejenigen Angelegenheiten bearbeitet, über die die Schule entscheiden kann. Insofern sollten Konferenzen nicht nur lästige Pflichtübungen sein, sondern bieten enorme Chancen für die Gestaltung der Einzelschule.

Die Wirklichkeit sieht zuweilen, möglicherweise auch in Ihrem Kollegium, etwas anders aus. Einerseits ist das mit dem kontinuierlichen Austausch so eine Sache: Zuweilen werden Klassenkonferenzen nur dann einberufen, wenn über die Androhung eines Unterrichtsausschlusses beraten werden muss. Die Fachkonferenz trifft sich nur, um im Dezember noch die übrigen Haushaltsmittel für die Experimentierkästen zu verbraten. Und die Gesamtlehrerkonferenz tagt so selten, dass eine kontinuierliche Konzeptentwicklung der Schule nur schwerlich möglich ist.

Zum anderen ist zu vermuten, dass die Mehrzahl der Konferenzen nicht nur wenig effizient ist, also der Zeitaufwand umgekehrt proportional zum Ergebnis steht, sondern dass diese Zusammenkünfte häufig als willkommene Gelegenheit für die Austragung tief liegender Konflikte und offener Auseinandersetzungen im Kollegium genutzt werden und das eigentliche Ziel der Konferenz, tragfähige Beschlüsse im Rahmen der Selbstverwaltung der Schule zu erzielen, in den Hintergrund rückt.

Tipps zum Thema Kooperation im Kollegium

- Betrachten Sie die Zusammenarbeit in Ihrem Kollegium nicht als Tätigkeit, die zusätzlich zu Ihrem Dienstauftrag zu versehen ist, sondern als regulären Teil Ihres Arbeitsauftrags. Wenn eine Schule gut unterrichten und erziehen will, braucht sie eine gelingende und kontinuierliche Kooperationskultur.
- Nutzen Sie die institutionalisierten Formen der Lehrerkooperation, die Konferenzen, dazu, sich über Fragen des Unterrichts, der Erziehungsprinzipien Ihrer Schule, der geltenden Normen und Regeln an der Schule und der weiteren Profilierung der Schule auszutauschen. Dazu ist es notwendig, dass Sie die Konferenzordnungen Ihrer Schule bzw. Ihres Bundeslandes kennen.
- Bringen Sie Punkte, die Ihnen wichtig sind, in die Tagesordnung ein und bereiten Sie sie gegebenenfalls so vor, dass die Konferenz Beschlüsse fassen kann.
- Drängen Sie bei Konferenzen auf einen Zeitrahmen, eine Tagesordnung und Tischvorlagen und bei Beschlüssen darauf, dass mit berücksichtigt wird, wer was wie und bis wann erledigen soll.
- Signalisieren Sie Ihre Bereitschaft auch zu intensiveren Kooperationen, zum Beispiel zu Hospitationen oder Team-Teaching.
- Suchen Sie sich eine oder mehrere Kolleginnen und Kollegen, mit denen Sie so kooperieren, dass es auch für Sie entlastend ist. Tauschen Sie Unterrichtsmaterial, besprechen Sie Anforderungen für die nächste Klassenarbeit, fragen Sie nach, wenn Sie Hilfe brauchen oder Ihnen eine Information fehlt.
- Nutzen Sie die große Erfahrung Ihrer Kolleginnen und Kollegen, die im Schnitt schon viele Jahre in diesem Beruf arbeiten. Fragen Sie sie, wenn Sie denken, sie könnten Ihnen weiterhelfen. Oder bitten Sie Ihre Kolleginnen und Kollegen um eine Einschätzung zu einem Thema oder zu einer Klassensituation.
- Kooperation braucht gelingende Kommunikation. Bemühen Sie sich daher um einen fairen, professionellen und wertschätzenden Umgang mit Ihren Kolleginnen und Kollegen.

Zum Weiterlesen

Kempfert, G./Ludwig, M. (2010): Kollegiale Unterrichtsbesuche. Besser und leichter lernen durch Kollegen-Feedback. 2. Auflage. Weinheim/Basel: Beltz.

Miller, R. (2007): Lehrer lernen. Ein pädagogisches Arbeitsbuch. 4., vollst. überarb. Auflage. Weinheim/Basel: Beltz.

Miller, R. (2011b): Beziehungsdidaktik. 5. Auflage. Weinheim/Basel: Beltz.

Philipp, E./Rademacher, H. (2010): Konfliktmanagement im Kollegium. 2. Auflage. Weinheim/Basel: Beltz.

5.6 Elternarbeit

Eltern werden von vielen Lehrer/innen immer noch sehr ambivalent wahrgenommen: Im einen Extremfall kümmern sie sich zu wenig um ihre Kinder und deren schulisches Wohlergehen; im anderen Extremfall mischen sie sich überall ein, zweifeln Noten und Unterrichtsmethoden an und beschweren sich gleich beim Schulleiter. Beide Extremformen werden von Lehrer/innen in der Regel als belastend empfunden. Die meisten Eltern aber interessieren sich für den schulischen Werdegang ihrer Sprösslinge, nicht nur für deren Noten, sondern für deren ganze Entwicklung in der Schule. Und die meisten sind auch bereit, sich punktuell für die Klasse oder Schule zu engagieren. Schließlich haben die allermeisten Eltern recht klare Vorstellungen und Ziele, was ihre Töchter und Söhne anbelangt. Insofern haben sie auch konkrete Erwartungen an die Schule und die Lehrer/innen: Sie sollen dafür sorgen, dass ihr Kind viel und gerne lernt, sich in der Schule wohlfühlt, fachlich und persönlich gefördert wird und am Ende einen erfolgreichen Schulabschluss schafft.

Eltern oder präziser gesagt Erziehungsberechtigte haben bestimmte Mitwirkungsrechte und Pflichten. Im Grundgesetz in Artikel 6, Absatz 2 heißt es deshalb: »Pflege und Erziehung der Kinder sind das natürliche Recht der Eltern und die zuvörderst ihnen obliegende Pflicht. Über ihre Betätigung wacht die staatliche Gemeinschaft.« Bezüglich der Schule gibt es für Eltern zahlreiche direkte Mitwirkungsmöglichkeiten auf unterschiedlichen Ebenen. Andererseits haben sie auch konkrete Pflichten. Sie müssen beispielsweise für den geregelten Schulbesuch ihrer Kinder sorgen.

Als Lehrer/in müssen Sie bedenken, dass Ihre Elternschaft ähnlich heterogen zusammengesetzt ist wie die ganze Gesellschaft. Es sind unterschiedliche Schichten, Kulturen und Traditionen vertreten, Großbürgertum, Mittelschicht und Prekariat, Migranten und Einheimische. Da wird es Eltern geben, die auf Strenge und Leistung setzen, die vielleicht möchten, dass es ihr Kind später einmal genauso gut oder besser hat als sie. Oder es gibt Eltern, für die Schule, Lernen und Leistung eher nebensächlich sind, weil sie ganz andere Probleme haben. Insgesamt besteht das Problem im Verhältnis von Schule und Eltern darin, dass Eltern Erwartungen an die Schullaufbahn ihrer Kinder haben, die von Schule, das heißt von den Lehrer/innen, häufig enttäuscht werden bzw. sogar enttäuscht werden müssen.

Die Beziehung zwischen Lehrer/innen und Eltern ist, sozialpsychologisch betrachtet, vor allem durch drei Merkmale bestimmt (vgl. Ulich 2001, S. 37):

- *klare Machtunterschiede:* Was schulische Dinge anbetrifft, haben die Eltern zwar Mitbestimmungsrechte, insgesamt sitzen Lehrer/innen aber, wenn sie sich formal korrekt verhalten, am längeren Hebel. Sofern ihnen kein gravierendes Fehlverhalten nachgewiesen werden kann, bewegen sie sich im Raum ihrer pädagogischen Gestaltungsmöglichkeit. Insbesondere bei Zeugnissen und Prüfungen zeigt sich die wahre Macht der Institution Schule bzw. der Lehrer/innen.
- *Kompetenzkonflikte:* Erfahrungsgemäß gibt es im vielschichtigen Lehrer-Eltern-Verhältnis so etwas wie eine »heimliche Tagesordnung«, die darin besteht, der jeweils anderen Seite zu zeigen, dass man selbst in Erziehungsfragen kompetenter ist.

- *wechselseitige Ängste:* Für viele Eltern ist der Elternabend oder der Besuch der Elternsprechstunde mit Unsicherheit und Angst verbunden. Zum einen wird ihnen hier ihre begrenzte Einflussnahme deutlich, zum anderen erhalten sie Rückmeldungen zum schulischen Verhalten ihres Kindes. Sicherlich schwingt bei vielen Eltern beim Betreten eines Schulhauses auch die oft negativ gefärbte Erinnerung an die eigene Schulzeit mit. Aber auch für Lehrer/innen bedeutet der Kontakt mit den Eltern eine Art von Rückmeldung, gegebenenfalls auch von Kontrolle. Sie müssen nun das, was sie sonst nur in Anwesenheit von Schüler/innen tun, erklären und sich dafür rechtfertigen. Dazu kommt, dass viele Lehrer/innen im Rahmen ihrer Ausbildung nie Formen der Gesprächsführung mit Eltern trainiert haben.

Die Bedingungen für die Zusammenarbeit zwischen Schule und Elternhaus haben sich in den vergangenen Jahren sicherlich gewandelt: Der Stellenwert von Schule und schulischer Erziehung hat bei vielen Eltern angesichts der wirtschaftlichen Situation des Landes zugenommen. Parallel dazu sind die Ansprüche der Eltern an die fachliche und pädagogische Arbeit der Lehrer/innen sicher gestiegen. Darüber hinaus sind die Erwartungen der Eltern bezüglich des Schulabschlusses merklich größer geworden. All diese Aspekte sind strukturell mitverantwortlich für einen Teil der schwierigen Eltern-Lehrer-Beziehung.

Elternarbeit im Quereinstieg

In aller Regel ist für die meisten Quereinsteiger/innen der Bereich Elternarbeit ein relativ neues Feld. Das liegt daran, dass es die Kooperation mit Eltern unter den oben skizzierten strukturellen Bedingungen in anderen Berufsfeldern kaum gibt. Andererseits liegt der Schwerpunkt der Qualifizierungsmaßnahmen für Seiteneinsteiger/innen bzw. des Referendariats bei Quereinsteiger/innen auf der fachwissenschaftlich und fachdidaktisch fundierten Planung und Durchführung von Unterricht. Insofern wird dem Großteil der Quereinsteiger/innen die Erfahrung im Bereich Elternarbeit fehlen.

Dies kann dazu führen, dass Eltern vermuten, der neue Kollege würde sich in bestimmten Punkten, zum Beispiel bei der Notengebung, flexibler zeigen. Die Gefahr besteht für die Quereinsteiger/innen, dass sie sich aufgrund ihrer Unerfahrenheit in Gesprächen mit Eltern zu inhaltlichen Aussagen oder Vereinbarungen hinreißen lassen, die eigentlich kontraproduktiv sind.

Für Quereinsteiger/innen, die überwiegend oder ausschließlich mit älteren Schülerinnen und Schülern, vor allem jungen Erwachsenen in der gymnasialen Oberstufe oder den Berufsschulen arbeiten, scheint das Thema Elternarbeit auf den ersten Blick nicht so eine große Relevanz zu haben. Dennoch gibt es auch hier immer wieder Kontakte und Konflikte, auf die sie als Lehrer/innen vorbereitet sein sollten.

Elterngespräche führen

Gespräche mit Eltern sind aufgrund der skizzierten Rahmenbedingungen nicht immer einfach, gerade für Berufseinsteiger/innen. Konflikte mit Eltern bzw. mit den Erziehungsberechtigten gibt es häufig, vor allem in der Mittel- und Oberstufe. Erst wenn die Schüler/innen volljährig sind, sind die Eltern in den meisten Bereichen von der Pflicht zur Mitwirkung ausgeschlossen.

Im Rahmen der Elternarbeit spielt das Elterngespräch eine zentrale Rolle. Es gibt turnusmäßige Gespräche zwischen Lehrer/in und Eltern, zum Beispiel bei einem Elternsprechtag. Es gibt auch, je nach Schüler/in häufiger oder seltener, ein Elterngespräch aus konkretem Anlass. Dabei kann es sein, dass Sie als Lehrer/in um ein Gespräch bitten, es kann aber auch sein, dass die Eltern um ein Gespräch bitten. Nur in Ausnahmefällen gibt es Gespräche, die von der Schulleitung oder auch vom Schulamt zur Klärung eines Sachverhalts einberufen werden. Der Anlass für ein Gespräch kann vielfältig sein:

- Sie möchten die Eltern über den Leistungsstand und das Arbeitsverhalten eines Schülers informieren.
- Sie möchten Informationen über den Gesundheitszustand einer Schülerin einholen, die häufig montags und freitags mit ärztlichem Attest fehlt und deshalb in Ihren Unterrichtsstunden kaum anwesend ist.
- Die Eltern möchten sich über Ihre modernen Unterrichtsprinzipien informieren.
- Die Eltern möchten sich bei Ihnen über die ihrer Ansicht nach zu schwierige und zu umfangreiche Klassenarbeit beschweren.
- Die Eltern bitten um ein Gespräch, weil sie einen Schulwechsel für ihr Kind ins Auge fassen und Ihren fachlichen Rat wünschen.

Elterngespräche sind damit häufig, nicht immer, Konfliktgespräche, weil unterschiedliche Interessen und Ziele auf beiden Seiten miteinander konkurrieren. Im anderen Fall können sie auch Beratungsgespräche sein. In der Regel werden Sie das Elterngespräch, je nach Anlass und Wichtigkeit, alleine führen. Manchmal kann es aber auch sinnvoll oder geboten sein, weitere Kolleginnen und Kollegen, vor allem Klassenlehrer/in sowie ein Mitglied der Schulleitung, zum Gespräch hinzuzuziehen. Dies hat den Vorteil, dass noch eine weitere Sichtweise ins Gespräch mit einfließt und dass darüber hinaus, gerade bei schwierigen Konfliktgesprächen, eine Zeugin bzw. ein Zeuge anwesend ist, dessen Aussagen zum Beispiel in einem schulrechtlichen Verfahren notwendig sein könnten. Ein besonderer Fall eines Elterngesprächs liegt dann vor, wenn die Schülerin/der Schüler mit anwesend ist, entweder nur einen Teil der Zeit oder während des gesamten Gesprächs. Dies kann unter Umständen besonders hilfreich sein, weil nun alle Beteiligten die vorhandenen Informationen und Sichtweisen austauschen können und am Ende alle Anwesenden bestimmte Vereinbarungen treffen können.

Elterngespräche gelingend zu führen, insbesondere dann, wenn es um einen Konflikt geht, ist nicht einfach. Es verlangt einen kühlen Kopf, Sensibilität, Authentizität und schließlich ein großes Maß an sprachlicher Kompetenz. Wer bei schwierigen Gesprächen wichtige Tipps beherzigt, kann auch die weniger schwierigen besser führen:

- Elterngespräche brauchen Ruhe und genügend Zeit. Ein schwieriges Ad-hoc-Gespräch im Gang in drei Minuten zu führen, während die Schüler/innen gerade lärmend aus der großen Pause kommen, ist kontraproduktiv. Am besten, Sie verschaffen sich einen Handlungsaufschub und bitten um einen gesonderten Termin. Bis dahin können Sie in Ruhe Ihre Gedanken klären und sich auf das Gespräch vorbereiten.
- Werden Sie sich vor dem Gespräch über Ihre eigene Wahrnehmung der Sachlage, um die es im Gespräch geht, klar. Wo liegt das Problem? Welche Relevanz hat es für Sie? Welche vermutlich für die Eltern? Welche vermutlich für die Schülerin/den Schüler?
- Versuchen Sie immer, den ganzen Schüler in den Blick zu nehmen und nicht nur seine schulischen Leistungen in Ihrem Fach.
- Formulieren Sie für sich Ihre Gesprächsziele. Überlegen Sie sich im Vorfeld des Gesprächs auch mögliche Widerstände oder Gegenargumente vonseiten der Eltern. Hilfreich kann es möglicherweise auch sein, eine bestimmte Kompromisslinie ins Auge zu fassen, die für Sie im Gespräch nicht unterschritten werden sollte. Überlegen Sie, welches Gesprächsszenario Sie auf jeden Fall vermeiden möchten.
- Begrüßen Sie zu Beginn des Gesprächs alle Beteiligten. Geben Sie sich freundlich und zuversichtlich, dass man gemeinsam das Problem lösen könne. Klären Sie zu Beginn des Gesprächs auch den Zeitrahmen und schlagen Sie eine grobe Gliederung vor: Zuerst beschreiben alle Beteiligten nacheinander die Sachlage bzw. das Problem. Anschließend werden verschiedene Handlungsmöglichkeiten erörtert, zum Schluss geht es um die Vereinbarung von Maßnahmen und gegebenenfalls Terminierung eines folgenden Gesprächs zur Evaluation der vereinbarten Maßnahmen.
- Tragen Sie im Gespräch dazu bei, dass alle Beteiligten ihre Sichtweise der Sachlage oder des Problems darlegen können. Dabei geht es zuerst darum, dass alle notwendigen Informationen zusammengetragen werden. Wenn diese Phase im Konsens abgeschlossen werden kann, geht es darum, möglichst viele Handlungsmöglichkeiten zur Lösung des Problems zu sammeln. Danach sollten die Handlungsmöglichkeiten auf ihre vermutete Wirkung hin untersucht werden.
- Lassen Sie sich im Gespräch nicht auf gegenseitige Vorwürfe ein und benutzen Sie Ich-Botschaften, die helfen, den Gesprächsverlauf voranzubringen. Vermeiden Sie nach Möglichkeit auch pauschalisierende und abqualifizierende Urteile, also nicht: »Ihr Sohn wird, wenn er so weitermacht, die Berufsfachschule nie im Leben schaffen«, sondern: »Ich mache mir Sorgen um Ihren Sohn, dass sein Abschluss gefährdet sein könnte.«
- Versuchen Sie, die Sichtweise Ihrer Gesprächspartner nachzuvollziehen. Geben Sie den Eltern immer wieder den Ball zurück: »Was denken Sie?« oder »Was schlagen Sie vor?« Bieten Sie also nicht nur Lösungen an, sondern fragen Sie die Eltern nach deren Lösungsvorschlägen.

- Dringen Sie in der letzten Phase des Gesprächs auf konkrete Vereinbarungen: Was sollen die Beteiligten jeweils bis wann konkret tun, um das Problem zu verringern bzw. ganz zu lösen? Sehr wichtig ist auch, einen möglichen Termin für ein erneutes Treffen gleich vor Ort zu vereinbaren, an dem dann die Umsetzung der Vereinbarungen noch einmal reflektiert werden kann.
- Am Schluss des Gesprächs sollten Sie sich noch einmal bei allen Anwesenden für ihr Kommen und die Gesprächsbeiträge bedanken und das Gespräch dann, eventuell mit einem kurzen zuversichtlichen Ausblick auf die Zukunft, beenden.

Elternabende und Elternsprechtage gestalten

Elternabende – in manchen Bundesländern heißen sie auch Elternversammlungen oder Klassenpflegschaftssitzungen – gehören zu den traditionellen Formen der Elternarbeit und zu den wichtigsten Mitbestimmungsmöglichkeiten für Eltern. Diese Versammlungen spielen eine zentrale Rolle für den gegenseitigen Austausch von Informationen, Einschätzungen und Wünschen zwischen Schule und Elternhäusern. In aller Regel findet pro Halbjahr mindestens ein Elternabend statt. Der erste Elternabend im Schuljahr wird von der Klassenlehrerin bzw. dem Klassenlehrer einberufen, die weiteren von den gewählten Elternvertreter/innen.

An Elternabenden prallen mitunter wechselseitige Erwartungen aufeinander, und das nicht immer konfliktfrei. Erfahrungsgemäß kommt es allerdings zu bedeutend weniger Konflikten, wenn Sie für eine offene, freundliche und partnerschaftliche Atmosphäre sorgen und den Abend organisatorisch und thematisch klar vorstrukturieren: Welcher Zeitrahmen steht zur Verfügung? Welche Themen müssen, welche anderen Themen können abgearbeitet werden? Wer leitet die Sitzung? Wer schreibt Protokoll? Wie können die Eltern während der Versammlung eigene Gesprächspunkte einbringen?

An vielen Schulen finden mindestens einmal pro Schuljahr, oft in der Nähe der Halbjahreszeugnisse, Elternsprechtage statt. Hier haben Sie Gelegenheit, mit allen Eltern oder mit bestimmten Eltern relativ komprimiert das Wichtigste zu besprechen. Nutzen Sie die knappe Zeit, um wichtige Informationen auszutauschen und auch mögliche Vereinbarungen zu treffen. Am besten notieren Sie sich im Vorfeld alles Wichtige auf einem Planungsbogen und schreiben sich dann zentrale Gesprächsinhalte und alle getroffenen Vereinbarungen auf.

Elternarbeit mit schwierigen Elternhäusern

Immer wieder passiert es, dass man mit bestimmten Eltern sehr viel Kontakt hat, entweder weil die Leistungen und/oder das Verhalten ihres Kindes dafür sorgen, dass man sich oft treffen oder besprechen muss. Manchmal sind es aber auch die Eltern, die von sich aus versuchen, Einfluss auf Ihren Unterricht oder Ihre Notengebung zu nehmen, indem sie Sie fortwährend in der Schule oder telefonisch zu erreichen versuchen oder sich bei der Schulleitung über Sie beschweren.

Gerade für eher unerfahrene Lehrer/innen empfiehlt es sich, jeden Elternkontakt mit schwierigen Eltern gewissenhaft vorzubereiten, über jeden Kontakt eine kurze Aktennotiz zu erstellen und die Schulleitung darüber zu informieren. Damit sind Sie in aller Regel auf der sicheren Seite.

Wenn es in einem konfliktgeladenen Gespräch so turbulent hergeht, dass das Ziel des Gesprächs nicht mehr erreicht werden kann, kann es sinnvoll sein, das Gespräch an diesem Punkt abzubrechen und gegebenenfalls zu einem anderen Termin mit Beteiligung der Fachleitung oder Schulleitung fortzusetzen.

Weitere Tipps zum Thema Elternarbeit

- Sorgen Sie dafür, dass die Eltern regelmäßig, so umfassend wie möglich und sinnvoll über die Inhalte des Unterrichts, Ihre Notengebung und die Leistungen der jeweiligen Schüler/innen informiert werden. In niedrigeren Klassen ist das Führen eines Elternheftes für jede Schülerin und jeden Schüler zu empfehlen. Hier können Sie, die Eltern oder die Schüler/innen wichtige Informationen bzw. Mitteilungen eintragen.
- Holen Sie die Eltern mit ins Boot: Machen Sie ihnen deutlich, dass es ihre Pflicht ist, für den regelmäßigen Schulbesuch ihres Kindes zu sorgen. Sorgen Sie dafür, dass sich auch die Eltern regelmäßig bei Ihnen um Informationen bemühen, beispielsweise durch einen Anruf oder eine E-Mail.
- Regelmäßige Eltern-Infobriefe sorgen dafür, dass alle Eltern im Groben informiert sind, was gerade in der Schule wichtig ist.
- Informieren Sie sich bei Ihren Kolleginnen und Kollegen nach hilfreichen Tipps oder Erfahrungen im Bereich der Elternarbeit. Fragen Sie sie, wie sie Elterngespräche vorbereiten oder führen und welche Kniffe besonders bei schwierigen Fällen helfen.
- Vertrauen Sie nicht nur auf Ihren professionellen Kompetenzvorsprung. Seien Sie auch an den Sichtweisen und Erfahrungen der Eltern interessiert und gehen Sie davon aus, dass Sie auch von den Eltern noch etwas lernen können.
- Informieren Sie die Eltern frühzeitig darüber, wie sie mit Ihnen in Kontakt treten können. Dies geht entweder über das Sekretariat der Schule oder auf direktem Wege, zum Beispiel indem Sie den Eltern Ihre Telefonnummer oder Ihre E-Mail-Adresse bekannt geben.
- Bereiten Sie Elternabende so vor, dass die Eltern sich auch wirklich einbringen können. Wenn Sie bestimmte Unterrichtsmethoden vorstellen möchten, die Sie im Unterricht anwenden, kann es beispielsweise hilfreich sein, wenn die Eltern diese Methoden selbst ausprobieren und Ihre Methoden dadurch eine größere Akzeptanz finden. Ein Protokoll zum Elternabend informiert auch Eltern, die im Abend nicht kommen könnten, über das Wichtigste.

Zum Weiterlesen

Hennig, C./Ehinger, W. (2010): Das Elterngespräch in der Schule. Von der Konfrontation zur Kooperation. 5. Auflage. Donauwörth: Auer.

Korte, J. (2008): Erziehungspartnerschaft Eltern – Schule. Von der Elternarbeit zur Elternpädagogik. Weinheim/Basel: Beltz.

Ulich, K. (2001): Einführung in die Sozialpsychologie der Schule. Weinheim/Basel: Beltz.

5.7 Schulrecht

Zu schulrechtlichen Fragen existiert bei vielen Lehrer/innen eine ambivalente Haltung: Zum einen bekräftigen sie häufig, dass die schulrechtlichen Instrumentarien dazu führten, dass man mitunter »mit einem Bein im Gefängnis« stehe. Man müsse also sehr vorsichtig sein, dass man sich im Dienst nichts zuschulden kommen lasse. Andererseits wissen die meisten Lehrer/innen nur unzureichend über ihre schulrechtlichen Rahmenbedingungen, ihre Rechte und Pflichten Bescheid und kümmern sich mitunter erst dann um die jeweilige Rechtslage, wenn etwas passiert ist und sie wissen möchten, wie die Vorschriften zu diesem Fall eigentlich lauten. Die Veranstaltungen zum Schul- und Beamtenrecht am Seminar oder in der Besprechung mit der Schulleiterin sind in aller Regel bei Referendarinnen und Referendaren so unbeliebt wie der nächste Unterrichtsbesuch oder die bevorstehende Lehrprobe.

Warum ist dieses Fachgebiet nicht nur bei Referendarinnen und Referendaren, sondern oft auch bei Lehrer/innen, die schon länger im Dienst sind, so unbeliebt? Zum einen sicher deshalb, weil es als recht trocken gilt: Sich in Gesetze, Verordnungen und Paragrafen zu vertiefen ist für Lehrer/innen wohl weniger reizvoll, als neue Unterrichtskonzepte kennenzulernen. Der zweite Grund scheint mir in einem grundsätzlichen Zugang zu liegen: Die rechtliche Sicht auf Schule, Unterricht und Erziehung scheint weniger wichtig und handlungsleitend zu sein als die pädagogische. Lehrer/innen begreifen sich als pädagogische Fachkräfte, die Einzelfallentscheidungen treffen und genau auf den jeweiligen Schüler und seine spezifische Situation schauen müssen. Da stören tendenziell verallgemeinernde und bürokratische Aspekte, die das Schul- und Beamtenrecht beinhaltet.

Aber da Lehrer/innen mit Kindern, Jugendlichen und jungen Erwachsenen zu tun haben und diese Personengruppen in besonderem Maße unter dem Schutz des Staates stehen, ist es verständlich, dass der Staat denjenigen, die er mit der Unterrichtung und Erziehung beauftragt, klare Richtlinien gibt.

Rechtsnorm	Aufgabe	Beispiel
Internationales (europäisches) Recht	Völkerrechtliche Vereinbarung über Grundlinien der Politik	Haager Flüchtlingskonvention
Bundesverfassung	Festlegung der Grundlinien der Politik eines Bundesstaates	Grundgesetz
Landesverfassung	Festlegung der Grundlinien der Politik eines Landes	Landesverfassung
Gesetz	regelt wichtige Angelegenheiten, muss vom Parlament beschlossen werden	Schulgesetz des Landes
Rechtsverordnung	regelt weniger wichtige Angelegenheiten, Kultusminister/in muss vom Parlament dazu ermächtigt sein	Prüfungsverordnung
Verwaltungsvorschrift (Erlass, Verfügung)	Verwaltungshandeln, behördeninterne Weisung zu Detailfragen	Organisationserlass zum Klassenteiler
Satzungen	Instrument der Selbstverwaltung einer Schule	Schulordnung einer Schule

Abb. 26: Verschiedene Arten von Gesetzen, Verordnungen und Vorschriften

Wie jede andere Institution unterliegt auch Schule einer bestimmten Normenhierarchie. Das Grundprinzip ist, dass die oberen Normen durch die unteren jeweils konkretisiert werden. Eine Verwaltungsvorschrift, die von einem Ministerium herausgegeben wird, muss in Einklang stehen zu allen Normenebenen, die darüber liegen: der Rechtsverordnung, dem Schulgesetz, der Landesverfassung, dem Grundgesetz und auch dem internationalen Recht.

Rechte und Pflichten von Lehrer/innen

Als Lehrer/in haben Sie wie in jedem anderen Beruf bestimmte Rechte und Pflichten (vgl. Hoegg 2010, S. 32 ff.). Wenn Sie Beamtin oder Beamter auf Widerruf (im Referendariat), zur Probe (während der ersten drei Dienstjahre) oder auf Lebenszeit sind, gelten zusätzlich noch die beamtenrechtlichen Richtlinien. Aber auch wenn Sie nicht verbeamtet sind, müssen Sie sich strikt an das Dienstrecht halten. Die wichtigsten Pflichten von Lehrer/innen sind:

- Sie müssen sich mit ganzer Kraft Ihrem Beruf widmen. Landesbeamtengesetze sprechen von der »Pflicht zur vollen Hingabe«.
- Sie dürfen aus Ihrem Beruf keinen persönlichen Nutzen ziehen, also auch keine Geschenke entgegennehmen. Die Obergrenze für die genehmigungsfreie Annahme liegt bei einem Wert von ungefähr zehn Euro.

- Sie müssen pünktlich und gewissenhaft Ihre Unterrichtsverpflichtung erfüllen. Fehlzeiten müssen bei Ihrem Vorgesetzten entschuldigt werden, nach drei Tagen durch ein ärztliches Attest.
- Sie unterliegen der Gehorsamspflicht, müssen also allen dienstlichen Anordnungen Ihrer Dienstvorgesetzten Folge leisten.
- Sie unterliegen der Amtsverschwiegenheit, das heißt der Schweigepflicht über dienstliche Belange.
- Sie müssen Ihrer Schulleiterin/Ihrem Schulleiter wichtige dienstliche Dinge unaufgefordert und unverzüglich, das heißt ohne unnötigen zeitlichen Verzug, mitteilen.
- Sie tragen Fürsorge für die Ihnen anvertrauten Schüler/innen und müssen sich mit voller Kraft für deren Wohlergehen einsetzen.
- Als Lehrer/in haben Sie auch eine Erziehungsverpflichtung, das heißt, Ihr Auftrag beschränkt sich nicht nur auf die fachlichen Aspekte.
- Sie müssen sich im Dienst neutral verhalten, dürfen also zum Beispiel die Schüler/innen nicht politisch oder in religiöser Hinsicht indoktrinieren.
- Sie müssen den Dienstweg einhalten, Anträge oder ähnliche Dinge müssen also von unten nach oben laufen, das heißt von Ihnen zur Schulleiterin/zum Schulleiter, von dort zum Schulamt, dann zum Regierungspräsidium und danach zum Ministerium. Wenn Sie sich allerdings über Ihre Schulleiterin bzw. Ihren Schulleiter beschweren wollen, geht die Beschwerde gleich zum Schulamt. Allerdings sollten Sie Ihre Schulleiterin bzw. Ihren Schulleiter am besten vorher darüber informieren.
- Sie müssen vertrauensvoll mit Ihren Vorgesetzten zusammenarbeiten.
- Sie müssen sich kontinuierlich fortbilden, um fachlich auf dem jeweils neuesten Stand zu sein. In aller Regel muss die Fortbildung in der unterrichtsfreien Zeit erfolgen.
- Sie müssen an Schulveranstaltungen teilnehmen. Zu Schulveranstaltungen mit Übernachtung oder Kostenaufwand dürfen Sie jedoch nicht gezwungen werden.
- Sie haben die Pflicht zur Remonstration, das bedeutet: Sie müssen Ihren Vorgesetzten darauf aufmerksam machen, wenn Sie der Meinung sind, seine Anweisung an Sie sei rechtswidrig.
- Sie müssen Ihr eigenes Berufsrecht kennen. Wer das eigene Berufsrecht nicht beachtet, begeht ein Dienstvergehen und kann disziplinarrechtlich belangt werden. Unkenntnis ist keine Entschuldigung für dienstliche Verfehlungen.
- Beamtete Lehrer/innen müssen sich durch ihr gesamtes Verhalten zur freiheitlich demokratischen Grundordnung bekennen und für deren Einhaltung eintreten.

Gleichzeitig haben Lehrer/innen auch bestimmte Rechte:

- Das Grundgesetz gilt natürlich auch für Sie: Ihre Würde darf durch dienstliche Vorgänge nicht angetastet werden. Sie haben das Recht zur freien Entfaltung der Persönlichkeit.

- Durch das grundgesetzliche Recht auf Gewissensfreiheit können Sie nicht zur Erteilung von Religionsunterricht gezwungen werden.
- Das Recht auf Meinungsfreiheit dagegen gilt in Dienstbelangen als eingeschränkt.
- Sie haben im Bereich Ihres gesamten Dienstes, zum Beispiel bei der Korrektur einer Klassenarbeit oder der Durchführung einer mündlichen Prüfung, einen gewissen Ermessensspielraum, sind aber an die Gesetze und den jeweiligen Einzelfall gebunden.
- Sie haben das Recht auf (in aller Regel genehmigungspflichtige) Nebentätigkeiten, solange Ihre Dienstausübung nicht darunter leidet. Sie können also beispielsweise einen Elektrotechnik-Kurs an der Volkshochschule leiten oder die Volleyballmannschaft des örtlichen Sportvereins trainieren.
- Sie haben das Recht auf Gleichbehandlung, sofern gleiche Voraussetzungen vorliegen, zum Beispiel bei Stellenbewerbungen.
- Sie können Berufsverbänden, zum Beispiel einer Gewerkschaft, beitreten oder selbst einen Berufsverband gründen.
- Sie können jederzeit unter Aufsicht Einsicht in Ihre Personalakte nehmen. Negative Einträge, zum Beispiel Abmahnungen oder Disziplinarverfahren, müssen nach einer bestimmten Zeit gelöscht werden.
- Sie haben das Recht auf dienstliche Fürsorge durch Ihre Vorgesetzten.

Quereinsteiger/innen, die aus einem eher wenig verwalteten Berufsfeld in die stark verwaltete Schule kommen, tun sich zuweilen mit schulrechtlichen Aspekten des Schulalltags schwer. Vielleicht sehen sie in Einzelfällen in bestimmten schulrechtlichen Regelungen wenig Sinn und wollen sich deshalb mal mehr, mal weniger darüber hinwegsetzen. Wer allerdings schulrechtliche Bestimmungen auf die leichte Schulter nimmt und seine Rechte und Pflichten als Lehrer/in zu wenig kennt, riskiert im Konfliktfall empfindliche Strafen und letztlich sogar seine berufliche Zukunft.

Um Ihnen für wichtige Handlungsfelder Ihres Berufsalltags Tipps zu geben, möchte ich sechs konkrete schulrechtliche Probleme exemplarisch aufführen, Ihnen dabei die besonderen Herausforderungen für Lehrer/innen aufzeigen und praxisnahe Tipps geben.

1. Datenschutz im Klassenbuch und im Unterricht beachten

Seit dem Urteil des Bundesverfassungsgerichts im Zusammenhang mit der Volkszählung Anfang der 1980er-Jahre gibt es das Recht auf »informationelle Selbstbestimmung«. Dieses Recht auf die Verwendung von personenbezogenen Daten hat quasi Grundrechtscharakter. Personenbezogene Daten sind all jene, die durch die Kombination mit einem Namen oder einer Adresse einer bestimmten Person zuzuordnen sind. Für Ihre Arbeit als Lehrer/in hat dies gravierende Konsequenzen: Sie dürfen diese Daten nicht ins Klassenbuch schreiben, auch Notenlisten dürfen nicht im Klassenbuch geführt werden. Auch für die Praxis, den Schüler/innen die Noten zum Beispiel für die mündliche Mitarbeit oder ein technisches Werkstück nicht im Klassenplenum, sondern in Einzelgesprächen mitzuteilen und zu begründen, gibt es datenschutzrechtliche Argumente. Hier sollten Sie aber nach praktischer Handhabbarkeit vorgehen.

2. Einen Film im Unterricht zeigen

Vielleicht kennen Sie die Situation: Sie haben zu Hause in Ihrem DVD-Schrank eine ganz beeindruckende Dokumentation zu »Wunderwerken der Automobilgeschichte« und wollen diese DVD den jungen Erwachsenen in Ihrem Technikkurs nicht vorenthalten. Deshalb zeigen Sie Ihre private DVD im Unterricht – und machen sich strafbar. Denn das Urheberrecht ist da ganz eindeutig und kompromisslos: Die Schule gilt mittlerweile als öffentlicher Raum und damit brauchen Sie für eine solche Aktion die Einwilligung des Herstellers der DVD. Ähnlich ist es mit dem Kopieren von Büchern, Arbeitsheften, Internetprogrammen und Stadtplänen oder Grafiken aus dem Internet. In aller Regel sind Ihrer Kopier- und Downloadwut klare Grenzen gesetzt. Nur in vereinzelten Fällen, so zum Beispiel bei Schulfernseh-Sendungen, gibt es eng begrenzte Ausnahmen. Informieren Sie sich deshalb rechtzeitig vorher, ob eine Einwilligung vorliegt oder zu beantragen ist und mit welchen eventuellen Kosten diese Einwilligung verbunden ist. Fest steht: Wenn irgendwie herauskommt, dass Sie gegen das Urheberrecht verstoßen haben, müssen Sie deutlich mehr bezahlen.

3. Aufsicht vorausschauend führen

Jede Lehrerin und jeder Lehrer muss permanent Schüler/innen beaufsichtigen. Die Regel ist die Aufsicht innerhalb des Unterrichts sowie die Aufsicht bei der Pause im Pausenhof oder im Schulhaus. Besondere Fälle sind der Sportunterricht, die Klassenfahrt oder die Exkursion. Die Aufsicht muss grundsätzlich präventiv, aktiv und kontinuierlich erfolgen. Was bedeutet das? Präventiv bedeutet, dass mögliche Gefahren vorausschauend erkannt, vermindert und gegebenenfalls vermieden werden. Aktiv heißt, dass Lehrer/innen ihre Aufsicht nicht nur durch neutrale Kontrolle führen dürfen, sondern dass sie bei einem Fehlverhalten von Schüler/innen diese belehren und gegebenenfalls auch bestrafen müssen. Kontinuierlich heißt, dass man die Aufsicht so führen muss, dass die Schüler/innen in jedem Moment das Gefühl haben, dass sie beaufsichtigt werden, dass der/die Aufsichtsführende in der Nähe ist und zu jedem Moment auftauchen kann.

Diese Grundsätze gelten für die Pausenaufsicht genauso wie für die Fahrt Ihrer Klasse mit der Straßenbahn ins Museum. Wenn Sie Ihre Aufsicht nur unzureichend wahrnehmen, weil Sie beispielsweise gar nicht in den Pausenhof kommen, Ihre Klasse fünf Minuten im Klassenzimmer alleine lassen oder mit Drogen handelnde Schüler/innen bewusst übersehen, kann Ihnen unter Umständen »grobe Fahrlässigkeit« vorgeworfen werden. Dies kann zivil- und auch dienstrechtliche Konsequenzen nach sich ziehen.

4. Klassenfahrten und gefahrgeneigten Unterricht besonders bewusst planen und durchführen

Gerade Klassenfahrten oder der Unterricht in bestimmten Fächern sind besonders »gefahrgeneigt«, weil sie über das normale Maß der Gefahrenlage von Schule hinausgehen. Eltern müssen mit einer adäquaten Fürsorge ihrer Kinder rechnen können, deshalb gelten für solche Sonderfälle besondere schulrechtliche Bestimmungen.

Bei Klassenfahrten besteht immer die Tendenz, dass Schüler/innen die zusätzlichen Freiheiten, die Ihnen qua Situation gegeben sind, weidlich ausnutzen. Umso mehr ist es notwendig, dass Sie alle Eventualitäten bei der Planung der Fahrt berücksichtigen und rechtlich klare Wege gehen. Informieren Sie die Eltern über alle Programmpunkte, lassen Sie sich »Zeiten freien Ausgangs« von den Eltern genehmigen und überlegen Sie, wie und von wem die Schüler/innen jeweils während der gesamten Fahrt beaufsichtigt werden. Planen Sie auch schwierige Fälle ein, zum Beispiel dass eine Schülerin/ein Schüler sich verletzt oder nicht pünktlich zum vereinbarten Treffpunkt kommt. Überlegen Sie auch, ob Sie allen Schüler/innen die Klassenfahrt zutrauen oder ob es möglicherweise Schüler/innen gibt, bei denen Sie mit einem großen Konflikt- oder Gefährdungspotenzial rechnen. Diesen schwierigen Schüler/innen können Sie auch die Teilnahme an der Klassenfahrt untersagen.

Wer die Fächer Technik, Physik, Maschinenbau, Chemie oder Sport unterrichtet oder in anderen Fächern Unterrichtsvorhaben durchführen möchte, die besondere Gefahren für die Schüler/innen bergen, muss sich unverzüglich über die geltenden Bestimmungen informieren, zum Beispiel beim Fachschaftssprecher, den Sicherheitsbeauftragten Ihrer Schule oder der Schulleitung. Bei der Unterrichtsplanung und -durchführung müssen Sie alles Nötige dafür tun, dass niemand zu Schaden kommt. Das heißt zum Beispiel, dass Sie sich über die geltenden Bestimmungen fachkundig machen, Ihre gefährlichen Versuchsdemonstrationen vorsichtig durchführen, für eine ausreichende Belüftung des Chemieraumes sorgen sowie die Schüler/innen eindrücklich und mehrfach über das geforderte Verhalten belehren. Dies schließt natürlich nicht aus, dass trotzdem etwas passiert. Dann haben Sie aber alles Nötige getan und Ihnen kann rechtlich niemand einen Vorwurf machen.

5. Klassenarbeiten und Prüfungen transparent und korrekt durchführen

Da Klassenarbeiten, Klausuren und Prüfungen möglichst objektiv ablaufen sollen und eine besondere Rolle bei der Zeugnisnote spielen, sind mit ihrer Durchführung besondere schulrechtliche Anforderungen verbunden. Viele Probleme lassen sich bei guter Planung verhindern. So ist es zum Beispiel wichtig, dass die Rahmenbedingungen stimmen, also ein ruhiger Raum, ausreichende Belüftung und genug Arbeitsfläche vorhanden sind. Darüber hinaus müssen die Aufgaben klar, verständlich und eindeutig formuliert sein, damit keine Unklarheiten entstehen.

Während einer Klassenarbeit sollten dann Hilfen durch die Lehrkraft unterbleiben, um gleiche Chancen zu gewährleisten. In Prüfungen müssen sie unter allen Umständen unterbleiben. Führen Sie während der Klassenarbeit so Aufsicht, dass Sie Täuschungshandlungen jederzeit erkennen und gegebenenfalls ahnden können, zum

Beispiel mit einem Punktabzug oder der Wertung als »ungenügend«, wenn die Täuschungshandlung gravierend ist.

Wenn Sie sich bei der Korrektur verrechnet haben, so können Sie die Punktzahl und damit auch die Note nachträglich ändern. Und dies nicht nur zugunsten des Schülers, sondern auch zu seinen Ungunsten. Dies wissen die meisten Lehrer/innen nicht. Sollte eine Schülerin oder ein Schüler bei der Klassenarbeit entschuldigt fehlen, so kann er die Arbeit nachschreiben. Dies sollte aber nicht dieselbe Klassenarbeit sein.

6. Die Schulleitung über wichtige Angelegenheiten informieren

Als Lehrer/in haben Sie die Pflicht zur vertrauensvollen Zusammenarbeit mit Ihrer Schulleitung. Dies heißt unter anderem, dass Sie die Schulleitung über alle wichtigen Angelegenheiten informieren müssen. Aber was sind »wichtige Angelegenheiten«? Dies können besondere Vorgänge in einer Klasse in Ihrem Unterricht sein, es kann eine Beschwerde von Eltern über Sie sein oder der Verdacht, dass eine Schülerin oder ein Schüler Drogen nimmt, es kann ein nicht ungefährliches Unterrichtsprojekt sein, eine geplante Exkursion zu einem Betrieb oder auch die Tatsache, dass Sie eine zivilrechtliche Straftat begangen haben. Über all dies sollten Sie Ihre Schulleitung von sich aus informieren. Wenn Sie sich nicht sicher sind, ob eine Angelegenheit wichtig ist und ob es notwendig oder hilfreich ist, die Schulleitung zu informieren, dann tun Sie es auf jeden Fall. Denn auch hier gilt der Grundsatz: »Melden macht frei!«

Zum Weiterlesen

Hoegg, G. (2010): SchulRecht. Aus der Praxis – für die Praxis. 4., durchges. und aktual. Auflage. Weinheim/Basel: Beltz.

5.8 Umgang mit Belastungen

Wer Lehrer/in ist, hat sich einen hochgradig belastenden Beruf ausgesucht – darüber sind sich mittlerweile fast alle, interessierte Öffentlichkeit, Wissenschaft, Eltern, Schüler/innen und Lehrerinnen selbst einig. Viele Lehrer/innen beenden vor Erreichen des regulären Ruhestandes krankheitsbedingt ihren Dienst. Andere nehmen empfindliche Pensionsabstriche in Kauf, um vorzeitig die Schultüren zu schließen. Forschungen zur Belastungsverarbeitung von Lehrer/innen haben ergeben, dass sich viele von ihnen in Form von hohem Engagement und Perfektionsdrang selbst dauerhaft überfordern. Ungefähr zwei Drittel (!) der Lehrer/innen gelten heute als Burnout-gefährdet oder sind an Burnout erkrankt (Schaarschmidt/Kieschke 2007). Damit liegen Lehrer/innen noch vor den klassischen »Stressberufen« wie Piloten, Polizisten und Ärzten. Warum ist der Lehrerberuf so belastend?

- Die Rahmenbedingungen sind schwierig: Zu große Klassen und ein zu hohes Unterrichtsdeputat, um alle Schüler/innen individuell fördern und jede Stunde differenziert vorbereiten zu können.
- Schule vollzieht sich bei uns zum großen Teil in hochverdichteten Strukturen, zum Beispiel in 45-Minutentakt-Einheiten.
- Die Kinder und Jugendlichen, die unterrichtet werden, sind im Durchschnitt schwierig zu unterrichten als früher. Schüler/innen mit speziellen Lernproblemen (z. B. LRS, Dyskalkulie, ADHS) oder Verhaltensproblemen binden viel Zeit und Energie der Lehrer/innen, im Unterricht und auch durch notwendige Umfeldarbeit.
- Die Lehrerarbeitszeit ist tendenziell unabgeschlossen. Untersuchungen haben gezeigt, dass die Arbeitszeit von Lehrer/innen in Schulwochen teilweise weit über 50 Stunden liegt. Die Tatsache der zwei Arbeitsplätze (Schule und zu Hause) verstärkt die Tendenz vieler Lehrer/innen, zu wenig zwischen Beruf und Privatleben zu trennen.
- Nach wie vor bereitet die erste und zweite Phase der Lehrerausbildung nur unzureichend auf die Komplexität und die Herausforderungen des Schulalltags vor.
- Die Berufskultur des Lehrerberufs ist eine zusätzliche Quelle für mögliche Belastungen: Ein starkes Einzelkämpfertum im Lehrerzimmer führt tendenziell dazu, eigene Belastungen zu negieren bzw. zu versuchen, diese möglichst selbst zu bearbeiten.

Berufliche Belastungen scheinen bei Lehrer/innen also völlig normal zu sein. Wichtig ist dabei: Belastungen werden subjektiv unterschiedlich erlebt und empfunden. Was für Kollege X stark belastend wirkt, zum Beispiel eine schwierige Klasse mit nachhaltigen Unterrichtsstörungen und zahlreichen Disziplinschwierigkeiten, scheint für Kollegin Y nur mit einem mittleren Belastungsempfinden verbunden zu sein. Auch die verschiedenen Arbeitsbereiche des Lehrerberufs werden von verschiedenen Lehrer/innen offenbar sehr unterschiedlich erlebt: Die einen fühlen sich vor allem durch die Planung von Unterricht belastet, weil sie sich schwertun, Planungsentscheidungen zu treffen. Andere empfinden große Belastungen im Bereich der Konfliktbearbeitung mit Schüler/innen. Wieder andere belastet möglicherweise der Bereich Elternarbeit und die scheinbare Wirkungslosigkeit von Appellen an die Eltern stark.

Einige Belastungsstudien unter Lehrer/innen haben Anzeichen dafür gefunden, dass gerade jene von Resignation, Frust und Burnout gefährdet sind, die einst mit großem Eifer und Engagement, mit Idealismus und großen Zielen an ihren Beruf gegangen sind. Die Belastungsforschung spricht von den »hilflosen Helfern«, die es auch in anderen helfenden Berufen, zum Beispiel in der Kranken- und Altenpflege oder der Sozialarbeit in hoher Zahl gibt. Offenbar ist der größte Stressfaktor im Lehrerberuf das kognitive und emotionale, oft mit schmerzlichen Desillusionierungsprozessen verbundene Austarieren von Wunsch und Wirklichkeit. Belastung entsteht also vor allem an den Punkten des Schulalltags, wo Sie sich überfordert fühlen und mit dem, was Sie wahrnehmen, unzufrieden sind, weil Sie denken und hoffen, die Unterrichtseinheit könnte besser laufen.

Dass das Lehrersein belastend ist, wird kaum zu ändern sein. Es muss also darum gehen, Belastungen bewusst wahrzunehmen, die Ursachen für die Belastung zu klären, eigene Ressourcen zu entdecken und zu pflegen und sich Entlastung zu schaffen. All dies kann individuell geschehen, am besten aber im Austausch mit Kolleginnen und Kollegen und anderen Menschen Ihres Vertrauens.

Konfliktmanagement

Ein gezieltes Konfliktmanagement kann helfen, Konflikte greifbar zu machen, einzugrenzen und gezielt zu bearbeiten. Dazu ist es nötig, sich die unterschiedlichen Phasen der Konfliktbearbeitung zu vergegenwärtigen. Am besten, Sie spielen das quasi als Trockenübung an einem konkreten belastenden Konflikt durch, der Ihnen schon passiert ist:

- Fassen Sie den Konflikt bewusst auf und präzisieren Sie ihn. Schätzen Sie dann ein, wie sehr Sie von dem Konflikt betroffen waren und welche Relevanz er für Sie hatte.
- Entscheiden Sie dann, ob Sie rasch handeln mussten oder ob es möglich gewesen wäre, sich einen Handlungsaufschub zu gewähren.
- Fragen Sie dann nach den möglichen bzw. vermuteten Konfliktursachen bei allen Beteiligten: Welche Sichtweise hatten die beteiligten Personen? Welche Schritte nahm der Konflikt?
- Wechseln Sie die Perspektive und überlegen Sie sich, wie es den anderen Beteiligten gegangen sein könnte und welche vermuteten Ziele deren Handlungen hatten.
- Klären Sie nun, welche Ziele Ihnen selbst wichtig waren bzw. sind. Dabei ist es hilfreich, sich nicht zu hohe Ziele zu setzen, sondern Ziele schrittweise zu formulieren.
- Überlegen Sie sich dann verschiedene Handlungsmöglichkeiten für diesen Konflikt. Was hätten die Beteiligten tun können, um den Konflikt zu verringern bzw. ganz zu lösen? Prüfen Sie diese Handlungsmöglichkeiten: Waren sie funktional? Führten sie zur Zielerreichung?
- Überlegen Sie dann eine mögliche Handlungsfolge: In welchen Schritten hätten Sie vorgehen können?

Gerade Berufseinsteiger/innen handeln im Schulalltag recht impulsiv und erschweren damit eine Konfliktlösung. Je regelmäßiger Sie dieses Konfliktbearbeitungsschema im Geiste durchspielen, umso eher werden Sie auch in konkreten Konfliktsituationen, zum Beispiel bei einem Disziplinkonflikt mit einem Schüler, einem schwierigen Elterngespräch oder einer Auseinandersetzung mit einer Kollegin, automatisch auf dieses Schema zurückgreifen und dadurch ihre Handlungsmöglichkeiten erweitern.

Stressmanagement

Lehrer/innen haben pro Unterrichtsstunde, je nach Unterrichtsarrangement, 200 bis 400 Entscheidungen zu treffen und dabei 10 bis 20 erzieherische Konfliktsituationen zu meistern. Das sagt jedenfalls die Unterrichtsforschung. Eine solche Dichte von Entscheidungen führt bei vielen Lehrer/innen zu Stress – Stress wird allgemein verursacht durch Anforderungen, denen wir dauerhaft nicht gewachsen sind. Stressreaktionen bauen sich, physiologisch betrachtet, bei jeder Stresssituation schnell auf, zuweilen binnen Sekundenbruchteilen, und ebben erst allmählich wieder ab. Müssen Menschen mehrere Stresssituationen hintereinander verarbeiten, kann sich der Erregungszustand immer weniger zurückbilden. Dadurch entstehen im Laufe eines Schultages oft andauernde Stressphasen.

Methoden des Stressmanagements können dabei helfen, Belastungen bewusst zu machen, Stress abzubauen und stresspräventiv zu arbeiten:

- Beginnen Sie Ihren Schultag in Ruhe. Seien Sie rechtzeitig im Klassenzimmer oder im Fachraum, damit die Schüler/innen, wenn möglich, nach und nach eintreffen können. Nutzen Sie die morgendliche Zeit, um Kontakt zu Ihren Schüler/innen aufzunehmen, zum Beispiel durch kurze Gespräche oder die Bereitstellung von Material und Medien für den folgenden Unterricht.
- Planen Sie in jeder Stunde kurze Phasen ein, in denen Sie sich zurücknehmen können, in denen Sie nicht permanent an vorderster Front arbeiten müssen und stattdessen etwas abschalten, aus dem Fenster schauen oder sich überlegen können, ob Sie den Rest der Stunde so gestalten, wie Sie ihn geplant haben.
- Bauen Sie in Ihrer Unterrichtsführung Regeln und Rituale ein, die den Schüler/innen Handlungssicherheit geben und Ihnen Entlastung verschaffen. Solche Regeln und Rituale sind zum Beispiel eine bestimmte Rhythmisierung, das Wiederholen von Arbeitsaufträgen durch Schüler/innen, das gegenseitige Aufrufen der Schüler/innen oder auch die Art des Hefteintrags.
- Organisieren Sie Ihren schulischen Arbeitsplatz im Fachraum, im Klassenzimmer und im Lehrerzimmer möglichst klar, übersichtlich und stapelfrei. Dann geht weniger Zeit mit dem Suchen von Unterlagen und Material verloren.
- Suchen Sie gezielt die Kooperation mit Kolleginnen und Kollegen, indem Sie Material austauschen, Beratung von anderen annehmen oder selbst beraten sowie gemeinsame Unterrichtsvorhaben planen, durchführen und auswerten. Jedes Kollegium ist ein großer Schatz an Erfahrungen und Materialien, fachlichen oder pädagogischen Tipps. Tauschen Sie sich deshalb mit Kolleginnen und Kollegen über Konfliktfälle oder eigene Belastungen aus und zeigen Sie auch, wenn Sie Rat und Hilfe benötigen. Wenn Sie Interesse haben und es einrichten können, können Ihnen auch gegenseitige Hospitationen weiterhelfen; Sie erhalten dadurch wertvolle Rückmeldungen zu Ihrem Unterricht und Ihrer Lehrerpersönlichkeit.
- Machen Sie sich klar, dass in einer Schule viele Menschen mit unterschiedlichen Interessen und Bedürfnissen zusammen sind und dass der Unterricht und das Schulleben daher nicht immer reibungslos ablaufen können.

- Setzen Sie sich realistische Ziele bei der Stressbewältigung, um nicht letztlich in »Stressreduktions-Stress« zu geraten.

Zeitmanagement

Durch die beiden Arbeitsplätze in der Schule und am häuslichen Schreibtisch ist die Lehrerarbeitszeit tendenziell unendlich. Viele Lehrer/innen haben deshalb Schwierigkeiten, Arbeitszeit und Freizeit zu trennen, und das Gefühl, nie fertig zu werden mit dem, was getan werden muss: Unterricht für die Maschinenbauklasse planen, zwei Elterntelefonate führen, die Klassenarbeit in Elektrotechnik korrigieren, Mitarbeitsnoten machen, die Tischvorlage für die Fachkonferenz erstellen, den Praktikumsbetrieb anfragen, mit dem Fachkollegen den Stoffverteilungsplan absprechen und Ähnliches.

Wie könnte angesichts dieser schwierigen Ausgangsbedingungen ein Zeitmanagement für Lehrer/innen aussehen?

- Gehen Sie auf die Suche nach Ihren ganz persönlichen »Zeitdieben«, das heißt Tätigkeiten, die wenig effektiv sind, relativ viel Zeit verbrauchen und vom Notwendigen ablenken.
- Beginnen Sie zum Beispiel mit den unangenehmen Dingen, dann können Sie sich noch auf etwas freuen. Oder beginnen Sie mit den angenehmen Angelegenheiten, dann fallen Ihnen die unangenehmen möglicherweise leichter.
- Machen Sie eine To-do-Liste oder schreiben Sie Post-it-Zettel mit Aufgaben, die Sie dann mit großer Freude durchstreichen oder entsorgen.
- Üben Sie sich darin, Nein zu sagen. Sie müssen nicht jeder Bitte, die von Kolleginnen und Kollegen, der Schulleitung oder Eltern herangetragen wird, entsprechen.

Weitere Tipps zum Umgang mit eigenen Belastungen

- Nehmen Sie sich Zeit für eine genaue Belastungsanalyse: Wo liegen Ihre spezifischen Belastungsschwerpunkte? Sind es bestimmte Bereiche des Lehrerhandelns? Oder bestimmte zeitliche Blöcke? Wodurch sind diese Belastungen verursacht? Wer genauer weiß, wo er besonders belastet ist, kann sich besser helfen oder helfen lassen.
- Setzen Sie Schwerpunkte in Ihrem Beruf. Sie werden es in einem Schuljahr kaum schaffen, sich fachfremd in ein weiteres Fach einzuarbeiten, drei schwierige Klassen erfolgreich und ohne Probleme zu unterrichten, die Schulentwicklungsgruppe des Kollegiums federführend zu leiten, Netzwerkbetreuer der Schule zu sein, mit den zehn wichtigsten Partnerbetrieben Ihrer Berufsschulklasse zu kooperieren und nebenher noch die Schülerband zu betreuen.

- Bemühen Sie sich in Ihrem beruflichen Handeln darum, realistische Ziele zu setzen. Seien Sie auch mit 80 Prozent zufrieden. Sie sollten bedenken, dass niemand alles hundertprozentig hinbekommt.
- Ziehen Sie Grenzen: Wofür bin ich zuständig? Wofür nicht?
- Gestehen Sie sich Fehler, Lernprozesse und auch Rückschläge zu. Das gehört zu jedem Beruf. Jedes Scheitern gibt Ihnen wertvolle Hinweise zur professionellen Weiterentwicklung: Wenn eine Unterrichtsstunde die Lerngruppe tendenziell überfordert hat, wissen Sie beim nächsten Mal, dass Sie basalere Lernziele anstreben sollten. Wenn der Streit mit einem Schüler im Unterricht eskaliert ist, verstehen Sie, wie dieser Schüler ausrasten kann. Wenn Ihnen nach einem Elterngespräch auffällt, dass gar keine Vereinbarungen getroffen wurden und die Eltern Sie eher als seelischen Mülleimer benutzt haben, überlegen Sie vielleicht, das nächste Mal mit einem konkreten Zielraster ins Gespräch zu gehen.
- Gut geplanter und methodisch vielfältiger Unterricht, der für alle Schüler/innen Lerngelegenheiten bereitstellt, vermindert präventiv mögliche Belastungen.
- Fahnden Sie nach Dingen, Hobbys und Betätigungen, die Ihnen guttun und Entlastung verschaffen. Pflegen Sie ein Privatleben außerhalb der Schule und versuchen Sie im häuslichen Bereich, Beruf und Freizeit zu trennen.
- Bilden Sie sich kontinuierlich fort, durch Fachbücher, Fachzeitschriften, Fortbildungsveranstaltungen oder eigene Lerngänge. Wer inhaltlich fit und auf dem aktuellen Stand ist, tut sich im unterrichtlichen Alltag oft leichter.
- Besuchen Sie einen Supervisionskurs, um mit anderen Kolleginnen und Kollegen über Ihre spezifischen Belastungen in einen Austausch zu treten und bestimmte belastende Situationen konkret zu bearbeiten.

Zum Weiterlesen

Becker, G. E. (2006): Lehrer lösen Konflikte. Handlungshilfen für den Schulalltag. Weinheim/Basel: Beltz.

Ehinger, W./Hennig, C. (1997): Praxis der Lehrersupervision. Leitfaden für Lehrergruppen mit und ohne Supervisor. Weinheim/Basel: Beltz.

Kretschmann, R. (Hrsg.) (2008): Stressmanagement für Lehrerinnen und Lehrer. Ein Trainingsbuch mit Kopiervorlagen. Weinheim/Basel: Beltz.

Miller, R. (2006): Sich in der Schule wohlfühlen. Wege für Lehrerinnen und Lehrer zur Entlastung im Schulalltag. 7., aktual. Auflage. Weinheim/Basel: Beltz.

Miller, R. (2011a): Als Lehrer souverän sein. Von der Hilflosigkeit zur Autonomie. Weinheim/Basel: Beltz.

Schaarschmidt, U./Kieschke, U. (Hrsg.) (2007): Gerüstet für den Schulalltag. Psychologische Unterstützungsangebote für Lehrer/innen. Weinheim/Basel: Beltz.

Schmidbauer, W. (1992): Die hilflosen Helfer. Über die seelische Problematik der helfenden Berufe. 17. Auflage. Reinbek bei Hamburg: Rowohlt.

6. Tipps und Materialien

6.1 Krankenversicherung für Beamte und Nicht-Beamte

Wer als Quereinsteiger/in in den Beamtenstatus kommt (als Referendar/in »Beamter auf Widerruf«), unterliegt besonderen Regelungen. Da die Gesundheitspolitik in besonderem Maße einer Reformdynamik unterliegt und gerade das Verhältnis zwischen den gesetzlichen und den privaten Krankenversicherungen ständig in Bewegung ist, sind die folgenden Hinweise, vor allem solche zur Höhe der Versicherungsbeiträge, mit Vorbehalt zu lesen.

Als Beamtin oder Beamter erhält man keinen Zuschuss zur Krankenversicherung wie normale Arbeitnehmer/innen, sondern eine »Beihilfe« für den Fall, dass man nicht gesetzlich versichert ist. Dies heißt: Je nach Beihilfesatz übernimmt die Beihilfe von den tatsächlich anfallenden Behandlungskosten (Arzneimittel, ambulante Behandlungen, stationäre Behandlungen) einen bestimmten Prozentsatz. Für Referendarinnen und Referendare liegt dieser Satz bei ca. 50 Prozent, für beihilfeberechtigte Ehepartner bzw. Beihilfeberechtigte ab zwei Kindern bei ca. 70 Prozent und für beihilfeberechtigte Kinder bei ca. 80 Prozent.

Da Beamte von der Versicherungspflicht befreit sind, wäre es theoretisch auch möglich, die restlichen Kosten selbst, das heißt ohne Versicherung, zu bezahlen. Dies ist allerdings nicht zu empfehlen, weil bei einem Unfall oder einer längeren Behandlung die eigenen Kosten für die Versicherten so hoch sein können, dass sie sich gegebenenfalls hoch verschulden müssten.

Der Regelfall ist deshalb der Abschluss einer Krankenversicherung, entweder einer privaten Krankenversicherung oder aber der Beitritt zu einer gesetzlichen Versicherung. Diese Versicherung übernimmt dann denjenigen Prozentsatz der Krankheitskosten, der nicht von der Beihilfe abgedeckt ist. Bei privaten Krankenversicherungen liegt der Ausbildungstarif für Referendarinnen und Referendare bei ca. 100 Euro. Ist man chronisch krank oder hat man in der Vergangenheit schon mehrere schwere Krankheiten oder Behandlungen gehabt, so erhöht sich dieser Beitrag. Für Frauen ist der Beitrag bislang immer höher als für Männer gewesen, mit dem Grundsatzurteil des Europäischen Gerichtshofs vom Februar 2011 ändert sich dies jedoch. Ab Januar 2013 müssen alle Versicherungen in den EU-Ländern »Unisex-Tarife« anbieten, die gleich hohe Versicherungsprämien für Frauen und Männer vorsehen.

Statt eine private Krankenversicherung abzuschließen, ist es für Beamtinnen und Beamte ebenso möglich, einer gesetzlichen Krankenversicherung beizutreten. In diesem Fall beteiligt sich das Land als Arbeitgeber nicht an den Kosten der gesetzlichen Krankenversicherung, darüber hinaus wird keine Beihilfe gewährt. Aufgrund der Tatsache, dass die gesetzlichen Krankenversicherungen grundsätzlich Vollversicherungen sind und strukturell eine Teilversicherung hier nicht möglich ist, müssen Beamtinnen und Beamte den Arbeitgeber- und den Arbeitnehmeranteil hier alleine tragen. Dies sind zurzeit rund 15 Prozent, bei steigender Tendenz. Im Referendariat würde dies also ca. 150 bis 170 Euro bedeuten. Zusammengefasst bedeutet dies, dass der Beitritt zu einer gesetzlichen Krankenversicherung für Beamtinnen und Beamte immer mit einem höheren Beitrag verbunden ist.

Vorteile der privaten Krankenversicherung:

- Als Beamtin bzw. Beamter erhält man Beihilfe vom Land und muss nur den restlichen Anteil versichern. Wenn sich, zum Beispiel durch die Geburt eines Kindes oder das geänderte Arbeitsverhältnis des Ehepartners, der Beihilfesatz ändert, passt die private Krankenversicherung auf Antrag den jeweiligen Beitragssatz an. Allerdings muss man hier in der Regel bestimmte Fristen zur Meldung der Änderungen beachten. Unter Umständen kann die Krankenversicherung bei Nichtbeachtung oder Fristüberschreitung im Falle einer Vertragsverlängerung eine neue Gesundheitsprüfung verlangen. Über Einzelheiten gibt der jeweilige Vertrag Auskunft.
- Die private Krankenversicherung zahlt bei den Leistungen häufig noch immer mehr als die gesetzlichen Krankenkassen. Dies bezieht sich zum Beispiel auf die Zimmerbelegung im Krankenhaus, auf Brillengestelle und Brillengläser, Zahnersatz, alternative Heilmethoden wie Homöopathie oder Heilpraktiker-Behandlungen, Vorsorgeuntersuchungen oder die Möglichkeit einer Chefarztbehandlung. Aber auch hier gibt es mittlerweile deutliche Ausnahmen.
- Schwierigere Behandlungen, die in der gesetzlichen Krankenversicherung als Wahlleistung aufgeführt sind, werden in der Regel von der privaten Krankenversicherung obligatorisch übernommen.
- Privat Versicherte können die Ärztin bzw. den Arzt frei wählen und unterliegen keinerlei Beschränkungen.
- Bei privaten Krankenversicherungen gibt es die Regel der »Beitragsrückerstattung«. Diese Regelung sieht vor, dass jemand, der über einen bestimmten Zeitraum nicht krank war oder alle angefallenen Kosten selbst trägt, einen bestimmten Betrag von der Versicherung rückerstattet bekommt. Diese Rückerstattung liegt, je nach Versicherung, bei 3 bis 6 Monatsbeiträgen.

Es gibt aber auch Nachteile der privaten Krankenversicherung:

- Kosten, die einen bestimmten Betrag nicht übersteigen, müssen vom Versicherten zuerst aus eigener Tasche bezahlt werden. Größere Beträge, zum Beispiel für Operationen im Krankenhaus, rechnen die Krankenhäuser selbst mit der jeweiligen Krankenkasse ab. Dennoch heißt das, dass in einem Jahr, in dem man länger oder schwerer krank war, Beträge bis zu mehreren Tausend Euro zusammenkommen können, die erst einmal vorfinanziert werden müssen, bevor man das Geld von der Kasse erstattet bekommt. Die Rückerstattungen können mehrere Wochen dauern, sodass man insgesamt für die Zeit von der Bezahlung der Rechnung bis zur Rückerstattung quasi in Vorkasse treten muss.

- Um die angesammelten Kosten bei der Krankenversicherung geltend zu machen, muss man alle Rechnungen und Rechnungsduplikate zum einen bei der Krankenversicherung, zum anderen bei der Beihilfe einreichen. Die Rechnungen müssen vollständig vorhanden sein. Dies ist mitunter relativ aufwendig, vor allem für Menschen, die organisatorisch nicht so bewandert sind.
- Es gibt in der privaten Krankenversicherung – im Gegensatz zur gesetzlichen Krankenversicherung – keine kostenlose Mitversicherung für Familienangehörige. Das heißt: Alle nicht erwerbstätigen Familienmitglieder müssen eine Beihilfeergänzungsversicherung bei der privaten Krankenversicherung abschließen. Ist der Ehepartner sozialversicherungspflichtig, geht er also einer Erwerbstätigkeit nach, muss er gesetzlich versichert bleiben. Für Kinder gibt es eine Sonderregelung: Sie können bei dem gesetzlich versicherten Ehepartner kostenlos mitversichert bleiben, wenn der beamtete Ehepartner die Versicherungspflichtgrenze unterschreitet. Im Moment liegt diese Grenze bei ca. 4.000 Euro brutto im Monat. Verdient der beamtete Ehepartner mehr, müssen die Kinder privat versichert werden. Aufgrund der Tatsache, dass die Beihilfe für Kinder von Beamten einen Satz von 80 Prozent gewährt, liegt der Beitragssatz in der privaten Krankenversicherung pro Kind bei ca. 35 Euro pro Monat.
- Jede private Krankenversicherung unterzieht die potenziellen Mitglieder einer intensiven Gesundheitsprüfung. Dabei werden alle möglichen Vorerkrankungen oder gesundheitlichen Risiken des Antragstellers unter die Lupe genommen. Je häufiger und je schwerer die Vorerkrankungen sind, umso höher ist der Risikozuschlag. Angenommen, Sie schlagen sich schon einige Jahre mit Allergien herum, haben eine Psychotherapie hinter sich, haben chronischen Bluthochdruck oder hatten einen Autounfall, bei dem Ihr Knie dauerhaft in Mitleidenschaft gezogen wurde, dann hat dies auch Auswirkungen auf Ihren Beitrag in der privaten Krankenversicherung. Die Versicherung kann Risikozuschläge in deutlicher Höhe (40 bis 60 Prozent sind da keine Seltenheit) festsetzen. Im Ausbildungstarif ist das noch einigermaßen erträglich, im Normaltarif kann das aber sehr viel ausmachen.
- Wenn sich im Nachhinein herausstellt, dass Ihre Angaben bei der Gesundheitsprüfung unvollständig oder fehlerhaft waren, kann die private Versicherung den Versicherungsschutz drosseln, aussetzen oder ganz streichen.
- Je älter man bei Vertragsabschluss ist, umso höher sind die Beiträge. Dies bedeutet gerade für Quereinsteiger/innen, die ja in aller Regel schon etwas älter sind, dass die Preisunterschiede zwischen der privaten und der gesetzlichen Krankenversicherung geringer sind, als es dies bei jungen Referendarinnen, Referendaren oder Junglehrer/innen der Fall ist.
- Der Ausbildungstarif gilt in aller Regel nur bis zur Vollendung des 34. Lebensjahres. Das heißt, dass Referendarinnen und Referendare, die das 34. Lebensjahr erreicht haben, den Normaltarif bezahlen müssen. Dieser liegt dann bei ungefähr 250 Euro. Es gibt auch private Versicherungen, die spezielle Ausbildungstarife für ältere Referendarinnen und Referendare im Programm haben. Die Versicherungs-

prämie liegt dann in aller Regel zwischen dem normalen Ausbildungstarif und dem Normaltarif.

- Die Beiträge zur privaten Krankenversicherung steigen mit dem Alter an. Auch Pensionärinnen und Pensionäre zahlen weiterhin den Normalbeitrag. Das heißt: Im Pensionsalter liegen die Beiträge teilweise deutlich über den Sätzen der gesetzlichen Krankenversicherung.
- Die Beiträge in der privaten Krankenversicherung sinken bei geringerem Verdienst in aller Regel nicht, sondern der Vertrag läuft normal weiter und die Beiträge bleiben auf dem bisherigen Niveau. Das heißt für Beamtinnen und Beamte, die in Teilzeit arbeiten wollen, sich beurlauben lassen oder in Elternzeit gehen, dass die Beiträge in diesen Zeiträumen teilweise deutlich höher liegen als in der gesetzlichen Krankenversicherung.
- Im Falle einer Berufsunfähigkeit bleiben die Beiträge der privaten Versicherung auf dem bisherigen Maß und werden nicht vermindert – es sei denn, man hat eine Dienstunfähigkeitsversicherung ohne Verweisklausel abgeschlossen, die aber auch zusätzliche Kosten verursacht.
- Mit dem Abschluss einer privaten Krankenversicherung gehen Kunden eine lebenslange »Zwangsehe« ein, da eine Rückkehr in die gesetzliche Kasse in der Regel ausgeschlossen ist.

Die gesetzlichen Krankenversicherungen (Ortskrankenkassen, Ersatzkassen, Knappschaft, Betriebskrankenkassen und Innungskrankenkassen) bieten im Vergleich dazu folgende Vorteile:

- Man kann wie gewohnt mit seiner Versicherungskarte ohne Verwaltungsaufwand zum Arzt. Die Vorabbezahlung der Rechnungen und das Sammeln der Rechnungen und Belege für Beihilfe und private Krankenversicherung entfallen.
- Familienmitglieder, die nicht erwerbstätig sind, sind kostenlos mitversichert.
- Der Beitrag in der gesetzlichen Krankenversicherung ist grundsätzlich einkommensabhängig. In Zeiten von geringerem Verdienst, zum Beispiel bei einem Teildeputat, bei Elternzeit, Beurlaubung, Berufsunfähigkeit oder Pensionierung, sinken auch die Beiträge prozentual.
- Die Beiträge zur gesetzlichen Krankenversicherung sind gedeckelt. Das heißt: Auch wenn man mehr als ca. 3.600 Euro brutto monatlich verdient, muss man nur den Beitrag für diese Höchstgrenze bezahlen.
- Ein Wechsel von einer gesetzlichen Krankenversicherung in eine andere ist in der Zweimonatsfrist rasch und unbürokratisch möglich. Die Bindungszeit bei einer gesetzlichen Krankenversicherung beträgt im Regelfall 18 Monate.

Die Nachteile der gesetzlichen Krankenversicherung lassen sich folgendermaßen darstellen:

- Da die gesetzliche Krankenversicherung immer eine Vollversicherung ist und der Arbeitgeber sich bei Beamtinnen und Beamten nicht an den Beiträgen beteiligt,

müssen diese immer den vollen Beitragssatz bezahlen. Im Moment sind das rund 15,5 Prozent vom Bruttogehalt. Insofern sind Sie Selbstständigen gleichgestellt.
- Auch verbeamtete gesetzlich Versicherte müssen die Praxisgebühr bezahlen und unterliegen der Zuzahlungspflicht bei Rezepten.
- Im Vergleich zu einer Mitgliedschaft bei einer privaten Krankenversicherung gibt es für gesetzlich Versicherte in Teilbereichen nur eingeschränkte Leistungen (s. o.).
- Es gibt zwar die Möglichkeit, sich zusätzlich privat zu versichern, dies ist aber wenig lohnend, weil ihr Beitragssatz ja dann 100 Prozent von der gesetzlichen Krankenversicherung plus in aller Regel 50 Prozent von der privaten Krankenversicherung beträgt.

Stellt man die Vor- und Nachteile der beiden Versicherungsarten gegenüber, so wird klar, dass sich die private Krankenversicherung vor allem für Beamtinnen und Beamten lohnt, die relativ jung in den Dienst kommen, relativ gesund sind, wenige oder keine Kinder haben, einen sozialversicherungspflichtigen Ehepartner haben und bei denen absehbar ist, dass sie auf Lebenszeit verbeamtet werden, weil sie nur dann beihilfeberechtigt sind.

Für Beamtinnen und Beamte, die nicht mehr ganz jung in den Schuldienst kommen, die schon schwerere Krankheiten hatten oder chronisch haben, die eine Familie haben oder gründen wollen, deren Partner zumindest einige Jahre keiner sozialversicherungspflichtigen Tätigkeit nachgeht oder bei denen nicht sicher ist, ob sie auf Lebenszeit verbeamtet werden, lohnt sich unter Umständen finanziell gesehen eher die gesetzliche Krankenversicherung.

Das bedeutet, dass sich beamtete Quereinsteiger/innen sehr genau überlegen sollten, wie sie sich krankenversichern möchten, denn ihre Erwerbsbiografie entspricht in aller Regel nicht der »Normalbiografie«, für die die private Krankenversicherung ausgelegt ist. Für Männer ab 46 Jahren und Frauen ab 37 Jahren ist ein Wechsel von der gesetzlichen in die private Krankenversicherung wenig ratsam. Insofern möchten wir Ihnen abschließend folgende Tipps geben:
- Holen Sie sich vor dem Abschluss einer Versicherung zahlreiche Angebote ein. Um einen echten Preis- und Leistungsvergleich anzustellen, sollten mindestens 30 Versicherer einbezogen werden. Man kann sich dazu einerseits bei den Versicherungen selbst informieren, andererseits gibt es auch im Internet Tarifrechner. Eine gute Orientierungshilfe bieten auch die Verbraucherzentralen.
- Seien Sie beim Einholen von Angeboten ehrlich und schildern Sie den privaten Versicherungsgesellschaften Ihre Lebenssituation und Ihre gesundheitliche Situation umfassend und wahrheitsgemäß. Sonst sind zum einen die Angebote wenig aussagekräftig, und zum anderen müssen Sie nach Vertragsabschluss gegebenenfalls empfindliche Einschränkungen in Kauf nehmen.
- Beziehen Sie bei den Angeboten auch alternative Berufsbiografien mit ein: Was ist also für Sie besser, wenn Sie noch einige Jahre Elternzeit nehmen, auf Teilzeit arbeiten, sich beurlauben lassen oder frühzeitig in Rente gehen möchten? Berücksichtigen Sie auch mögliche zukünftige gesundheitliche Bedürfnisse.

- Die Angebote sollten grundsätzlich bei bestehendem Krankheitsschutz eingeholt werden, damit keine Lücken in der Übergangszeit entstehen.

6.2 Die wichtigsten pädagogischen Verlage und Schulbuchverlage

Die einschlägigen Verlage für pädagogische Fachliteratur bieten für Referendarinnen, Referendare und Lehrer/innen bestimmte Vergünstigungen, allerdings in aller Regel keine Freiexemplare:

- **Beltz Verlag** (www.beltz.de): Pädagogik, Kinder- und Jugendliteratur, Fachzeitschriften, führender deutscher Pädagogik-Fachbuchverlag
- **Cornelsen Scriptor** (www.cornelsen.de): Pädagogik, Didaktik, Fundgruben-Bücher für die einzelnen Fächer
- **Friedrich Verlag** (www.friedrich-verlag.de): pädagogische Fachzeitschriften
- **Klinkhardt Verlag** (www.klinkhardt.de): Pädagogik und Didaktik

Alle Schulbuchverlage bieten für Lehrer/innen ermäßigte Prüfstücke oder sogar Freiexemplare, besonders von neu erschienenen Schulbüchern:

- **Auer Verlag** (www.auer-verlag.de): Schulbücher, Pädagogik, Didaktik, Lernsoftware
- **Cornelsen Verlag** (www.cornelsen.de): Lehr- und Lernmittel für alle Schulstufen, Lernsoftware, Fachliteratur
- **Diesterweg Verlag** (www.diesterweg.de): Schulbücher, Didaktik
- **Klett Verlag** (www.klett.de): Schulbücher für alle Schulstufen, Unterrichtsmaterialien, Lernsoftware
- **Oldenbourg Verlag** (www.oldenbourg.de/osv): Schulbücher, Kopiervorlagen, Fachliteratur
- **Schroedel Verlag** (www.schroedel.de): Schulbücher für alle Schulstufen, Lernsoftware
- **Westermann Verlag** (www.westermann.de): Schulbücher für alle Schulstufen, LÜK-Kästen, Lernsoftware, Atlanten

Die wichtigsten Verlage für unterrichtspraktische Materialien:

- **AOL Verlag** (http://aol-verlag.de): Lernboxen, Kopiervorlagen und pädagogische Fachbücher
- **Mildenberger Verlag** (www.mildenberger-verlag.de): Lehr- und Arbeitsmittel, Schulbücher, Lernmedien
- **Persen Verlag** (www.persen.de): unter anderem Bergedorfer Kopiervorlagen und Klammerkarten
- **Verlag an der Ruhr** (www.verlagruhr.de): bietet umfangreiches Material für Freiarbeit und Projektarbeit in Primarstufe und Sekundarstufe, Aktionsmappen, Literaturkarteien zu Jugendromanen und auch Ordnungssysteme für Freiarbeits-Materialien

6.3 Adressen wichtiger Lehrerverbände

Es gibt in Deutschland eine große Zahl von Lehrerverbänden: Bildungsverbände, Fachverbände, Schulstufenverbände und andere. Hier die fünf wichtigsten Interessensverbände für Lehrer/innen. Jeder Verband besitzt Landesverbände, die aufgrund der Bildungshoheit der Länder oft die zentrale Rolle in der Verbandsarbeit spielen. Und alle Verbände haben auf lokaler Ebene Gremien und Ansprechpartner, oft auch in Ihrem Kreis.

- **Gewerkschaft Erziehung & Wissenschaft** (GEW; www.gew.de): Die GEW ist der größte deutsche Lehrerverband und versteht sich als Bildungsgewerkschaft für alle, die im Bildungssystem arbeiten, also auch Erzieher/innen, Unidozent/innen, Mitarbeiter/innen in der Weiterbildung und andere. Die GEW ist Mitgliedsgewerkschaft im DGB.
- **Verband Bildung und Erziehung** (VBE; www.vbe.de): Der VBE ist vor allem Interessenverband für Lehrer/innen an Grund- und Hauptschulen und Mitglied des Deutschen Beamtenbundes.
- **Deutscher Philologenverband** (DPhV; www.dphv.de): Der DPhV ist Mitglied im Deutschen Beamtenbund und vertritt vor allem Lehrer/innen an Gymnasien.
- **Verband Deutscher Realschullehrer** (VDR; www.vdr-bund.de): Der VDR vertritt vor allem die Lehrer/innen an Realschulen und ist Mitglied im Deutschen Beamtenbund.
- **Bundesverband der Lehrerinnen und Lehrer an beruflichen Schulen e. V.** (BLBS; www.blbs.de): Der BLBS vertritt bundesweit die Berufsschullehrer/innen und ist Mitglied im Deutschen Beamtenbund. In den Ländern haben sich Berufsschullehrer/innen auch zu gesonderten Verbänden zusammengeschlossen. Eine Übersicht der Landesverbände ist unter www.blbs.de/wir/landesverbaende/landesverbaende.html zu finden.

6.4 Internet-Tipps

www.bildungsserver.de

Größtes deutsches Bildungsportal mit unzähligen Materialien, Foren und Verweisen; gut als Einstieg und Übersicht zu verwenden.

www.bpb.de

Homepage der Bundeszentrale für politische Bildung; Aufbereitung aktueller (gesellschafts-)politischer Themen, Publikationsverzeichnis (teilweise kostenlos zu bestellen), Unterrichtsempfehlungen und -materialien.

www.lehrerfreund.de

Seite mit einer Fülle von praxisnahen Materialien, vor allem für Deutsch, Politik und Technik; eigenes Portal für Techniklehrer/innen.

www.referendar.de

Praktische Tipps für Referendare: Aufbau, Inhalte, Unterrichtsmaterialien, Steuertipps, Links, Buchempfehlungen, Tauschbörse für den Einsatz an Seminarschulen; Erfahrungsaustausch.

www.unterrichtsmaterial-schule.de

Zahlreiche Materialien, vor allem für die Primarstufe und Mittelstufe.

www.zum.de

Zentrale für Unterrichtsmedien im Internet; großes Portal mit übersichtlichem Aufbau; unzählige Materialien zu allen Fächern und Schulstufen; kostenfreie Lernmodule.

www.4teachers.de

Bekanntes und beliebtes Portal für alle Lebenslagen von Lehrer/innen; insg. 700.000 Mitglieder; Austausch von Materialien zu allen Fächern und Schulstufen; Tipps, Foren etc.; eigenes Forum für Quereinsteiger/innen.

6.5 Kopiervorlagen und Checklisten zum Download

Zu vielen der in diesem Buch angesprochenen Themen haben wir Kopiervorlagen und Checklisten erstellt, die Ihnen den Quer- oder Seiteneinstieg in den Lehrerberuf erleichtern sollen, vgl. die nebenstehende Übersicht. Sie finden die Materialien auf unserer Internetseite www.beltz.de auf der Buchdetailseite unter der Überschrift »Downloads & Leseproben«.

Zum Einstieg
1 Warum möchte ich Lehrer/in werden bzw. sein? Eine Selbsterkundung
2 Meine Schule – ein Kurzporträt

Unterricht beobachten und reflektieren
3 Teilformalisierter Hospitationsbogen
4 Beobachtungsbogen Mädchen und Jungen im Unterricht
5 Mentoren-Check
6 Sprache und Körpersprache
7 Analysebogen Unterrichtsstörung
8 Beobachtungsbogen Schülerverhalten
9 Beobachtungsbogen Partner- bzw. Gruppenarbeit
10 Kriterien zur Unterrichtsbeobachtung
11 Schüler-Individualbeobachtung
12 Lehrerfragen im Unterricht

Organisation von Unterricht und Schulalltag
13 Übersichtsdatei zur Klassenführung
14 Protokoll Konfliktgespräch mit Schüler/in
15 Wochenprotokoll für Schüler/innen

Unterrichtsplanung
16 Stoffverteilungsplan
17 Tagesplanung
18 Detaillierte Stundenplanung

Unterrichtsdurchführung
19 Checkliste Overhead-Folie
20 Checkliste Tafelanschrieb
21 Checkliste Schülerarbeitsblatt
22 Checkliste Differenzierung von Aufgaben

Lernzielkontrollen und Klassenarbeiten
23 Checkliste Klassenarbeit
24 Korrekturbogen Klassenarbeit

Elternarbeit
25 Protokollblatt Elterngespräch
26 Planungsbogen Elternsprechtag
27 Elternbrief: Ich stelle mich als neuer Fachlehrer vor

Weitere Materialien
28 Beurteilungsbogen für Lernsoftware
29 Konferenz-Kurzprotokoll
30 Kurzmitteilung an den Klassenlehrer
31 Zeitmanagement und Arbeitsplatzorganisation
32 Checkliste: Schulrechtliche Prüfung eines Sachverhalts

Literatur

Abele, U./Boeck, C./Bovet, G. et al. (2008): Leitfaden Schulpraxis. Pädagogik und Psychologie für den Lehrberuf. 5., überarb. Auflage. Berlin: Cornelsen Scriptor.
Albert, M./Hurrelmann, K. (2002): Jugend 2002. 14. Shell-Jugendstudie. Frankfurt am Main: Fischer Taschenbuch.
Baumert, J. et al. (Hrsg.) (2001): PISA 2000. Basiskompetenzen von Schülerinnen und Schülern im internationalen Vergleich. Opladen: Leske + Budrich.
Becker, G. E. (2003): Unterricht planen. Handlungsorientierte Didaktik, Teil I. 9., überarb. Auflage. Weinheim/Basel: Beltz.
Becker, G. E (2005): Unterricht auswerten und beurteilen. Handlungsorientierte Didaktik, Teil III. 8., überarb. Auflage. Weinheim/Basel: Beltz.
Becker, G. E. (2006): Lehrer lösen Konflikte. Handlungshilfen für den Schulalltag. Weinheim/Basel: Beltz.
Becker, G. E. (2007): Unterricht planen. Handlungsorientierte Didaktik, Teil I. Neuauflage. Weinheim/Basel: Beltz.
Becker, G. E. (2008): Unterricht durchführen. Handlungsorientierte Didaktik, Teil II. 9., vollst. überarb. Auflage. Weinheim/Basel: Beltz.
Becker, G. E./Kohler, B. (2002): Hausaufgaben. Kritisch sehen und die Praxis sinnvoll gestalten. 4. Auflage. Weinheim/Basel: Beltz.
Bloom, B. S. (Hrsg.) (1972): Taxonomie von Lernzielen im kognitiven Bereich. 4. Auflage. Weinheim/Basel: Beltz.
Böhmann, M. (2003): Jungen in der Schule – ein Problemfall? Die neue Diskussion um die Jungen. In: Pädagogik 55, H. 10, S. 32–35.
Böhmann, M. (2010): Gelingender Berufseinstieg. Tipps und Tricks für die ersten Jahre im Lehrerberuf. Vortrag auf dem »Forum Unterrichtspraxis« der Bildungsmesse didacta in Köln, 19. März 2010.
Böhmann, M./Hoffmann, K. (2002): Kursbuch Berufseinstieg. Weinheim/Basel: Beltz.
Böhmann, M./Schäfer-Munro, R. (2008): Kursbuch Schulpraktikum. Unterrichtspraxis und didaktisches Grundwissen. 2., neu ausgestattete Auflage. Weinheim/Basel: Beltz.
Bönsch, M. (2001): Methoden des Unterrichts. In: Roth, L. (Hrsg.): Pädagogik. Handbuch für Studium und Praxis. München: Oldenbourg, S. 801–815.
Bründel, H./Simon, E. (2007): Die Trainingsraum-Methode. Unterrichtsstörungen – klare Regeln, klare Konsequenzen. 2., durchges. und erw. Auflage. Weinheim/Basel: Beltz.
Czerwenka, K./Nölle, K./Pause, G./Schlotthaus, W./Schmidt, H. J./Tessloff, J. (1990); Schülerurteile über die Schule. Bericht über eine internationale Untersuchung. Frankfurt am Main: Lang.
Daschner, P./Drews, U. (Hrsg.) (2007): Kursbuch Referendariat. Weinheim/Basel: Beltz.
Deutsche Physikalische Gesellschaft (2010): Quereinsteiger in das Lehramt Physik – Lage und Perspektiven der Physiklehrerausbildung in Deutschland, Bad Honnef 2010. Online unter www.dpg-physik.de/veroeffentlichung/broschueren/studien/quereinsteiger_2010.pdf (Abruf 20.4.2011).
Deutscher Bildungsrat (1970): Strukturplan für das Bildungswesen. Stuttgart: Klett.
Ehinger, W./Hennig, C. (1997): Praxis der Lehrersupervision. Leitfaden für Lehrergruppen mit und ohne Supervisor. Weinheim/Basel: Beltz.

Faulstich-Wieland, H. (2008): Sozialisation und Geschlecht. In: Hurrelmann, K./Grundmann, M./Walper, S. (Hrsg.): Handbuch Sozialisationsforschung. 7., vollst. überarb. Auflage. Weinheim/Basel: Beltz, S. 240–254.

Fuller, F./Brown, O. (1975): Becoming a teacher. In: Ryan, K.: Teacher education. The seventy-fourth NSSE yearbook. Part II. Chicago: University of Chicago, S. 25–52.

Grell, J./Grell, M. (2010): Unterrichtsrezepte. 12. Auflage. Weinheim/Basel: Beltz.

Gudjons, H. (2001): Pädagogisches Grundwissen. Bad Heilbrunn: Klinkhardt.

Gudjons, H./Winkel, R. (Hrsg.) (2006): Didaktische Theorien. 12. Auflage. Hamburg: Bergmann + Helbig.

Gugel, G. (2011): 2000 Methoden für Schule und Lehrerbildung. Das große Methoden-Manual für aktivierenden Unterricht. Weinheim/Basel: Beltz.

Günther, T. (2009): Als Quereinsteiger zum Physiklehrer. In: WAZ, Ausgabe Rhein-Ruhr vom 4.5.2009, S. 17. Online unter www.derwesten.de/waz/rhein-ruhr/Als-Quereinsteiger-zum-Physiklehrer-id310525.html (Abruf 20.4.2011).

Hampl, E. (2009): Quereinsteiger an Schulen. ZEIT ONLINE vom 16.11.2009. www.zeit.de/gesellschaft/schule/2009-11/quereinsteiger-lehrer (Abruf 20.4.2011).

Heidemann, R. (2009): Körpersprache im Unterricht. Ein praxisorientierter Ratgeber. 9., durchges. Auflage. Wiesbaden: Quelle & Meyer.

Hennig, C./Ehinger, W. (2010): Das Elterngespräch in der Schule. Von der Konfrontation zur Kooperation. 5. Auflage. Donauwörth: Auer.

Hoegg, G. (2010): SchulRecht. Aus der Praxis – für die Praxis. 4., durchges. und aktual. Auflage. Weinheim/Basel: Beltz.

Hubermann, M. (1991): Der berufliche Lebenszyklus von Lehrern. Ergebnisse einer empirischen Untersuchung. In: Terhart, E. (Hrsg.): Unterrichten als Beruf. Köln/Wien: Böhlau 1991, S. 249–267.

Jank, W./Meyer, H. (2002): Didaktische Modelle. 9. Auflage. Berlin: Cornelsen Scriptor.

Kahl, R. (2002): Aus dir wird nichts. Nach PISA – Die Schule der Zukunft, Teil 2. Radio-Feature. In: SWR2 Wissen vom 26.10.2002. Manuskript online unter www.reinhardkahl.de/artikellesen20r_1.html (Abruf 20.4.2011).

Kaiser, A./Kaiser, R. (2001): Studienbuch Pädagogik. Grund- und Prüfungswissen. 10., überarb. Auflage. Berlin: Cornelsen Scriptor,

Kempfert, G./Ludwig, M. (2010): Kollegiale Unterrichtsbesuche. Besser und leichter lernen durch Kollegen-Feedback. 2. Auflage. Weinheim/Basel: Beltz.

Kiper, H./Mischke, W. (2004): Einführung in die Allgemeine Didaktik. Weinheim/Basel: Beltz.

Klaffke, T. (2010): Seiteneinsteiger. Probleme und Potenziale aus der Sicht eines Schulleiters. In: Feindt, A./Klaffke, T./Röbe, E. et al. (Hrsg.): Lehrerarbeit, Lehrer sein. Friedrich Jahresheft, S. 20/21.

Klafki, W. (1958): Didaktische Analyse als Kern der Unterrichtsvorbereitung. In: Die deutsche Schule 10, S. 450–471.

Klafki, W. (2002): Schultheorie, Schulforschung und Schulentwicklung im politisch-gesellschaftlichen Kontext. Ausgewählte Studien. Weinheim/Basel: Beltz.

Klafki, W. (2007): Neue Studien zur Bildungstheorie und Didaktik. Zeitgemäße Allgemeinbildung und kritisch-konstruktive Didaktik. 6. Auflage. Weinheim/Basel: Beltz.

Klemm, K. (2009a): Wie viele Lehrer fehlen? In: DIE ZEIT, 12. März 2009, S. 12.

Klemm, K. (2009b): Zur Entwicklung des Lehrerbedarfs in Deutschland. Essen, Juni 2009. Online unter www.uni-due.de/isa/lehrerbedarf_2009.pdf (Abruf 20.4.2011).
Klippert, H. (2010): Methoden-Training. Übungsbausteine für den Unterricht. 19. Auflage. Weinheim/Basel: Beltz.
Korte, J. (2008): Erziehungspartnerschaft Eltern – Schule. Von der Elternarbeit zur Elternpädagogik. Weinheim/Basel: Beltz.
Kreienbaum, A. M. (Hrsg.) (1999): Schule lebendig gestalten. Reflexive Koedukation in Theorie und Praxis. Bielefeld: Kleine.
Kretschmann, R. (Hrsg.) (2008): Stressmanagement für Lehrerinnen und Lehrer. Ein Trainingsbuch mit Kopiervorlagen. Weinheim/Basel: Beltz.
Kuhn-Fleuchhaus, C./Bambach, M. (2009): Diversity Management. Unsichtbare Potenziale fördern. Stuttgart: Steinbeis Edition.
Lamprecht, J. (2011): Ausbildungswege und Komponenten der professionellen Handlungskompetenz zukünftiger Physiklehrkräfte an Gymnasien [i. V.].
Link, B. (2005): Zweitberuf Lehrer – Sprung ins kalte Wasser. SPIEGEL ONLINE (Unispiegel) vom 21.4.2005.
Matzner, M./Tischner, W. (Hrsg.) (2008): Handbuch Jungen-Pädagogik. Weinheim/Basel: Beltz.
Matzner, M./Wyrobnik, I. (Hrsg.) (2010): Handbuch Mädchen-Pädagogik. Weinheim/Basel: Beltz.
Meyer, H. (2004): Was ist guter Unterricht? Praxisbuch. Berlin: Cornelsen Scriptor.
Miller, R. (2006): Sich in der Schule wohlfühlen. Wege für Lehrerinnen und Lehrer zur Entlastung im Schulalltag. 7., aktual. Auflage. Weinheim/Basel: Beltz.
Miller, R. (2007): Lehrer lernen. Ein pädagogisches Arbeitsbuch. 4., vollst. überarb. Auflage. Weinheim/Basel: Beltz.
Miller, R. (2011a): Als Lehrer souverän sein. Von der Hilflosigkeit zur Autonomie. Weinheim/Basel: Beltz.
Miller, R. (2011b): Beziehungsdidaktik. 5. Auflage. Weinheim/Basel: Beltz.
Möller, C. (1969): Technik der Lernplanung. Weinheim: Beltz.
Müller-Fohrbrodt, G./Cloetta, B./Dann, H.-D. (1978): Der Praxisschock bei jungen Lehrern. Stuttgart: Klett.
Nolting, H.-P. (2011): Störungen in der Schulklasse. Ein Leitfaden zur Vorbeugung und Konfliktlösung. 9. Auflage. Weinheim/Basel: Beltz.
Oelkers, J. (2007): Befunde und Fragen zur Wirksamkeit der Lehrerbildung. In: Daschner, P./Drews, U.: Kursbuch Referendariat. Weinheim/Basel: Beltz, S. 104–117.
Oerter, R./Montada, L. (Hrsg.) (2008): Entwicklungspsychologie. Ein Lehrbuch. Mit CD-ROM. 6., vollst. überarb. Auflage. Weinheim: Psychologie Verlags Union.
Paradies, L./Linser, H.-J. (2011): Differenzieren im Unterricht. 5., überarb. Auflage. Berlin: Cornelsen Scriptor.
Peterßen, W. H. (2000): Handbuch Unterrichtsplanung. Grundfragen, Modelle, Stufen, Dimensionen. 9. Auflage. München: Oldenbourg.
Philipp, E./Rademacher, H. (2010): Konfliktmanagement im Kollegium. 2. Auflage. Weinheim/Basel: Beltz.
Reif, F./Böhmann, M. (2001): Windfall profit für die Schule? Erfahrungen abseits der normalen Lehrerbiographie. In: Pädagogik 53, H. 2, S. 23–27.

Robinsohn, S. B. (1967): Bildungsreform als Revision des Curriculum. Neuwied/Berlin: Luchterhand.
Rost, D. H. (2001): Pädagogische Verhaltensmodifikation. In: Rost, D. H. (Hrsg.): Handwörterbuch Pädagogische Psychologie. Weinheim: Psychologie Verlags Union, S. 512–520.
Roth, H. (1957): Pädagogische Psychologie des Lehrens und Lernens. Hannover: Schroedel.
Schaarschmidt, U./Kieschke, U. (Hrsg.) (2007): Gerüstet für den Schulalltag. Psychologische Unterstützungsangebote für Lehrer/innen. Weinheim/Basel: Beltz.
Schlieszeit, J. (2011): Mit Whiteboards unterrichten. Das neue Medium sinnvoll nutzen. Weinheim/Basel: Beltz.
Sacher, W. (2007): Überprüfung und Beurteilung von Schülerleistungen. In: Apel, H. J./Sacher, W. (Hrsg.): Studienbuch Schulpädagogik. 3., überarb. und erw. Auflage. Bad Heilbrunn: Klinkhardt.
Schmidbauer, W. (1992): Die hilflosen Helfer. Über die seelische Problematik der helfenden Berufe. 17. Auflage. Reinbek bei Hamburg: Rowohlt.
Schmidt, M. (2003): Quereinsteiger – Böses Blut im Lehrerzimmer. SPIEGEL ONLINE vom 9.5.2003. www.spiegel.de/schulspiegel/0,1518,247837,00.html (Abruf 20.4.2011).
Schnack, D./Neutzling, R. (2001): Kleine Helden in Not. Jungen auf der Suche nach Männlichkeit. 2. Auflage. Reinbek bei Hamburg: Rowohlt.
Schulz, W. (1981): Unterrichtsplanung. Mit Materialien aus Unterrichtsfächern. München: Urban & Schwarzenberg.
Schulz von Thun, F. (2011): Miteinander reden. Band 1 bis 3. Reinbek bei Hamburg: Rowohlt.
Spitzer, M. (2006): Lernen. Gehirnforschung und die Schule des Lebens. Heidelberg/Berlin: Spektrum Akademischer Verlag.
Stanat, P./Kunter, M. (2001): Geschlechterunterschiede in Basiskompetenzen. In: Baumert, J. et al. (Hrsg.): PISA 2000. Basiskompetenzen von Schülerinnen und Schülern im internationalen Vergleich. Opladen: Leske + Budrich, S. 249–269.
Terhart, E. (1999): Lehren, Unterricht, Unterrichtsforschung. In: Reinhold, G. et al. (Hrsg.): Pädagogik-Lexikon. München: Oldenbourg, S. 332–337.
Terhart, E. et al. (1994): Berufsbiographien von Lehrern und Lehrerinnen. Frankfurt am Main: Suhrkamp.
Trautner, H. M. (2002): Entwicklung der Geschlechtsidentität. In: Oerter, R./Montada, L. (Hrsg.): Entwicklungspsychologie. 5. Auflage. Weinheim: Psychologie Verlags Union, S. 648–674.
Ulich, K. (2001): Einführung in die Sozialpsychologie der Schule. Weinheim/Basel: Beltz.
Vester, F. (2009): Denken, Lernen, Vergessen. 33. Auflage. München: dtv.
Watzlawick, P. et al. (2000): Menschliche Kommunikation. Formen, Störungen, Paradoxien. Bern: Huber.
Wiechmann, J. (Hrsg.) (2010): Zwölf Unterrichtsmethoden. Vielfalt für die Praxis. 5., überarb. Auflage. Weinheim/Basel: Beltz.
Wigger, L. (2004): Didaktik. In: Benner, D./Oelkers, J. (Hrsg.): Historisches Wörterbuch der Pädagogik. Weinheim/Basel: Beltz, S. 244–278.
Winkel, R. (2009): Der gestörte Unterricht. 9. Auflage. Baltmannsweiler: Schneider Hohengehren.

Winter, F. (2006): Leistungsbewertung. Eine neue Lernkultur braucht einen anderen Umgang mit den Schülerleistungen. Baltmannsweiler: Schneider Hohengehren.

Wygotsky, L. (1934/2002): Denken und Sprechen. Vollständige Neuübersetzung von Georg Rückriem und Joachim Lopscher. Weinheim/Basel: Beltz.

Zimbardo, P. (1995): Psychologie. Berlin/Heidelberg: Springer.